JUDSON BREWER

RAUS aus der ANGSTSPIRALE

JUDSON BREWER

RAUS aus der ANGSTSPIRALE

Frei von Grübelattacken und Sorgen mithilfe von Achtsamkeit und Neurowissenschaft

Aus dem amerikanischen Englisch
von Claudia Callies

IRISIANA

Projektleitung: Inga Heckmann
Übersetzung: Claudia Callies
Lektorat: Inga Heckmann
Korrektorat: Susanne Schneider
Herstellung: Franziska Polenz
Satz: Leingärtner, Nabburg
Layout: Franziska Polenz
Coverdesign und Umschlaggestaltung: Serifa,
Grafik & Typografie
unter Verwendung eines Motivs von © shutterstock:
shutterstock_1933702073; suns07butterfly
Druck und Bindung: GGP Media GmbH, Pößneck

MIX
Papier aus verantwortungsvollen Quellen
FSC® C014496

Klimaneutral
Druckprodukt
ClimatePartner.com/14044-1912-1001

Penguin Random House Verlagsgruppe FSC® N001967

Printed in Germany
ISBN: 978-3-424-15442-9

Für Amazon Addict

INHALTSVERZEICHNIS

Einleitung

ANGST IST ÜBERALL. Das war schon immer so. Aber in den letzten Jahren hat sie sich in unserer Gesellschaft so breitgemacht wie vielleicht noch nie vorher in der Menschheitsgeschichte.

Meine persönliche Geschichte mit Ängsten reicht tatsächlich weit zurück. Ich bin Arzt – Psychiater, um genau zu sein. Nachdem ich mich jahrelang mit aller Kraft bemüht hatte, meinen Patienten bei der Überwindung ihrer Angststörungen zu helfen, und mir nie wirklich sicher war, ob ich bei ihrer Behandlung jeweils nicht doch vielleicht etwas Wichtiges übersehen hatte, stellte ich irgendwann die Verbindung zwischen Angstzuständen, der neurowissenschaftlichen Forschung meines Labors über Gewohnheitsänderungen und meinen eigenen Panikattacken her. Und in diesem Moment änderte sich schlagartig alles. Mir ging ein Licht auf, als ich begriff, dass viele Menschen ihre Ängste unter anderem deshalb nicht erkennen können, weil sich diese sehr effektiv hinter lästigen bis schlechten Gewohnheiten verstecken.

Als junger Mann hatte ich nie vorgehabt, Psychiater zu werden. Im Grunde hatte ich keine Ahnung, welche Richtung ich einschlagen wollte, als ich mein Medizinstudium begann. Ich wusste nur, dass ich meine Liebe zur Wissenschaft mit meinem Wunsch, Menschen zu helfen, zusammenbringen wollte. Kombinierte MD-PhD-Studienprogramme bieten die Möglichkeit, Medizin und Naturwissenschaften zu verbinden. Zuerst studiert man zwei Jahre Medizin und lernt Fakten und Konzepte. Danach beginnt ein naturwissenschaftliches Zweitstudium mit Forschungstätigkeit, das mit einer Dissertation abgeschlossen wird. Dann geht es vom Labor wieder zurück in die medizinische Fakultät und man absolviert das dritte und vierte Jahr des Medizinstudiums, bevor man sich im Rahmen einer Facharztausbildung und Assistenzzeit im Krankenhaus auf ein bestimmtes Gebiet spezialisiert.

Zu Beginn des Studiums war mir noch nicht klar, was einmal mein Schwerpunkt sein sollte. Ich war einfach generell fasziniert von der Komplexität und Schönheit der menschlichen Physiologie und wollte lernen, wie das zugrunde liegende System funktioniert. In den ersten beiden Jahren des Medizinstudiums haben die Studierenden in der Regel Zeit und Raum, um allmählich herauszufinden, auf welches Gebiet sie sich einmal spezialisieren wollen. Wenn sie dann im dritten und vierten Studienjahr Praktika im Krankenhaus absolvieren, wählen sie die Abteilungen gemäß ihrer Neigung. Das MD-PhD-Programm dauert acht Jahre, also würde ich, so dachte ich, genug Zeit haben, um festzustellen, was mich anspricht, und konzentrierte mich darauf, alles zu lernen, was ich nur konnte. Nach vier Jahren erlangte ich meinen naturwissenschaftlichen Doktorgrad – was gerade genug Zeit war, um fast alles vergessen zu haben, was ich in den ersten beiden Jahren des Medizinstudiums gelernt hatte.

Als ich dann nach der Promotion mein Medizinstudium wieder aufnahm, entschied ich mich dafür, als Erstes in der Psychiatrieabteilung des Krankenhauses zu arbeiten. Vor allem wollte ich all das wieder lernen, was ich über die empathische Befragung von Patienten während meiner Promotion schlichtweg verlernt hatte. Selbst Psychiater zu werden, war mir vorher nie in den Sinn gekommen, denn deren Ansehen ließ stark zu wünschen übrig. In Spielfilmen zum Beispiel werden die »Seelenklempner« in der Regel ja selten richtig positiv dargestellt, und unter Medizinstudenten wurde gewitzelt, dass die Tätigkeit als Psychiater nur etwas für Faule und Verrückte sei. Aber das Praktikum in der Psychiatrie öffnete mir die Augen. Rückblickend würde ich dies als ein Zusammentreffen von Glück und Timing bezeichnen. Die Arbeit mit den Psychiatriepatienten machte mir Spaß und ich konnte mich mit ihren Problemen identifizieren. Plötzlich konnte ich mir gut vorstellen, ihnen dabei zu helfen, ihre Gedanken zu verstehen und ihre Probleme besser zu bewältigen. Ich fand dann später auch die Arbeit auf anderen Stationen interessant, aber letztendlich sprach mich nichts mehr so an wie die Psychiatrie, und deshalb wählte ich diese medizinische Fachrichtung.

Nach Abschluss meines Medizinstudiums und während der darauffolgenden Facharztausbildung in Yale stellte ich fest, dass nicht nur die Psychiatrie im Allgemeinen gut zu mir passte, sondern dass ich eine besonders tiefe Verbindung zu den Patienten entwickelte, die mit Abhängigkeiten zu kämpfen hatten. Ich hatte zu Beginn des Studiums mit dem Meditieren begonnen und dies während der acht Jahre täglich praktiziert. Als ich mehr über die Kämpfe meiner süchtigen Patienten erfuhr, wurde mir zu meiner Überraschung klar, dass sie auf die gleiche Weise über dieselben inneren Kämpfe sprachen, wie ich sie auch bei meinen Meditationsübungen kennengelernt hatte – die Gefühle der Gier, des Festhaltens, des Klammerns.

In dieser Zeit stellten sich Panikattacken bei mir ein, die durch Schlafmangel und das Gefühl, überhaupt nichts zu wissen, geschürt wurden. Hinzu kamen die Unwägbarkeiten des Bereitschaftsdienstes, bei dem ich nicht voraussehen konnte, wann mein Piepser mitten in der Nacht losgehen und welchen traumatisierten Patienten ich dann am anderen Ende der Leitung haben würde. All dies nahm mich damals seelisch sehr mit (so viel zum Thema Empathie mit den Patienten entwickeln). Glücklicherweise halfen mir die Meditationsübungen. Ich konnte meine inzwischen gut entwickelte Achtsamkeit nutzen, um die Panikanfälle zu überstehen, die mich nachts aus dem Schlaf hochschrecken ließen. Besser noch, und ich wusste damals nicht warum, half mir Achtsamkeit, das Feuer der Panik nicht weiter anzufachen: Ich lernte, mit den Anfällen umzugehen und nicht vor lauter Angst vor der nächsten Attacke komplett auszuflippen, was mich wiederum davor bewahrte, eine echte Panikstörung zu entwickeln. In dieser Zeit lernte ich auch, dass ich Menschen beibringen konnte, sich ihrer unangenehmen Gefühle gewahr zu werden, anstatt sie gewohnheitsmäßig zu verdrängen. Ich wollte nicht einfach Pillen verschreiben, sondern meinen Patienten einen Weg zeigen, mit ihren Emotionen umzugehen und sie zu verarbeiten.

Gegen Ende meiner Facharztausbildung stellte ich fest, dass Meditation kaum wissenschaftlich erforscht war. Es gab da also so etwas wie ein verstecktes Juwel, das mir bei extremen Ängsten geholfen hatte und möglicherweise auch meinen Patienten helfen konnte. Offensichtlich interessierte es kaum jemand, warum oder wie gut es funktionierte. In den nächsten zehn Jahren widmete ich mich deshalb der Entwicklung eines Programms, das Menschen dabei unterstützen sollte, ihre schädlichen Gewohnheiten zu überwinden – die eng mit Ängsten verbunden sind und von ihnen befördert werden. Genau genommen ist die Angst an und für sich eine schädliche Gewohnheit. Die inzwischen epidemische Ausmaße angenommen hat. Dieses Buch ist das Ergebnis meiner neu gewonnenen Erkenntnisse.

In dem Film *Der Marsianer* hat der von Matt Damon gespielte Protagonist einen »Oh Scheiße«-Moment, als ihm klar wird, dass er auf dem Mars gestrandet ist. Während eines Sturms flüchten alle seine Astronautenkollegen zurück in die Sicherheit ihres Raumschiffs und lassen ihn im Stich. Allein gelassen in der Mars-Station, bekleidet mit einem NASA-Kapuzenpulli, versucht er, sich Mut zu machen: »Angesichts dieser Aussichten bleibt mir nur eine Option: Ich muss mich mit Wissenschaft aus der Scheiße ziehen.«

Matt Damons Inspiration aufgreifend, gehe ich in diesem Buch das Problem der Angst (oder der Scheißangst, um im obigen Bild zu bleiben) wissenschaftlich an.

Es gibt eine Menge Bücher über Ängste und ähnliche Themen – dicke und dünne, mit eingängigen Titeln, fantastischen Geschichten und allen möglichen Erfolgsrezepten. Aber viele dieser Ratgeber beziehen sich nicht auf neurowissenschaftliche Fakten, sondern manchmal, gelinde gesagt, auf ziemlich schwammige Quellen.

In diesem Buch hingegen, so viel kann ich Ihnen versprechen, steckt sehr viel Wissenschaft. Und zwar echte Wissenschaft, basierend auf Studien, die mein Labor über viele Jahre hinweg und mit realen Teilnehmern durchgeführt hat, zuerst in Yale, jetzt an der Brown University. Ich habe außerdem wissenschaftliche Arbeiten veröffentlicht, die andere Leute bereits gelesen, überprüft und in ihren Büchern erwähnt haben – Sie können also versichert sein, dass ich mich auf belegbare Fakten berufe.

Ich forsche seit Jahrzehnten und liebe es, neue Dinge zu lernen und zu entdecken. Die interessanteste und wichtigste Verbindung, die ich bei meiner bisherigen Arbeit herstellen konnte, ist die zwischen Angst und Gewohnheiten – warum wir lernen, Angst zu haben, und wie selbst das zur Gewohnheit wird. Diese Verbindung hat mir die Frage beantwortet, warum wir uns Sorgen machen, was wiederum einen Teil meiner wissenschaftlichen Neugier befriedigt hat. Noch wichtiger ist aber, dass ich damit meinen Patienten helfen kann, ihre Ängste zu verstehen und damit umzugehen.

Die Angst versteckt sich nämlich in den Gewohnheiten der Menschen. Sie versteckt sich in ihren Körpern, während sie lernen, sich durch unzählige verschiedene Verhaltensweisen von diesen Gefühlen abzukoppeln. Nachdem ich diesen Zusammenhang erfasst hatte, konnte ich meinen Patienten helfen zu durchschauen, wie sie bestimmte Gewohnheiten entwickelt hatten – von übermäßigem Alkoholkonsum über Stressessen bis hin zu ständigem Aufschieben (Prokrastination) –, um mit ihrer Angst umzugehen. Sie erkannten, warum sie so viel zu kämpfen hatten und es nicht schafften, sowohl die Angst als auch ihre anderen Angewohnheiten abzulegen. Ihre Ängste hatten diese Verhaltensweisen genährt, die wiederum die Ängste verstärkt hatten, bis alles außer Kontrolle geriet und die Menschen in meiner Praxis landeten.

Eines der wichtigsten Dinge, die ich gelernt habe, ist, dass auch in der Psychiatrie der Grundsatz »Je weniger du weißt, desto mehr redest du« zutreffend ist. Anders ausgedrückt: Je weniger man von einem

Thema oder einer Situation versteht, desto mehr füllt man diese Lücke mit Worten. Viele Worte sind deshalb bei einem Psychiater nicht gleichbedeutend mit einem besseren Verständnis für die Patienten. Generell gilt: Wenn jemand nicht weiß, wovon er spricht, sitzt er irgendwann in einem Loch fest, das er selbst gegraben hat. Wer aber in einem Loch steckt, wird aufhören zu graben, das ist das »Gesetz der Löcher«.

Es war eine schmerzhafte Lektion für mich, aber mir wurde klar, dass »Je weniger du weißt, desto mehr redest du« auf mich genauso zutrifft wie auf jeden anderen. Stellen Sie sich das vor! Ich war *keine* Ausnahme von der Regel und hatte doch angenommen, meinen Patienten je mehr helfen zu können, desto mehr ich redete. In Wirklichkeit half ich ihnen viel eher, wenn ich genau das Gegenteil tat, also meinen Mund hielt, etwas von diesem Zen-»Weiß- nicht-Geist« ausstrahlte und wartete, bis ich einen Zusammenhang sah, anstatt zu versuchen, wie ein Psychiater zu klingen und kluge Ratschläge zu geben.

Das geflügelte Wort »Weniger ist mehr« gilt auch für Bereiche außerhalb der Psychiatrie, wie zum Beispiel die Naturwissenschaften. Je weniger ich redete und je mehr ich zuhörte, desto klarer wurde mir, dass die Konzepte, die ich für die Veränderung von Gewohnheiten entwickelte, alle auf etwas Bestimmtes hinausliefen. Allerdings musste ich als Wissenschaftler aufpassen, dass ich nicht nur meiner eigenen Begeisterung aufsaß. Die Konzepte waren im Prinzip ganz einfach, aber funktionierten sie auch wirklich? Und waren sie auch außerhalb meiner Klinik praktikabel? Als meine erste große klinische Studie zur Raucherentwöhnung 2011 zeigte, dass die Entwöhnungsrate bei meinem Programm *fünfmal* höher war als bei der anerkannten Königsmethode, begann ich zu erforschen, wie wir die »Massenablenkungswaffen« (Smartphones) einsetzen können, um Menschen bei der Überwindung schlechter Gewohnheiten zu helfen. Auch das habe ich gründlich ausgelotet und festgestellt, dass wir in realen klinischen Studien bemerkenswerte Ergebnisse erzielen konnten. Mit »bemerkenswert« meine ich eine vierzigprozentige Verringerung des Heißhungeressens bei fettleibigen/übergewichtigen Menschen, eine dreiundsechzigprozentige Verringerung der Angstzustände bei Menschen mit generalisierter Angststörung (und ein ähnlich hoher Nutzen bei nervösen Ärzten) und so weiter. Wir haben sogar nachgewiesen, dass ein App-gestütztes Training auf bestimmte Gehirnnetzwerke abzielen kann, die mit dem Rauchen zusammenhängen. Ja, das geht mit einer App! (Hinweis d. Red.: Die von Judson Brewer entwickelten Apps sind zum Zeitpunkt der Veröffentlichung dieses Ratgebers ausschließlich auf Englisch erhältlich. Die Abbildungen der Apps in diesem Buch sind Übersetzungen der Redaktion.)

Das vorliegende Buch enthält nun die Ergebnisse meiner Forschung und meiner praktischen Arbeit in der klinischen Psychiatrie. Ich hoffe, dass es ein nützlicher und pragmatischer Leitfaden ist, der Ihnen hilft, Ihr Verständnis von Angst zu ändern, damit Sie effektiv mit ihr arbeiten können – und, als Bonus, mit allen nicht hilfreichen Gewohnheiten und Abhängigkeiten brechen können.

TEIL 0

Den eigenen Geist verstehen

Probleme kann man niemals mit derselben Denkweise lösen, durch die sie entstanden sind.

(ALBERT EINSTEIN)

(SIE FRAGEN SICH vielleicht, warum ich den Anfang dieses Buches Teil 0 und nicht Teil 1 nenne. Das liegt daran, dass es in Teil 1 darum geht, was passiert, wenn Sie verstanden haben, was vor sich geht. In Teil 0 geht es darum, was passiert, bevor Sie sich überhaupt bewusst sind, dass Sie an Angstzuständen leiden.)

Behalten Sie beim Lesen Folgendes im Hinterkopf: In Teil 0 lernen Sie die psychologischen und neurowissenschaftlichen Grundlagen der Angstentstehung kennen, die Ihnen den Rahmen für Ihren Umgang mit der Angst geben. Teil 1 wird Ihnen zeigen, wie Sie Angstauslöser erkennen können und was Angst selbst auslöst. Teil 2 wird Ihnen helfen zu verstehen, warum Sie in Kreisläufen von Sorgen und Ängsten gefangen sind und wie Sie das Belohnungsnetzwerk Ihres Gehirns verändern können, um sich aus dieser Situation zu befreien. In Teil 3 lernen Sie einfache Werkzeuge kennen, die die Lernzentren Ihres Gehirns nutzbar machen, um Angstzyklen und andere schlechte Gewohnheiten für immer zu durchbrechen.

KAPITEL 1

Wie sich Angst manifestiert

ANGSTZUSTÄNDE HABEN EINE Gemeinsamkeit mit Pornografie: Sie sind schwer zu definieren, aber man erkennt sie sofort, wenn man sie wahrnimmt.

Schwieriger wird es, wenn sie sich der Wahrnehmung entziehen.

Im College war ich ein richtiges Alphatier, ein Draufgänger, der Herausforderungen liebte. Ich wuchs in Indiana als eines von vier Kindern einer alleinerziehenden Mutter auf, und als es an der Zeit war, sich für ein College zu entscheiden, bewarb ich mich ausgerechnet in Princeton, einer der angesehensten Universitäten überhaupt. Der Grund dafür war, dass mein Beratungslehrer mir gesagt hatte, ich hätte eh keine Chance, dort angenommen zu werden. Das stachelte meinen Ehrgeiz erst recht an und ich wollte ihn eines Besseren belehren, was mir dann auch gelang. An meinem ersten Tag auf dem Campus fühlte ich mich wie ein Kind in einem Süßwarenladen: Ich war überwältigt von all den Angeboten und hätte am liebsten überall mitgemacht. Ich bewarb mich für einen A-cappella-Chor (und wurde zu Recht nicht aufgenommen), trat dem Ruderteam bei (für ein Semester), spielte im Orchester (und wurde in meinem letzten Studienjahr zum stellvertretenden Orchesterleiter berufen), leitete Rucksacktouren im Rahmen des Outdoor-Programms, fuhr eine Weile für das Radteam, lernte Klettern (und verbrachte mehrmals pro Woche Stunden an der Kletterwand), trat einer skurrilen Laufgruppe namens Hash House Harriers bei und vieles mehr. Ich liebte das Studentenleben so sehr, dass ich auch in den Sommerferien auf dem Campus blieb und meine ersten Erfahrungen in der Forschungsarbeit im Labor sammelte. Irgendwann hatte ich einen Chemieabschluss sowie zur Abrundung ein Musikzertifikat in der Tasche. Die vier Jahre vergingen wie im Flug.

Als ich mich dem Ende meines Abschlussjahres näherte und mich bereits allmählich auch auf mein Medizinstudium vorbereitete, vereinbarte ich einen Termin beim Studentenarzt, weil ich mich trotz all meiner sportlichen Aktivitäten sehr unwohl fühlte. Ich litt an starken Blähungen und Magenkrämpfen, die begleitet wurden von einem ständigen Drang zur Darmentleerung, wie ich es noch nie erlebt hatte. Irgendwann wurde es so schlimm, dass ich meine täglichen Joggingrunden entlang von öffentlichen Toiletten planen musste. Als ich dem Arzt meine Symptome erklärte (damals gab es noch keine Suchmaschinen, ich konnte also keine Selbstdiagnose mithilfe von »Dr. Google« anstellen), fragte er mich neugierig, ob ich möglicherweise gestresst war oder mit Ängsten zu kämpfen hatte, worauf ich fast entrüstet erwiderte, dass dies unmöglich sei, weil ich jeden Tag Sport trieb, mich gesund ernährte, Geige spielte und so weiter und so fort. Während er geduldig zuhörte, breitete meine stressleugnende Fantasie eine wenig plausible Möglichkeit vor ihm aus: dass ich bei einer mehrtägigen Wanderexkursion beim Wassertrinken aus Bächen und so weiter mit dem Filtern nicht aufgepasst hatte – auch wenn ich diesbezüglich eigentlich immer sehr vorsichtig bin und sonst keiner der Tourenteilnehmer krank geworden war.

»Es muss Giardiasis sein«, eine Amöbeninfektion, die man durch das Trinken von ungefiltertem Wasser in der Wildnis bekommt und die sich als schwerer Durchfall äußert, sagte ich dem Arzt so überzeugend wie möglich. Ja, er wusste, was Giardiasis ist, er war schließlich Arzt, und nein, meine Symptome klangen nicht nach einer Giardiasis. Ich wollte das Offensichtliche nicht sehen: Meine Angstzustände aufgrund von Stress manifestierten sich körperlich, weil meine Psyche sie entweder ignorierte oder sie leugnete. Ich war nicht der Typ, der sich Schwächen eingestand.

Nachdem ich etwa zehn Minuten damit verbracht hatte, den Arzt davon zu überzeugen, dass ich unmöglich ein Angstpatient sein und mit Sicherheit auch nicht an einem Reizdarmsyndrom leiden konnte, auch wenn meine Symptome darauf hindeuteten, zuckte er mit den Schultern und stellte mir ein Rezept für ein Antibiotikum aus, das meine Gedärme von der Giardia-Infektion befreien würde, der vermeintlichen Ursache meiner Diarrhöe.

Natürlich hielten meine Symptome trotzdem an. Erst mit der Zeit wurde mir klar, dass Angst ein ziemlicher Verwandlungskünstler ist und sich in ein wenig Nervosität vor einer Prüfung, in ausgewachsene Panikattacken oder eben auch in Darmentleerungsstörungen zeigen kann, die mich dazu zwangen, die Standorte aller öffentlichen Toiletten in Princeton, New Jersey, im Kopf zu behalten.

Ein Online-Wörterbuch definiert Angst als »ein Gefühl der Sorge, Nervosität oder Unruhe, typischerweise wegen eines bevorstehenden Ereignisses oder etwas mit ungewissem Ausgang«. Das schließt so ziemlich alles ein. Da das Einzige, dessen wir uns sicher sein können, die Ungewissheit des Kommenden ist, kann die Angst an fast jedem Ort, in jeder Situation und zu jeder Tageszeit auftauchen. Wir können einen kleinen Anflug von Angst verspüren, wenn ein Kollege in einer Besprechung eine Folie mit den Quartalsergebnissen des Unternehmens zeigt, oder etwas mehr Angst, wenn er danach sagt, dass es in den nächsten Wochen zu Entlassungen kommen wird und die Verantwortlichen noch nicht genau wissen, wie viele Mitarbeiter letztendlich ihren Arbeitsplatz verlieren werden.

Manche Menschen wachen morgens mit einer inneren Beklemmung auf, die sie wie der Hunger eine Katze aus dem Schlaf reißt, gefolgt von hartnäckiger Unruhe, die sie immer nervöser macht (ganz ohne Kaffee) und sich im Laufe des Tages steigert, weil die Betroffenen gar nicht verstehen, warum sie so unruhig sind. Dies ist der Fall bei meinen Patienten mit einer generalisierten Angststörung (GAS), die mit einer Angstattacke aufwachen, sich den ganzen Tag über Sorgen machen und ihre Grübeleien bis spät in die Nacht hinein fortsetzen, angeheizt durch Gedanken wie »Warum kann ich nicht einschlafen?« Andere Menschen haben Panikschübe, die aus heiterem Himmel kommen oder – wie bei mir – sie mitten in der Nacht wecken. Wieder andere machen sich Sorgen über bestimmte Dinge oder Themen, zeigen sich aber seltsamerweise von anderen Ereignissen oder Situationen, von denen man eigentlich annehmen würde, dass sie sie in den Wahnsinn treiben, wenig beeindruckt.

Und natürlich wäre es unprofessionell von mir, nicht zu erwähnen, dass es eine ziemlich lange Liste von Angststörungen gibt. Trotz meiner medizinischen Schulung zögere ich selbst immer wieder, gewisse Dinge als Störungen oder Erkrankungen zu bezeichnen, denn wie Sie später in diesem Buch noch sehen werden, sind manche einfach auf eine leichte Fehlsteuerung eines der natürlichen und im Allgemeinen hilfreichen Prozesse unseres Gehirns zurückzuführen. Das ist so, als würde man das »Menschsein« als Erkrankung bezeichnen. Wenn »Leiden« auftauchen, stelle ich mir den Geist/das Gehirn eher wie eine Geigensaite vor, die leicht verstimmt ist. In einer solchen Situation bezeichnen wir das Instrument nicht als defekt und werfen es weg, sondern hören genau hin und spannen oder lockern die Saiten ein wenig, damit wir weiterhin Musik machen können. Für Diagnose- und Abrechnungszwecke reichen Angststörungen jedoch von spezifischen Phobien (zum Beispiel Furcht vor Spinnen) über Zwangsstörungen (wie die permanente Angst vor Keimen und den daraus resultierenden Reinlichkeitszwang) bis hin zur generalisierten Angststörung (was im Grunde das ist, wonach es klingt: übermäßige Sorge um alltägliche Dinge).

Was den Schalter von der Alltagsangst zur »Störung« umlegt, liegt ein wenig im Auge des Diagnostikers. Um die Schwelle für eine GAS-Diagnose zu erreichen, muss jemand beispielsweise übermäßig ängstlich sein und sich Sorgen über eine »Vielzahl von Themen, Ereignissen oder Aktivitäten« machen, und dies muss »mindestens sechs

Monate lang sehr häufig auftreten und eindeutig übermäßig sein«. Ich liebe diesen letzten Teil: »eindeutig übermäßig«. Vielleicht habe ich die Vorlesung an der medizinischen Fakultät verschlafen, in der es darum ging, wie man genau feststellt, wann Sorgen eindeutig übermäßig werden und signalisieren, dass es an der Zeit ist, den Rezeptblock zu zücken oder die Medikamente zu holen.

Da Ängste sich in der Regel innerlich manifestieren und nicht als Wucherung außen am Kopf, muss ich meinen Patienten eine Reihe von Fragen stellen, um herauszufinden, wie sich ihre Angstzustände äußern. Mir selbst war in meiner Studienzeit lange nicht klar, dass ich von Angst betroffen war, bis ich irgendwann zwei und zwei zusammenzählte und die Tatsache, dass ich alle Toiletten an der Joggingstrecke kannte, mit meinen Ängsten in Verbindung brachte. Laut den medizinischen Handbüchern gehören zu den typischen Angstsymptomen Nervosität, Unruhe, leichte Ermüdbarkeit, Konzentrationsschwäche, Reizbarkeit, Muskelschmerzen und Schlafstörungen. Aber allein diese Symptome reichen eben nicht aus, um jemanden als ANGSTBETROFFENER zu etikettieren. Ähnlich wie bei meiner eigenen Erfahrung, als ich am College meine Ängste leugnete, muss ich meinen Patienten helfen, den Zusammenhang zwischen ihren Symptomen und dem, was in ihrem Kopf vor sich geht, herzustellen, bevor wir weitermachen können.

Um zu verdeutlichen, wie unterschiedlich sich Ängste im Leben eines Menschen zeigen können, möchte ich Ihnen zwei Beispiele von starken, gut situierten Frauen geben.

Meine Frau, Mahri, eine vierzigjährige College-Professorin, die von ihren Studenten geliebt wird und international für ihre Forschungsarbeit bekannt ist, kann sich nicht erinnern, wann ihre Angst erwachsen wurde. Erst während ihres Hochschulstudiums, als sie sich mit ihrer Schwester und ihrer Cousine über dieses Thema austauschte, begann sie, familiäre Eigenheiten als Ausdruck von Angst zu erkennen. Für sie war es ein Aha-Erlebnis, als sie begriff, dass etwas, was isoliert betrachtet seltsam erscheint, sich als Muster entpuppen kann. Sie drückte es folgendermaßen aus: »Die Ängste waren sehr subtil und wir erkannten sie in unserer Familie erst dann, als wir sie benennen konnten.« Sie stellte fest, dass ihre Großmutter, ihre Mutter und ihre Tante alle in gewissem Maße unter Angstzuständen litten, und das schon so lange, wie sie sich erinnern kann. Als Mahri im Kindesalter war, verstrickte sich ihre Mutter beispielsweise in exzessives Planen, um ihr Leben unter Kontrolle zu bringen. Besonders deutlich wurde dies, wenn sie verreisen wollten. Mahri hasste jeweils die Zeit der Reisevorbereitungen, weil sich die Angst ihrer Mutter darin äußerte, dass sie sehr reizbar war und ihren Ehemann und ihre beiden Töchter permanent anblaffte.

Erst als Mahri die Angst bei ihren Familienmitgliedern durchschaute, wurde ihr klar, dass auch sie davon betroffen war. In einem nicht sonderlich förmlichen, frühmorgendlichen Interview für dieses Buch hat sie darüber nachgedacht, wie sich Angst für sie anfühlt: »Es ist ein eher schwaches Gefühl, das an sich keinen Gegenstand hat. Es haftet sich an eine bestimmte Situation oder einen Gedanken. Das ist jeweils, als ob meine Psyche nach etwas sucht, vor der sie Angst haben kann. Früher hätte ich dieses Gefühl als Nervosität bezeichnet. Es war schwer, es von meinen Lebenserfahrungen zu trennen, weil ich dachte, dass es nur mit bestimmten Lebensveränderungen und -umständen zu tun hat.« Das ist ein Hauptmerkmal der generalisierten Angst: Wir wählen ein harmloses Objekt aus und beginnen, uns darüber Sorgen zu machen. Für viele ist die Angst wie ein Lauffeuer in der Wildnis, das mit dem Anzünden eines Streichholzes in der Morgendämmerung entfacht wird, durch Erlebnisse geschürt wird und im Laufe des Tages immer heller und stärker brennt.

Am Ende unseres Gesprächs, schon am Frühstückstisch, fügte Mahri hinzu: »Leute, die mich nicht näher kennen, würden wohl kaum vermuten, dass dies überhaupt ein Thema für mich ist.« Das könnte ich auch ohne psychiatrische Ausbildung bestätigen. Mahri wirkt auf ihre Kollegen und Studenten, als sei sie immer die Ruhe selbst. Und dennoch spüren wir es beide, wenn sich eine innere Unruhe ihrer bemächtigt. Dies ist vielfach daran erkennbar, dass sie sich auf etwas in der Zukunft konzentriert und anfängt zu planen. Es ist, als ob ihr Gehirn ein Objekt oder einen Zeitraum auswählt, das oder der eine gewisse Ungewissheit in sich birgt, beispielsweise das

Wochenende, und noch keine rechte Form hat. Mahri hält das nur schlecht aus, und sie versucht dann, mit gedanklichen Planungsschritten eine Struktur in die Formlosigkeit zu bringen. Für Künstler bedeutet ein Klumpen Lehm unbegrenzte Möglichkeiten. Für Reisende verspricht eine Fahrt ins Blaue Abenteuer. Für den Nervösen schreit der Mangel an Struktur nach Angst. Mahri und ich machen uns einen Scherz daraus, dass ich sie frage: »Hast du heute Morgen geplant, wie du den Nachmittag planst, um den Abend planen zu können?«

Im Gegensatz zur langsam aufflammenden generalisierten Angst haben manche Menschen periodisch wiederkehrende Panikattacken. Nehmen wir Emily, Mahris Zimmergenossin am College: eine gute Freundin von uns, die mit einem meiner besten Freunde aus dem Medizinstudium verheiratet ist – Mahri und ich haben uns bei ihnen kennengelernt. Als Anwältin arbeitet Emily an hochrangigen politischen Themen, einschließlich internationaler Verhandlungen. Während ihres Jurastudiums entwickelte sie Panikattacken. Ich bat sie, mir zu erklären, wie sich diese in jener Zeit für sie angefühlt hatten. In einer E-Mail-Antwort beschrieb sie es mir.

Es war der Sommer zwischen meinem zweiten und dritten Studienjahr, als ich das Glück hatte, einen Ferienjob in einer großen Anwaltskanzlei zu ergattern. Die Ferienmitarbeiter werden ab und zu zusammen mit anderen Praktikanten und Vollzeitmitarbeitern von den Chefs nach Hause zum Abendessen oder einem Barbecue eingeladen. Das soll eine Erfahrung sein, die das Team zusammenschweißt und auch das private Kennenlernen fördert. Nach so einem sommerlichen Grillabend, bei dem ich mich sehr wohlgefühlt hatte, kam ich nach Hause und ging müde zu Bett. Ich schlief schnell ein, wurde jedoch nach etwa zwei Stunden wieder wach, hatte Herzklopfen, schwitzte und schnappte nach Luft. Ich hatte keine Ahnung, was los war, und konnte mich nicht erinnern, einen schlechten Traum oder so etwas gehabt zu haben. Um das Ganze zu stoppen, stand ich auf und lief herum. Irgendwann hatte ich solche Panik, dass ich meinen Mann anrief, der in der Nachtschicht in der Notaufnahme eines Krankenhauses arbeitete, und ihn bat, nach Hause zu kommen. Meine Symptome ließen dann schließlich nach, und mir wurde klar, dass ich überleben würde, aber ich verstand immer noch nicht ganz, was eigentlich passiert war.

Als ich im Herbst für mein letztes Studienjahr an die juristische Fakultät zurückkehrte und ein Angebot für eine Vollzeitstelle von der Kanzlei in der Tasche hatte, entspannte ich mich und es gab meines Erinnerns keine weiteren Vorfälle. Im darauffolgenden Sommer jedoch kehrten die Panikattacken zurück und ließen mich fast immer ein paar Stunden nach dem Einschlafen wach werden. Ich lernte für die Anwaltsprüfung, was ziemlich anstrengend ist, und dann verkündeten mir obendrein meine Eltern, die dreißig Jahre lang (glücklich, wie ich gedacht hatte) verheiratet gewesen waren, dass sie sich scheiden lassen würden. Und als ich dann meinen neuen Job in der Anwaltskanzlei antrat und immer sehr lange arbeiten musste, hatte ein älterer Mitarbeiter, dessen Büro direkt neben meinem lag, nichts Besseres zu tun, als mich zu schikanieren und mich wie sein persönliches Eigentum zu behandeln. Er belehrte mich darüber, dass ich im Grunde genommen der Kanzlei gehörte und für diese Chance dankbar sein müsste. Diese Kombination von Ereignissen und Umständen, die mir irgendwie die Kontrolle über mein Leben entriss, führte über einen Zeitraum von sechs Monaten zu einer Reihe von Panikattacken. Ich ging für ein paar Sitzungen zu einem Therapeuten und stellte eigene Recherchen an, und schließlich erkannte ich, was los war. Sobald ich wusste, woran ich litt [Panikattacken], hatte ich das Gefühl, wieder mehr Kontrolle zu haben. Ich sagte mir: »Du fühlst dich, als würdest du sterben, aber das tust du nicht. Dein Gehirn treibt Spielchen mit dir, aber du entscheidest, was als Nächstes passiert.« Ich lernte, tief durchzuatmen, um aus einem Anfall herauszukommen, und meine Gedanken auf den Akt der Beruhigung zu zentrieren.

Nicht jeder schafft es, in einer Angstsituation so besonnen zu reagieren wie Emily, doch im Gegensatz zu Mahris Beschreibung der langsam aufflammenden generalisierten Angst zeigt Emilys Geschichte, dass Angst auch wie ein Teekessel sein kann, der immer heißer wird, bis er explodiert – oft mitten in der Nacht. Sowohl Emily als auch Mahri konnten erst dann mit der Arbeit an ihrem Problem beginnen, als sie in der Lage waren, ihre besondere Form der Angst zu benennen.

Unabhängig davon, ob es sich um einen echten Arzt oder um Dr. Google handelt, ist die Diagnose von (klinischen oder anderen) Angstzuständen ein schwieriges Unterfangen. Wir alle werden ab und zu von Ängsten geplagt, das ist ein Teil des Lebens, aber entscheidend ist, wie wir damit umgehen. Wenn wir nicht wissen, wie oder warum die Angst sich zeigt, könnten wir uns in vorübergehenden Ablenkungen oder kurzfristigen Lösungen verfangen, die das Angstproblem sogar eher noch verstärken und dabei schlechte Angewohnheiten schaffen. Ich bin sicher, Sie haben auch schon zu Schokoriegeln oder Keksen gegriffen, wenn Sie gestresst waren. Oder wir verbringen unser ganzes Leben damit, unsere Ängste genau dadurch zu intensivieren, dass wir versuchen, sie zu heilen (*warum kann ich nicht einfach herausfinden, warum mir immer so bange ist, und das Problem lösen?*). Um all dies geht es in diesem Buch.

Wir werden uns damit beschäftigen, wie Angst aus den grundlegenden Überlebensmechanismen unseres Gehirns entstanden ist, wie sie sogar zu einer sich selbst erhaltenden Gewohnheit werden kann und was Sie tun können, um Ihre Beziehung zu ihr zu ändern, damit sie sich von selbst auflöst. Und darüber hinaus erfahren Sie, wie die Angst manchmal weitere Gewohnheiten in Gang setzt und wie Sie auch damit arbeiten können.

ANGST IST NICHTS NEUES: So schrieb Thomas Jefferson 1816 in einem Brief an John Adams: »Es gibt in der Tat düstere und hypochondrische Gemüter, Bewohner kranker Körper, angewidert von der Gegenwart und verzweifelt an der Zukunft; immer damit rechnend, dass das Schlimmste passieren wird, weil es passieren könnte. Diesen sage ich: Wie viel Schmerz haben uns die Übel gekostet, die nie eingetreten sind!« Jefferson hatte so einiges zu bewältigen (und sicher die eine oder andere schlaflose Nacht deswegen), von der Mitwirkung an der Gründung einer neuen Nation bis hin zu seiner etwas heuchlerischen Haltung gegenüber der Sklaverei. Er schrieb einerseits, dass »alle Menschen gleich« seien, dass die Sklaverei eine »moralische Verderbtheit« und ein »abscheulicher Schandfleck« sei und eine große Bedrohung für das Überleben der neuen amerikanischen Nation darstelle, besaß aber andererseits auf seinem Landgut selbst Sklaven, und zwar nicht gerade wenige.

In unserer modernen Welt, in der der technologische Fortschritt zu einer stabileren Lebensmittelversorgung beiträgt und die Vereinigten Staaten mittlerweile ein Vierteljahrtausend alt sind, könnte man annehmen, dass es wenig Grund zur Sorge gibt. Vor einer gefühlten Ewigkeit, nämlich vor dem Beginn der Covid-Pandemie, veröffentlichte die Anxiety and Depression Association of America eine Schätzung, laut der weltweit 264 Millionen Menschen an einer Angststörung litten. Und gemäß einer Studie des National Institute of Mental Health, deren Daten von 2001 bis 2003 erhoben wurden, waren 31 Prozent der Erwachsenen in den USA irgendwann in ihrem Leben von einer Angststörung betroffen, 19 Prozent im Vorjahr ihrer Befragung. In den letzten beiden Jahrzehnten hat sich die Situation noch verschlimmert. Im Jahr 2018 befragte die American Psychological Association (APA) eintausend Erwachsene in den USA zu den Ursachen und dem Ausmaß ihrer Ängste. Dabei gaben 39 Prozent der Befragten an, mehr Angst zu haben als 2017, und eine ebenso hohe Prozentzahl litt im gleichen Ausmaß an Angst wie im Jahr zuvor. Das sind zusammen fast 80 Prozent der Bevölkerung.

Woher kommen all diese Ängste? Dieselbe APA-Umfrage ergab, dass 68 Prozent der Befragten sich Sorgen um die Gesundheitsversorgung und die Sicherheit im Land machten. Etwa 67 Prozent gaben ihre finanzielle Situation als Ursache ihrer Ängste an, gefolgt von Politik (56 Prozent) und zwischenmenschlichen Beziehungen (48 Prozent). In ihrer »Stress in America«-Umfrage (2017) stellte die APA fest, dass 63 Prozent der Amerikaner die Zukunft der Nation als eine große Stressquelle empfanden, und 59 Prozent kreuzten an, dass »die

Vereinigten Staaten am tiefsten Punkt ihrer Geschichte angelangt« seien. Zur Erinnerung: Das war 2017, drei Jahre vor Covid-19.

Ausgehend von der Beobachtung, dass psychische Krankheiten sich tendenziell häufiger in Regionen der Vereinigten Staaten breitmachen, die einen eher niedrigen sozioökonomischen Status haben, kam die Frage auf, ob weniger wohlhabende Länder – in denen Grundbedürfnisse wie Nahrungsquellen, sauberes Wasser und Sicherheit wesentliche Stressfaktoren sein könnten – höhere Raten von Angstzuständen aufweisen würden. Um diese Frage zu klären, untersuchte eine 2017 im Fachblatt JAMA Psychiatry veröffentlichte Studie die Häufigkeit des Auftretens von generalisierten Angststörungen weltweit. Die Ergebnisse lassen aufhorchen: Die Lebenszeitprävalenz (Gesamtzahl der Fälle, die in ihrem Leben mindestens eine Episode einer Angststörung hatten) war in Ländern mit hohem Einkommen am höchsten (5 Prozent), in Ländern mit mittlerem Einkommen geringer (2,8 Prozent) und in Ländern mit niedrigem Einkommen am geringsten (1,6 Prozent). Die Autoren vermuten, dass individuelle Unterschiede in der Neigung zur Sorge unter den Bedingungen des relativen Wohlstands und der Stabilität, wie sie in einkommensstarken Ländern anzutreffen sind, stärker zum Vorschein kommen könnten. Es gibt viele Spekulationen darüber, warum das so ist. Wenn unsere Grundbedürfnisse befriedigt sind, haben wir möglicherweise mehr Zeit, unser Überlebensgehirn nach etwas suchen zu lassen, das uns bedroht oder über das wir uns Sorgen machen. Dafür gibt es den leicht abschätzigen Begriff der »besorgten Wohlstandsbürger«, der aber nicht immer angebracht ist. Menschen mit einer generalisierten Angststörung (GAS) sind alles andere als gesund: Die Hälfte der Personen in der Studie gab an, in einem oder mehreren Lebensbereichen stark beeinträchtigt zu sein. Ich betrachte meine GAS-Patienten als Olympioniken im Ausdauersport der Angst – sie können sich länger und intensiver sorgen als andere Menschen.

Mit dem Aufkommen der Corona-Pandemie sind ersten Erhebungen zufolge die Angstwerte in die Höhe geschnellt, was wohl kaum eine Überraschung ist. Eine Querschnittserhebung unter Menschen in China vom Februar 2020 ergab eine Prävalenz von GAS von

35,2 Prozent, und das war noch relativ früh im Verlauf der Pandemie. In einem Bericht aus dem Vereinigten Königreich von Ende April 2020 hieß es, dass sich die »psychische Gesundheit im Vergleich zu den Tendenzen vor Covid-19 verschlechtert« habe. Laut einer Studie in den Vereinigten Staaten vom April 2020 berichteten 13,6 Prozent der Befragten über schwere psychische Probleme. Das ist ein satter Anstieg um 250 Prozent im Vergleich zu 2018, als nur 3,9 Prozent an solchen Problemen litten.

Sie müssen nur einen Blick auf Ihren Feed in den sozialen Medien werfen, um dies bestätigen zu können. Katastrophen größeren Ausmaßes gehen fast immer mit einem Anstieg einer breiten Palette psychischer Störungen einher, darunter Suchtmittelabhängigkeit und Angstzustände. So gaben zum Beispiel fast 25 Prozent der New Yorker an, dass sie nach dem 11. September 2001 vermehrt Alkohol konsumierten, und sechs Monate nach dem Waldbrand in Fort McMurray 2016 (der teuersten Katastrophe in der Geschichte Kanadas) zeigte sich bei den Bewohnern der Region ein Anstieg der Symptome der generalisierten Angststörung auf 19,8 Prozent.

Die Angst ist kein Einzelgänger, sondern hat gern Freunde um sich. Die oben erwähnte JAMA-Studie aus dem Jahr 2017 ergab, dass 80 Prozent der Menschen mit GAS im Laufe ihres Lebens eine weitere psychiatrische Störung hatten, meist eine Depression. Bei einer aktuellen Studie aus meinem Labor zeigte sich etwas Ähnliches: 84 Prozent der Menschen mit GAS litten an komorbiden (gleichzeitig auftretenden) Erkrankungen.

Angst kommt übrigens nicht einfach aus heiterem Himmel. Sie entwickelt sich.

KAPITEL 2

Wie Angstzustände entstehen

Angstzustände sind etwas Seltsames.

Als Psychiater habe ich gelernt, dass Angstgefühle, im Sinne einer inneren Unruhe, und ihre enge Verwandte, die Panik, ihren Ursprung beide in einer konkreten Furcht haben. Als Verhaltensneurowissenschaftler weiß ich, dass die wichtigste evolutionäre Funktion der Furcht darin besteht, uns beim Überleben zu helfen. Sie ist unser ältester Überlebensmechanismus. Furcht lehrt uns, gefährliche Situationen in der Zukunft durch einen Gehirnprozess zu vermeiden, der als negative Verstärkung bezeichnet wird.

Wenn wir beispielsweise auf eine belebte Straße treten, den Kopf drehen und ein Auto direkt auf uns zukommen sehen, springen wir instinktiv zurück auf den sicheren Bürgersteig. Diese Reaktion hilft uns, schnell zu lernen, dass Straßen gefährlich sind und wir uns ihnen mit Vorsicht nähern müssen. Die Evolution hat es uns wirklich einfach gemacht. So einfach, dass wir in solchen Situationen nur drei Elemente brauchen, um zu lernen: einen Umgebungsreiz, eine Verhaltensweise und ein Ergebnis. In diesem Fall ist das Herantreten an eine belebte Straße (der Umgebungsreiz) unser Signal, in beide Richtungen zu schauen, bevor wir die Straße überqueren (das Verhalten). Das unverletzte Überqueren der Straße (das Ergebnis) lehrt uns, diese Handlung in Zukunft auf diese Weise zu wiederholen. Dieses Überlebenswerkzeug haben wir mit allen Tieren gemeinsam. Sogar die Meeresschnecke, ein Lebewesen mit dem »primitivsten« Nervensystem, das die Wissenschaft kennt – mit insgesamt zwanzigtausend Neuronen, im Gegensatz zu etwa hundert Milliarden im menschlichen Gehirn -, nutzt denselben Lernmechanismus.

Irgendwann in den letzten Millionen Jahren hat sich beim Menschen eine neue Schicht über unserem primitiveren Überlebensgehirn entwickelt; Neurowissenschaftler nennen dies den präfrontalen Cortex: Anatomisch gesehen befindet sich diese »neuere« Gehirnregion an der Stirnseite des Gehirns direkt hinter den Augen. Der präfrontale Cortex oder abgekürzt PFC ist an Kreativität und Handlungsplanung beteiligt und hilft uns, in die Zukunft zu denken und zu planen. Er sagt sozusagen voraus, was in der Zukunft passieren wird, und zwar auf der Grundlage unserer bisherigen Erfahrungen. Entscheidend ist jedoch, dass der PFC genaue Informationen benötigt, um gute Vorhersagen treffen zu können. Wenn es an Informationen mangelt, spielt unser PFC verschiedene Versionen der möglichen Ereignisse durch, um uns bei der Wahl des besten Weges zu helfen. Dazu führt er Simulationen durch, die auf früheren, ähnlichen Ereignissen in unserem Leben basieren. Lastwagen und Busse sind dem Auto so ähnlich, dass wir sie vor dem Überqueren der Straße als mögliche Gefahren erkennen.

Und was hat das alles mit Angst zu tun?

Angst entsteht, wenn unser PFC nicht genügend Informationen hat, um die Zukunft genau vorherzusagen. Das haben wir bei Covid19 gesehen, als diese Krankheit Anfang 2020 die Weltbühne betrat. Wie bei jedem neu entdeckten Virus oder Krankheitserreger stürzten sich die Wissenschaftler darauf, die Eigenschaften des Coronavirus zu untersuchen, um herauszufinden, wie gefährlich und tödlich es ist, damit wir angemessen handeln können. Doch vor allem in der Anfangszeit der Forschung herrschte große Unsicherheit. Ohne genaue Informationen war es für unser Gehirn ein Leichtes, auf der Grundlage der jeweils neuesten Berichte, die wir gehört oder gelesen hatten, Geschichten von Angst und Schrecken zu erfinden. Und je schockierender die Nachricht war – und damit unser Gefühl von Gefahr verstärkte –, desto eher erinnerte sich unser Gehirn daran. Fügen Sie nun noch Elemente von Furcht und Unsicherheit hinzu – Krankheit oder Tod von Familienmitgliedern, ein möglicher Verlust des Arbeitsplatzes, schwierige Entscheidungen darüber, ob Sie Ihre Kinder in die Schule schicken sollen oder nicht, Sorgen darüber, ob die Wirtschaft wieder anläuft und so weiter – und Sie erhalten eine Menge Teufelszeug, das Ihr Gehirn zu verarbeiten versucht.

Beachten Sie, dass Furcht nicht das ganz Gleiche ist wie Angst. Furcht hat man vor etwas Konkretem; man fühlt sie, wenn eine tatsächliche Bedrohung besteht. Sie ist ein adaptiver Lernmechanismus, der uns hilft zu überleben. Angst oder Ängstlichkeit hingegen ist die Sorge vor einer zukünftigen Bedrohung, die sich vielleicht gar nie einstellen wird. Sie ist eine Fehlanpassung; unser denkendes und planendes Gehirn gerät außer Kontrolle, wenn es nicht genügend Informationen hat.

Kehren wir noch einmal zu unserem Bild des Überquerens einer Straße zurück. Wenn Sie auf eine belebte Straße treten und ein Auto auf Sie zukommt, springen Sie reflexartig zurück. Dies ist eine Reaktion der Furcht, die sehr schnell erfolgt; in einer solchen Situation haben Sie gar keine Zeit zum Nachdenken. Der ganze Prozess der Verarbeitung aller Informationen (Auto, Geschwindigkeit, Fahrrichtung usw.) in Ihrem PFC und der Entscheidung darüber, was zu tun ist (»Soll ich zurückweichen oder wird das Auto mir ausweichen?«), würde viel zu lange dauern. Im Zusammenhang mit solch einer Situation laufen verschiedene Prozesse ab.

1. Reflexartiges sofortiges Handeln (Millisekunden)
2. Akutes Lernen (Sekunden bis Minuten)
3. Langfristiges Lernen (Monate bis Jahre)

Die *Sofortreaktion* erfolgt auf der Ebene des Überlebens. Wir lernen in dieser Situation nichts, wir bringen uns nur in Sicherheit. Das muss schnell und instinktiv geschehen. Der Sprung zurück auf den Bürgersteig geschieht so fix, dass man erst im Nachhinein realisiert, was gerade passiert ist. Diese Reaktion beginnt im vegetativen Nervensystem Ihres alten Gehirns, das außerhalb Ihrer bewussten Kontrolle agiert, um alle möglichen Dinge zu regulieren, zum Beispiel wie viel Blut Ihr Herz pumpt oder ob Ihre Muskeln mehr Blut bekommen als Ihr Verdauungstrakt. Das ist lebensrettend, denn wenn eine unmittelbare Bedrohung besteht, hat man keine Zeit zum Nachdenken – das Denken ist in so einer Situation ein viel zu langsamer Prozess. Mit anderen Worten: Die unwillkürliche Kampf-oder-Flucht-oder-Erstarrungs-Reaktion hält uns lange genug am Leben, um die nächste Phase zu erreichen und etwas aus der Situation zu lernen.

Sobald Sie sich in Sicherheit gebracht haben, spüren Sie den akuten Adrenalinstoß und beginnen, das Geschehene zu verarbeiten (*akutes Lernen*). Der Gedanke, dass Sie fast getötet worden wären, hilft Ihnen, den Schritt auf die Straße mit Gefahr zu verbinden. Vielleicht ruft Ihr Gehirn sogar die eine oder andere ferne Erinnerung wach und die Stimme Ihrer Eltern ertönt in Ihrem Kopf, die mit Ihnen schimpfen, weil Sie vor dem Überqueren der Straße nicht nach links und rechts geschaut haben. Die unangenehme physiologische Reaktion der Furcht hilft Ihnen zu lernen: Das nächste Mal werden Sie das Smartphone in die Tasche stecken und aufmerksam sein, bevor Sie über die Straße gehen. Beachten Sie, wie schnell das Lernen hier abläuft. Sie müssen sich keiner monatelangen Therapie unterziehen, um herauszubekommen, ob Sie eine Todessehnsucht haben oder einst ein trotziges Kind waren; es geht einfach darum, sich anzugewöhnen, in gefährlichen Situationen aufzupassen. Sie stellen einen Zusammenhang her zwischen einer belebten Straße und einem Beinaheaufprall auf ein Auto und lernen nun ganz schnell, was Ihre Eltern Ihnen einst immer wieder gepredigt haben. Beachten Sie, wie viel effektiver es ist, aus Erfahrungen zu lernen, als etwas aus etwas anderem zu erschließen – unser Gehirn ist wirklich gut darin. Wie Zebras, die springen und ausschlagen, oder Hunde, die sich nach überstandenen

Stresssituationen schütteln, sollten Sie es sich zu eigen machen, die überschüssige Energie, die mit dem Adrenalinstoß »Ich wäre fast gestorben« verbunden ist, auf eine sichere Weise abzuleiten, damit sie nicht zu chronischem oder posttraumatischem Stress und Angstzuständen führt. Einfach nur mit jemandem zu reden, reicht hier nicht; Sie müssen vielleicht wirklich etwas Körperliches tun, wie schreien, sich schütteln, tanzen oder sich irgendwie sonst bewegen.

Ihr altes und Ihr neues Gehirn arbeiten gut zusammen, um Ihnen beim Überleben zu helfen: Wenn Sie instinktiv handeln, also von der Straße springen und aus solchen Situationen lernen, also in beide Richtungen schauen, bevor Sie die Straße überqueren, leben Sie lange genug, um mit der Planung für die Zukunft beginnen zu können: »Ich sollte dafür sorgen, dass meine Kinder wissen, dass dies eine gefährliche Kreuzung ist.« Ist alles gut gegangen, kann der PFC seine Stärken ausspielen. Er nimmt Informationen aus der Vergangenheit auf und projiziert sie in die Zukunft, um zu modellieren und vorauszusagen, was passieren könnte, sodass man nicht ständig auf das aktuelle Geschehen reagieren muss, sondern dafür planen kann, was als Nächstes kommt. Je sicherer die Voraussagen, desto besser können Sie planen.

Wie ein Samenkorn, das fruchtbaren Boden braucht, schafft das alte Überlebensgehirn die Voraussetzungen dafür, dass die Angst in Ihrem denkenden Gehirn (*langfristig*) sprießen kann. An diesem Punkt wird die Angst geboren. Furcht + Unsicherheit = Angstzustand. Wie fühlt es sich beispielshalber an, wenn Ihre Kinder erstmalig allein zur Schule oder zu einem Freund in der Nachbarschaft gehen wollen? Sie haben ihnen mühsam beigebracht, wie man sicher die Straße überquert, wie man sich vor Fremden schützt und all das andere. Aber in dem Moment, in dem sie außer Sichtweite sind, was machen dann Ihre Gedanken? Sie stellen sich die schlimmsten Szenarien vor.

In Ermangelung früherer Erfahrungen und/oder (genauer) Informationen wird es Ihnen in einem solchen Moment sehr schwerfallen, den Sorgenschalter auszuknipsen und in aller Ruhe für die Zukunft zu planen. Ihr Denk-/Planungsgehirn geht bei Informationsmangel nicht einfach in den Schlafmodus, bis mehr Daten verfügbar sind.

Eher das Gegenteil ist der Fall. Angst treibt Sie zum Handeln an. In Ihrem Kopf ertönt der Ruf »Hol dir Informationen!«. Und Sie versuchen, sich an alle Spionagefilme zu erinnern, die Sie gesehen haben, damit Sie Ihre Kinder heimlich beschatten können, um sicherzustellen, dass sie sicher an ihr Ziel kommen.

Im Allgemeinen würde man denken, dass mehr Informationen immer eine gute Sache sind, sofern man sie bekommen kann. Wissen verspricht Kontrolle, denn Wissen ist Macht, nicht wahr? Seit dem Aufkommen des Internets gibt es keinen Mangel an Informationen mehr, aber leider geht die Richtigkeit und Genauigkeit in der Menge der Inhalte unter. Wenn jeder alles posten kann, was er will, und nicht unbedingt für die Richtigkeit, sondern für den Grad der Lustigkeit, Empörung oder Schockwirkung seiner Beiträge mit Likes belohnt wird, füllt sich das World Wide Web schnell mit so vielen Mitteilungen, dass es praktisch unmöglich ist, sie alle auf ihren Wahrheitsgehalt zu überprüfen (Fake News verbreiten sich sechsmal schneller als echte Nachrichten). Das ist das Gegenteil von dem, was uns das Gefühl gibt, die Kontrolle zu haben. In Wissenschaftskreisen wird die Auswirkung von zu vielen Informationen auf die Entscheidungsfindung als »Auswahlüberlastung« oder »Auswahlparadox« bezeichnet.

Alexander Tschernew und seine Kollegen von der Kellogg School of Management an der Northwestern University in Illinois haben drei Faktoren identifiziert, die die Fähigkeit unseres Gehirns, Entscheidungen zu treffen, heutzutage erheblich einschränken: ein höherer Schwierigkeitsgrad der Aufgaben, eine höhere Komplexität der Auswahlmöglichkeiten und (Überraschung!) höhere Unsicherheit. Das Leben im Zeitalter der Informationsverfügbarkeit rund um die Uhr bringt allein durch die schiere Menge an Informationen eine größere Komplexität mit sich. Wenn man bei einer Google-Suche zig Artikel zum Thema findet, kann es sich anfühlen, als würde man am Strand den Zeh ins Wasser tauchen, um dann aufzuschauen und zu sehen, wie eine Flutwelle direkt auf einen zukommt. Das Gefühl, nie ganz auf dem Laufenden zu sein, weil man unmöglich immer alles lesen kann, was gerade auf der Welt passiert, und nicht mal die Zeit zu haben, alles zu lesen, was die vielen Freunde in den sozialen Medien posten, ist in etwa so, als würde man ein Glas Wasser austrinken wollen, weil man durstig ist, und man nicht merkt, dass das Glas keinen Boden hat.

Nicht nur, dass die Datenflut überwältigend erscheint, es kommt auch noch die Art der Informationen hinzu: Widersprüchliche und möglicherweise absichtlich irreführende Informationen verstärken die Unsicherheit. Unser Gehirn hasst Widersprüchlichkeiten. Und warum? Weil sie uns verunsichern (mehr zu den evolutionären Ursprüngen dieses Phänomens in Kapitel 4). Leider werden Komplexität und Zweifelhaftigkeit in Zukunft eher noch weiter zunehmen, weil die Techniken zur Manipulation von Informationen immer ausgefeilter werden wie zum Beispiel Deep Fake.

Je zweifelhafter die Informationen sind – ein Zustand, der in der Regel bei vielen mit dem Drang einhergeht, Kommentare zu verfassen, was die Menge der zu bewältigenden Informationen noch vergrößert –, desto schneller arbeitet der PFC und nimmt alles verfügbare Material auf, um sämtliche Was-wäre-wenn-Szenarien auszuspucken, über die Sie nachdenken können. Das hilft einem Menschen nicht wirklich bei der Planung von Handlungen, aber das Gehirn weiß es eben nicht besser. Je ungenauer die Informationen sind, die der PFC einbezieht, desto schlechter ist das Ergebnis. Und je schlimmer die Szenarien werden, was in der Regel passiert, wenn der PFC sich mit zunehmender Angst paradoxerweise allmählich abschaltet, desto eher wird die physiologische Kampf-Flucht-Erstarren-Reaktion ausgelöst. So wähnen Sie sich allein durch den Gedanken an diese möglichen, aber höchst unwahrscheinlichen Situationen in Gefahr, obwohl die Gefahr nur in Ihrem Kopf besteht. Voilà! Angst.

Kehren wir zu dem Beispiel zurück, bei dem Ihr Kind erstmals alleine die drei Blocks zur Schule oder zum Haus eines Freundes zurücklegt. In der »guten alten Zeit«, das heißt vor der Erfindung der Mobiltelefonie, ließen unsere Eltern uns gehen und warteten, bis wir wieder nach Hause kamen. Oder wir von unseren Freunden aus anriefen, um zu fragen, ob wir nicht noch etwas länger bleiben durften.

Heute können Eltern ihre Kinder mit allen erdenklichen Ortungsgeräten ausstatten, bevor sie sie vor die Tür schicken, um ihre Schritte nachverfolgen zu können, was letztendlich zu neuen Ängsten führt: »Sie hat angehalten. Warum? Spricht sie vielleicht mit einem Fremden?« Bei jeder unsicheren Information spielt das Gehirn alle vorstellbaren Was-wäre-wenn-Szenarien durch. Das ist das planende Gehirn, das versucht, das Kind gegen alle Eventualitäten zu wappnen. Wird dadurch die Sicherheit des Kindes wesentlich erhöht? Wahrscheinlich nicht, vor allem, wenn man das Ganze gegen die Zunahme der Angst abwägt, die hervorgerufen wird.

Angst ist eine evolutionäre Zutat. Wenn angstbezogenes Lernen mit Ungewissheit gepaart ist, wartet Ihr wohlmeinender PFC nicht auf die restlichen Zutaten wie zum Beispiel mehr Informationen. Stattdessen nimmt er alle Zutaten, die er im Moment hat, rührt sie zusammen, heizt den Adrenalin-Ofen an und backt Ihnen etwas, um das Sie nicht gebeten haben: einen großen Laib Angstgefühle. Und während des Backens legt Ihr Gehirn einen Teil des Teigs – wie einen Sauerteigstarter – für später zurück. Wenn Sie das nächste Mal etwas planen, holt es dann diesen Angststarter aus Ihrer mentalen Speisekammer und fügt ihn als »unverzichtbaren Bestandteil« zu der Mischung hinzu, bis zu dem Punkt, an dem der Sauerteiggeschmack Vernunft, Geduld und den Prozess des Sammelns weiterer Informationen überlagert.

So wie COVID-19 ist auch die Angst ansteckend. In der Psychologie wird die Übertragung von Emotionen von einer Person auf eine andere treffend als »soziale Ansteckung« bezeichnet. Unsere eigene Angst kann einfach dadurch ausgelöst werden, dass wir mit einer anderen Person sprechen, die Angst hat. Deren Worte sind dann wie ein Niesen, das direkt in unserem Gehirn landet, unseren PFC emotional infiziert und ihn außer Kontrolle geraten lässt, sodass wir uns Sorgen machen, unsere Familienmitglieder könnten krank werden oder die Pandemiemaßnahmen sich auf unseren Arbeitsplatz auswirken. Die Wall Street ist ein gutes Beispiel für soziale Ansteckung. Die Börsenkurse schnellen in die Höhe und stürzen wieder ab, wobei der Aktienindex ein Indikator für die Fieberhaftigkeit unserer derzeitigen kollektiven Angst ist. Einer dieser Indizes ist der sogenannte Volatilitätsindex (VIX), der auch als »Angstbarometer« bekannt ist. Ich wette, es wird Sie nicht überraschen, dass er im März 2020 einen Zehn-Jahres-Höchststand erreichte, als die Aktienhändler zu erkennen begannen, in welchem beispiellosen Chaos die Welt steckte.

Wenn wir unsere Angst nicht kontrollieren können, steigert sich dieses emotionale Fieber zu Panik (in einer Online-Quelle definiert als »plötzliche, unkontrollierbare Furcht oder Angst, die oft zu unüberlegtem Verhalten führt«). Überwältigt von Ungewissheit und Furcht vor der Zukunft schaltet sich unser PFC – der rational denkende Teil unseres Gehirns – ab. Logisch gesehen wissen wir, dass wir keinen sechsmonatigen Vorrat an Toilettenpapier in unserem Keller lagern müssen, aber sobald wir beim Gang durch den Supermarkt sehen, wie jemand seinen Einkaufswagen mit haufenweise WC-Papier belädt, werden wir von seiner Angst angesteckt und schalten auf Überlebensmodus. Müssen. Holen. Toiletten. Papier. Unser PFC schaltet sich erst wieder ein, wenn wir draußen auf dem Parkplatz anfangen zu überlegen, wie wir all diese Großpackungen ins Auto bekommen sollen.

Wie können wir also unsere PFCs in unsicheren Zeiten aktiviert halten? Wie können wir Panik vermeiden? Ich habe schon oft erlebt, wie meine Patienten in der Klinik versucht haben, ihre Angst zu unterdrücken oder sie sich wegzudenken. Leider sind aber sowohl die Willenskraft als auch das Denken auf den PFC angewiesen, der in solchen kritischen Momenten dann nicht zur Verfügung steht. Ich bringe meinen Patienten deshalb zunächst bei, wie ihr Gehirn funktioniert, damit sie verstehen, wie Ungewissheit die Fähigkeit des Gehirns, mit Stress umzugehen, schwächt und es auf die Angst im Falle eines Angstauslösers vorbereitet. Wenn sie lernen, dass Ungewissheit Angst hervorruft, die wiederum zu Panik führen kann, sind sie achtsamer. Schon einfach nur zu wissen, dass ihr Überlebensgehirn auf Hochtouren läuft, selbst wenn es ein wenig durcheinander ist, weil es nicht genügend Informationen hat, hilft meinen Patienten, sich zu beruhigen.

Aber das ist nur der erste Schritt. Unser Gehirn fragt ständig: »Was wäre, wenn?« Wenn wir uns jedoch in den sozialen Medien einloggen und nach den neuesten Informationen scrollen, finden wir nur noch mehr Spekulationen und Furcht. Soziale Ansteckung kennt keine physischen Grenzen und ist von überall auf der Welt möglich. Anstatt verzweifelt nach Informationen zu suchen, brauchen wir etwas Zuverlässigeres, das uns hilft, mit unseren Emotionen umzugehen. Das Gegenmittel gegen Panik beruht auf unseren Überlebensinstinkten – indem wir dieselben Lernmechanismen nutzen, die überhaupt erst zu den Sorgen und Ängsten geführt haben.

Um unser Gehirn zu beeinflussen und den Angstkreislauf zu durchbrechen, müssen wir uns zwei Dinge klarmachen: dass wir Angst bekommen und/oder in Panik geraten und was aus der Angst/Panik entsteht. Dies hilft uns zu erkennen, ob unser Verhalten uns tatsächlich hilft zu überleben oder ob es uns eher in die entgegengesetzte Richtung bringt. Panik kann zu gefährlichem, impulsivem Verhalten führen; Angst schwächt uns geistig und körperlich und wirkt sich auch langfristig gesundheitlich negativ aus. Sich dessen bewusst zu werden, hilft dem Lernsystem unseres Gehirns, den relativen Wert von Verhaltensweisen zu bestimmen: Wertvollere, lohnendere Verhaltensweisen werden in einer Belohnungshierarchie in unserem Gehirn höher eingestuft und daher mit größerer Wahrscheinlichkeit in der Zukunft wiederholt, während die weniger wertvollen, nicht lohnenden Verhaltensweisen ganz nach unten in der Hierarchie fallen (mehr dazu in Kapitel 10).

Sobald wir uns bewusst sind, wie wenig lohnend Angst ist, können wir uns für das »größere, bessere Angebot« entscheiden (siehe Kapitel 15). Da unser Gehirn lohnendere Verhaltensweisen bevorzugt, weil sie sich besser anfühlen, können wir uns darin üben, alte Gewohnheiten wie Ängstlichkeit abzulegen und durch sinnvollere zu ersetzen.

Zu Beginn der Covid-19-Pandemie warnten die Gesundheitsbehörden beispielsweise, dass man sich leichter mit dem Virus anstecken kann, wenn man eine Türklinke oder eine kontaminierte Oberfläche berührt hat und sich dann ins Gesicht fasst. Wenn Sie nun also bemerken, dass Sie sich öfters mal ins Gesicht fassen, was nichts Ungewöhnliches ist – eine 2015 veröffentlichte Studie ergab im Durchschnitt sechsundzwanzig Gesichtsberührungen pro Stunde bei den Probanden, können Sie darauf achten, bei welchen Gelegenheiten Sie das tun. Danach können Sie innerlich einen Schritt zurücktreten und beobachten, ob Sie anfangen, sich Sorgen zu machen: »Oh nein, ich habe mir ins Gesicht gefasst – vielleicht werde ich krank!« Anstatt in Panik zu geraten, können Sie dann tief durchatmen und sich fragen: »Wann habe ich mir zuletzt die Hände gewaschen?« Indem Sie sich einen Moment Zeit nehmen, um innezuhalten und eine solche Frage zu stellen, geben Sie Ihrem PFC die Chance, wieder online zu gehen und das zu tun, was er am besten kann – denken: »Ja, stimmt, das ist ja erst ein paar Minuten her.« Das wird Sie beruhigen, denn wenn Sie sich gerade die Hände gewaschen haben, nicht unter Menschen waren und so weiter, ist die Wahrscheinlichkeit, dass Sie krank werden, ziemlich gering.

Die Eigenwahrnehmung trägt auch dazu bei, gute Hygienegewohnheiten durch Verstärkungslernen zu fördern: Man fühlt sich besser, wenn man sich das Händewaschen zur Gewohnheit macht, und kann sich dann in den Momenten, in denen man sich versehentlich oder gewohnheitsmäßig ins Gesicht fasst, leichter beruhigen. Wer sich bisher noch nicht regelmäßig die Hände gewaschen habt, dem geben das Gewahrsein und die Verunsicherung einen Anstoß, sich dies anzugewöhnen; das Gefühl von Unbehagen drängt zum Handeln. Je deutlicher Sie die positiven Gefühle und Auswirkungen einer guten Hygiene wahrnehmen und sie mit den negativen Gefühlen von Unsicherheit oder Angst vergleichen können, desto mehr bewegt sich Ihr Gehirn ganz natürlich in Richtung der ersteren, weil sich das besser anfühlt.

Das Verständnis dieser einfachen Lernmechanismen wird Ihnen helfen, »Ruhe zu bewahren und weiterzumachen« (»Keep calm and carry on« – ein geflügeltes Wort bei den Briten, das ursprünglich aus der Zeit des Zweiten Weltkriegs stammt), anstatt angesichts von Ungewissheit in Angst oder Panik zu verfallen. Wenn Sie sich in irgendeiner Sorge zu verlieren beginnen, können Sie innehalten und tief durchatmen, während Sie darauf warten, dass Ihr PFC wieder einsatzbereit ist und klar denkt. Vergleichen Sie dann das Angstgefühl mit dem Gefühl von Ruhe und Gelassenheit. Wichtig: Sobald Sie in der Lage sind, sich die Kraft Ihres Denkens zur Überwindung von Ängsten zunutze zu machen, sollten Sie dies auch bei anderen Gewohnheiten umsetzen. Es braucht nur ein wenig Übung, damit die »größeren, besseren Angebote« zu neuen Gewohnheiten werden, nicht nur im Fall von Ängsten, sondern weit darüber hinaus.

Angstzustände werden zwar aus einer konkreten Furcht geboren, brauchen aber Nahrung, um zu wachsen und zu gedeihen. Damit Sie besser erkennen können, was die Angst nährt, müssen Sie wissen, wie sich Gewohnheiten überhaupt entwickeln, damit Sie verstehen, wie Ihr Geist funktioniert.

KAPITEL 3

Gewohnheiten und Alltagssüchte

ICH SAGE ES IHNEN JA NUR UNGERN, aber auch Sie sind süchtig nach etwas.

Wenn Sie das Wort »süchtig« lesen, sind Ihre ersten Assoziationen wahrscheinlich Alkohol, Heroin, Opioide oder andere illegale Drogen. Möglicherweise denken Sie auch, dass Sucht etwas ist, das *anderen Menschen* passiert. Ein Freund, ein Familienmitglied oder ein Arbeitskollege, der es wirklich schwer hatte (oder immer noch hat), könnte Ihnen in den Sinn kommen, und Ihr Gehirn ist schnell dabei, die Situation dieses Menschen mit der Ihren zu vergleichen. Es würde mich nicht wundern, wenn Sie laut sagen würden: »Nein, mit dem Thema Sucht habe ich zum Glück nichts zu tun. Ich habe höchstens ein paar lästige Angewohnheiten.«

Ich kann mir das deshalb gut vorstellen, weil ich lange Zeit ebenfalls so gedacht habe. Ich bin ein ganz normaler Typ, der im »Zentrum der Normalität«, in Indiana, aufgewachsen ist. Meine Mutter achtete darauf, dass ich mein Gemüse aß, eine gute Schulbildung genoss und mich von Drogen fernhielt. Offensichtlich habe ich mir ihre Lektionen zu Herzen genommen – vielleicht sogar zu sehr, denn ich habe gleich zwei akademische Abschlüsse erworben (MD und PhD) und dann bin ich auch noch zum Vegetarier geworden. Ich habe alles getan, um meine Mutter stolz zu machen. Das Thema Sucht kreuzte meinen Weg erst einmal nicht.

Erst in meiner psychiatrischen Facharztausbildung in Yale lernte ich wirklich etwas über Sucht. Ich sah Patienten, die süchtig waren nach Meth, Kokain, Heroin, Alkohol, Zigaretten ... alles, was man sich nur vorstellen kann. Viele von ihnen waren von mehreren Substanzen gleichzeitig abhängig, und hatten schon mehr als einmal eine Entzugsklinik von innen gesehen. In den meisten Fällen handelte es sich um ganz normale, intelligente Menschen, die nur zu gut wussten, welche Auswirkungen die Sucht auf ihre Gesundheit, ihre Beziehungen, die Menschen in ihrem Umfeld – ja, auf ihr Leben im Allgemeinen – hatte, und die dennoch nicht die Kontrolle über ihr Leben zurückgewinnen konnten. Das war oft ebenso verwirrend wie traurig.

Als ich sah, was meine Patienten durchmachten, wurde die sonst so trockene Definition von Sucht lebendig: »Anhaltender Konsum trotz nachteiliger Folgen«. Sucht ist nicht auf den Gebrauch von chemischen Substanzen wie Nikotin, Alkohol und Heroin beschränkt. Anhaltender Konsum oder Gebrauch trotz nachteiliger Folgen geht weit über Kokain oder Zigaretten oder eines der wirklich schlimmen Dinge hinaus, von denen ich mich stets ferngehalten hatte. Diese Definition – ich wiederhole sie, denn sie ist wichtig: »Anhaltender Konsum trotz nachteiliger Folgen« – kann sich auf alles Mögliche beziehen.

Das machte mich stutzig. Während ich Patienten behandelte, die ihr Leben mit dem Konsum von bösem Zeug ruiniert hatten, gingen mir ein paar bohrende Fragen durch den Kopf: »Was, wenn die Wurzel der Sucht nicht in den Substanzen selbst liegt, sondern tiefer? Was verursacht die Sucht wirklich?« Könnte auch Angst eine Gewohnheit oder sogar eine Sucht sein? Wie offensichtlich sind die nachteiligen Folgen von Angstzuständen? Können wir süchtig nach Sorgen werden? Oberflächlich betrachtet scheint es so, als ob Angst uns motiviert, Dinge zu bewerkstelligen. Und dass uns die Sorge hilft, unsere Kinder vor Schaden zu bewahren. Aber gibt es dafür auch wissenschaftliche Belege?

Uns psychologischen Forschern ist klar, dass wir bei unserer Arbeit erst einmal »Ich-Forschung« betreiben. Wir untersuchen bewusst oder unbewusst unsere eigenen Macken, Marotten und Pathologien, um einen Einblick in die breite Thematik zu bekommen. Und so habe auch ich bei meinen ersten Überlegungen zum Thema Sucht mich selbst beobachtet und gleichzeitig angefangen, Freunde und Kollegen nach ihren Gewohnheiten zu fragen. Lange Rede, kurzer Sinn: Ich fand die Sucht überall. Und so sah sie aus: Anhaltendes Einkaufen trotz nachteiliger Folgen. Anhaltendes Sehnen nach einem bestimmten Menschen trotz nachteiliger Folgen. Anhaltendes Computergaming trotz nachteiliger Folgen. Anhaltendes Essen von Süßigkeiten trotz nachteiliger Folgen. Anhaltendes Tagträumen trotz nachteiliger Folgen. Anhaltendes Checken der sozialen Medien trotz nachteiliger Folgen. Anhaltendes Grübeln trotz nachteiliger Folgen (ja, Grübeln kann erhebliche negative Konsequenzen haben, wir kommen später in diesem Buch darauf zurück). Sucht ist nicht auf die sogenannten harten Drogen und Substanzen beschränkt. Es gibt auch stoffungebundene Süchte. Ist das neu, oder hatten wir etwas übersehen?

Die Antwort lautet: Es ist alt und neu. Lassen Sie uns mit dem Neuen beginnen.

Die Geschwindigkeit, mit der sich unsere Welt in den letzten zwanzig Jahren verändert hat, übertrifft bei Weitem alle Veränderungen der letzten zweihundert Jahre. Unser Gehirn und unser Körper haben damit nicht Schritt gehalten, und das setzt uns zu.

Nehmen wir als Beispiel die Stadt, in der ich aufgewachsen bin – Indianapolis, Indiana, im Zentrum des Mittleren Westens. Hätte ich dort um 1800 gelebt, auf einer Farm in der Prärie, und Lust auf ein neues Paar Schuhe gehabt, wäre der Ablauf etwa wie folgt gewesen: Ich hätte mein Pferd vor den Wagen gespannt, wäre in die Stadt gefahren und in den Gemischtwarenladen gegangen, hätte dem Händler erklärt, was für Schuhe und in welcher Größe ich benötigte, wäre wieder nach Hause gefahren, hätte ein paar Wochen gewartet, bis der vom Händler beauftragte Schuster die Schuhe angefertigt und geschickt gehabt hätte, und hätte wieder das Pferd angespannt, um endlich in der Stadt die verdammten Schuhe zu kaufen. Vorausgesetzt, ich hätte noch genug Geld dafür gehabt. Und heute? Vielleicht stehe ich mit dem Auto im Stau, nehme aus Langeweile das Smartphone zur Hand und klicke auf eine Werbung, die mir angezeigt wird, weil Google weiß, dass ich gerne Schuhe kaufe. Und wie von Zauberhand steht ein bis zwei Tage später (Amazon Prime sei Dank) ein Paar perfekt passender Schuhe vor meiner Haustür.

Man muss kein Suchtpsychologe sein, um zu erkennen, dass der Zwei-Minuten- und Zwei-Klick-Kauf einen eher dazu verlockt, immer wieder mal Schuhe zu kaufen, als die zweimonatige Prozedur.

Im Namen der Bequemlichkeit und Effizienz ist die moderne Welt zunehmend darauf ausgerichtet, süchtig machende Erfahrungen zu schaffen. Das gilt für Dinge (wie Schuhe, bestimmte Nahrungsmittel usw.) und Verhaltensweisen (wie Fernsehen, soziale Medien oder Videospiele). Und das gilt sogar für politische Themen, für Romantik oder das Bedürfnis, sich über die neuesten Nachrichten auf dem Laufenden zu halten: Dating-Apps und Nachrichten-Feeds werden mehr und mehr als Lockwerbung gestaltet; Schlagzeilen werden als »Klickköder« (Clickbaits) formuliert. Anstelle der altehrwürdigen Zeitungsverlage, die Ihnen morgens eine Zeitung nach Hause liefern und Sie entscheiden lassen, was Sie lesen möchten, bestimmen heutzutage moderne Medienkonglomerate und -Start-ups, welche Informationen sie Ihnen wann übermitteln. Diese Unternehmen können jede Ihrer Suchanfragen und jeden Ihrer Klicks verfolgen und erhalten so ein Feedback darüber, welche Artikel für Sie klickenswert sind und Sie dazu bringen, der Verlockung nachzugeben. Auf der Grundlage des so ermittelten Nutzerverhaltens stellen sie möglichst klickstarke Artikel ins Netz, an deren Überschriften Sie hängenbleiben, anstatt dass sie einfach nur sachliche Nachrichten liefern. Beachten Sie, dass heute generell viel mehr Schlagzeilen als Fragen oder Teilantworten formuliert sind als noch vor zehn Jahren.

Hinzu kommt, dass fast alles über unsere Fernseher, Laptops und Smartphones jederzeit verfügbar ist. So können Unternehmen jeden schwachen Moment wie Langeweile, Frustration, Wut, Einsamkeit oder Hunger ausnutzen, indem sie eine einfache emotionale Lösung anbieten: diese Schuhe kaufen, diese Süßigkeit essen, diesen Nachrichten-Feed abrufen. Und diese Süchte werden verfestigt und zu Gewohnheiten, sodass sie sich nicht wie Süchte anfühlen, sondern einfach wie das, was wir sind.

Wie sind wir an diesen Punkt gekommen?

Um diese Frage zu beantworten, müssen wir noch viel weiter in der Zeit zurückgehen als bis zu *Unsere kleine Farm*. Wir müssen uns in die Zeit begeben, als das menschliche Gehirn die Fähigkeit zu lernen entwickelte.

Wie bereits angesprochen, besteht das Gehirn des Menschen aus alten und neuen Bestandteilen. Die neuen Teile ermöglichen das Denken, die Kreativität, die Entscheidungsfindung und so weiter. Die älteren Teile unseres Gehirns hingegen haben sich in der frühen Menschheitsgeschichte entwickelt, um das Überleben der Art zu sichern. Ein Beispiel, das ich in Kapitel 2 genannt habe, ist der Kampf-Flucht-Erstarren-Instinkt. Ein weiteres Merkmal des »alten Gehirns«, ebenfalls bereits erwähnt, ist das sogenannte *belohnungsbasierte Lernsystem*. Lernen durch Belohnung basiert auf positiver und negativer Verstärkung. Einfach ausgedrückt: Wir wollen mehr Dinge tun, die sich gut anfühlen (positive Verstärkung), und weniger von den Dingen, die sich schlecht anfühlen (negative Verstärkung). Diese Fähigkeit ist so wichtig und hat sich schon vor so langer Zeit herausgebildet, dass Wissenschaftler sie sogar bei Meeresschnecken feststellen konnten. Der österreichisch-amerikanische Neurowissenschaftler Eric Kandel erhielt für diese Entdeckung den Nobelpreis für Medizin. Meeresschnecken sind Organismen mit lediglich zwanzigtausend Neuronen in ihrem gesamten Nervensystem – stellen Sie sich das vor: nur zwanzigtausend Nervenzellen. Man könnte dieses Lebewesen mit einem Auto vergleichen, das auf die wesentlichen Elemente reduziert ist, die es zum Fahren und Anhalten braucht.

In der Zeit der Höhlenmenschen war das Lernen durch Belohnung äußerst hilfreich. Das Nahrungsmittelangebot war noch nicht so groß, und so stießen unsere haarigen Vorfahren vielleicht irgendwo auf etwas, das ihnen essbar erschien, und ihr schwerfälliges kleines Gehirn signalisierte: »Kalorien … Überleben!« Der Höhlenmensch probierte die Nahrung – lecker – und siehe da – er überlebte. Immer wenn der Höhlenmensch etwas Zucker oder Fett zu sich nahm, verband sein Gehirn nicht nur die Nährstoffe mit dem Überleben, sondern schüttete auch einen chemischen Stoff namens *Dopamin* aus, einen Neurotransmitter, der benötigt wird, um Orte mit Verhaltensweisen zu koppeln. Dopamin wirkte wie ein urzeitliches Whiteboard, auf dem geschrieben stand: »Merke dir, was du isst und wo du es gefunden hast.« Der Höhlenmensch legte ein kontextabhängiges Gedächtnis an und lernte mit der Zeit, den Vorgang zu wiederholen: Nahrung sehen, Nahrung essen. Überleben und sich gut fühlen. Wiederholen. Auslösereiz, Verhalten, Belohnung.

Lassen Sie uns nun einen gewaltigen Zeitsprung machen und zu einem Abend in Ihrem heutigen Leben gehen. Nehmen wir an, Sie fühlen sich nicht so gut, Sie hatten einen schlechten Tag bei der Arbeit oder Ihr Partner hat etwas Verletzendes gesagt oder Sie haben sich aus irgendeinem Grund an die Zeit zurückerinnert, als Ihr Vater Ihre Mutter wegen einer anderen Frau verlassen hat. Sie wissen, dass in der Süßigkeitenschublade in der Küche eine Tafel extra cremiger Milchschokolade Ihrer Lieblingsmarke wartet. Heutzutage ist es nicht mehr so schwer, Nahrung zu finden, wie in der Zeit der Höhlenmenschen, sodass Nahrung zumindest in der (über-)entwickelten Welt eine andere Rolle spielt. Unser modernes Gehirn sagt uns: »Hey, du kannst dieses Dopamin nicht nur dafür nutzen, dich daran zu erinnern, wo sich Nahrung befindet. Probier mal Folgendes: Wenn du dich das nächste Mal schlecht fühlst, dann iss etwas Leckeres, und es wird dir gleich besser gehen!« Wir danken unserem Gehirn für diese tolle Idee und lernen schnell, dass sich unsere Stimmung tatsächlich aufhellt, wenn wir Schokolade oder Eis essen. Das ist genau derselbe Lernprozess, den der Höhlenmensch durchlaufen hat, nur dass der Auslöser jetzt ein anderer ist: Statt eines Hungersignals vom Magen löst ein emotionales Signal – das Gefühl, traurig/wütend/verletzt/einsam zu sein – unser Verlangen nach Essen aus.

Denken Sie mal zurück an die Zeit, als Sie ein Teenager waren. Erinnern Sie sich an die aufmüpfigen Jugendlichen, die im Schulhof standen und rauchten? Das wirkte cool, und Sie wollten auch so cool sein, also fingen Sie an zu rauchen. Die Werbespots mit dem Marlboro-Mann, der ein freies Leben verkörperte, taten ihr Übriges. Sie sehen coole Menschen. Sie rauchen, um cool zu wirken. Sie fühlen sich gut. Sie wiederholen es. Auslösereiz, Verhalten, Belohnung. Und bei jeder Wiederholung verstärken Sie den entsprechenden Pfad im Gehirn.

Ehe Sie sich's versehen, denn es ist nicht wirklich ein bewusster Vorgang, wird die Art und Weise, wie Sie mit einer Emotion oder einem Stressfaktor umgehen, zur Gewohnheit.

Die folgende Aussage ist sehr wichtig, also lesen Sie sie bitte besonders aufmerksam: Mit denselben Mechanismen des Gehirns, mit denen unsere Vorfahren, die Höhlenmenschen, zu überleben gelernt haben, sind wir inzwischen dahin gekommen, uns mit unseren Gewohnheiten buchstäblich umzubringen. In den letzten zwanzig Jahren ist das exponentiell schlimmer geworden: Fettleibigkeit und Rauchen gehören zu den häufigsten vermeidbaren Ursachen von Krankheit und Todesfällen in der Welt. Und ungeachtet der modernen Medizin führen Angststörungen die Hitliste der häufigsten psychiatrischen Erkrankungen an.

Hinzu kommt, dass die Menschen die meiste Zeit im Internet damit verbringen, kleine Dopaminschübe zu bekommen, indem sie dieses oder jenes anklicken, dieses oder jenes liken oder für dieses oder jenes viele Likes bekommen. Alle diese Gewohnheiten und Zustände werden von unserem alten Gehirn geschaffen, das uns helfen will, auch in der neuen Welt gut zurechtzukommen.

Leider klappt das vielfach nicht so gut.

Ich spreche nicht nur von Stress oder übermäßigem Essen oder Kaufsucht oder ungesunden Beziehungen oder zu viel Zeit im Internet oder der allgemeinen Angst, mit der wir alle ständig konfrontiert zu sein scheinen. Wenn Sie sich jemals in einer Sorgengewohnheitsschleife verfangen haben, wissen Sie, was ich meine:

Auslösereiz: Gedanke oder Emotion
Verhalten: Sich sorgen
Folge/Belohnung: Vermeidung, übermäßiges Planen etc.

Das heißt: Ein Gedanke oder eine Emotion löst in Ihrem Gehirn eine Sorge aus. Dies führt dazu, dass Sie den negativen Gedanken oder die negative Emotion vermeiden, weil sich das angenehmer für Sie anfühlt.

Fassen wir noch einmal zusammen:

Unser Gehirn hat sich entwickelt, um uns beim Überleben zu helfen. Als wir hungrige Höhlenmenschen waren, nutzten wir belohnungsbasiertes Lernen, um uns zu merken, wo wir Nahrung finden. In der gegenwärtigen Welt werden mittels dieses Lernprozesses Gier und Emotionen ausgelöst ... und Gewohnheiten, zwanghaftes Verhalten und Abhängigkeiten geschaffen.

Industrie- und Wirtschaftsunternehmen haben das schon lange erkannt.

Die Lebensmittelindustrie gibt Milliarden von Dollar dafür aus, genau die richtige Menge an Salz, Zucker und Knusprigkeit zu finden, um Lebensmittel unwiderstehlich zu machen. Mitarbeiter der Social-Media-Unternehmen verbringen Tausende von Stunden damit, ihre Algorithmen zu optimieren, um sicherzustellen, dass Sie von perfekten Fotos, Videos und Beiträgen angelockt werden, durch die Sie stundenlang scrollen und dabei unwillkürlich auch die Anzeigen der Werbepartner wahrnehmen. Nachrichtenagenturen formulieren ihre Schlagzeilen als Klickköder. Online-Händler gestalten ihre Websites mit Anreißern wie »Andere Kunden kauften auch ...«, damit Sie noch mehr einkaufen als ursprünglich geplant. Es gibt heute praktisch keine kommerzielle Website mehr, die ohne solche Tricks auskommt.

Und das Tricksen geht noch weit darüber hinaus und wird auch in anderen Lebensbereichen praktiziert. In der modernen Welt sind weitere »Suchtmaximierer« im Spiel.

Erstens: Die am stärksten das Verlangen weckende Art des Verstärkungslernens ist die *sporadische (intermittierende) Verstärkung.*

Wenn ein Tier nur hin und wieder oder scheinbar zufällig eine Belohnung auf ein bestimmtes Verhalten hin erhält, werden die Dopaminneuronen im Gehirn stärker als sonst aktiviert. Denken Sie an eine Begebenheit, als Sie jemand mit einem Geschenk oder einer Party überrascht hat. Ich wette, Sie können sich noch gut daran erinnern. Das liegt daran, dass unerwartete Belohnungen in Ihrem Gehirn eine viel höhere Dopaminausschüttung bewirken als erwartete.

Spielhallen sind ein Beispiel dafür, wie die sporadische Verstärkung in der kommerziellen Welt funktioniert. Die Automaten sind gemäß einer Formel beziehungsweise einem Algorithmus so eingestellt, dass es Geldgewinne nach einem zufällig wirkenden Schema gibt, aber häufig genug, um uns im Spiel zu halten. Im Durchschnitt verliert am Ende jeder Spieler Geld (die »Gewinnformel« der Casinos).

Hier ein weiteres Beispiel: die Informationstechnologie. Wie sich gezeigt hat, erstreckt sich intermittierende Verstärkung auf alles, was Sie auf etwas Neues aufmerksam macht. Vergessen Sie nicht, dass dies unser »altes Gehirn« ist, also die Ansammlung von Gehirnstrukturen, die sich in der Frühzeit der menschlichen Existenz entwickelt haben. Es wendet die einzigen Tricks an, die es hat, um in der heutigen schnelllebigen und hypervernetzten Welt zu überleben. Dieser Teil des Gehirns kennt jedoch nicht den Unterschied zwischen einem Säbelzahntiger und einer nächtlichen E-Mail von Ihrem Chef. Daher löst jede Art von Alarm – vom uralten »Sie haben Post« vom E-Mail-Server bis hin zum Vibrieren in der Hosentasche wegen eines neuen »Gefällt mir«, das Sie für einen Beitrag in den sozialen Medien erhalten haben – eine Reaktion in Ihrem alten Gehirn aus. E-Mail, Twitter, Facebook, Instagram, Snapchat, WhatsApp, die Immobilienseite mit dem Suchfilter »Wohnung mit 3 Schlafzimmern und 2½ Bädern und Küche mit Granitarbeitsflächen«, – alles, was Ihnen helfen soll, in Verbindung zu bleiben, ist auf maximale Abhängigkeit ausgelegt, unter anderem eben auch deshalb, weil es nicht in regelmäßigen Abständen klingelt, piepst, summt, mailt oder zwitschert.

Der zweite alltägliche Suchtauslöser in der modernen Welt ist die *sofortige Verfügbarkeit*. Im neunzehnten Jahrhundert war der Kauf von Schuhen eine aufwendige Angelegenheit, und das war auch gut so. Wenn man das Gefühl hatte, es seien mal wieder ein paar neue Schuhe fällig, konnte man sie nicht einfach impulsiv bestellen und darauf warten, dass sie am nächsten Tag in der Scheune lagen. Und da der ganze Prozess des Erwerbens von Schuhen mühsam, zeitaufwendig und langsam war, mussten Kosten und Nutzen genau abgewogen werden. Waren die Schuhe, die man schon hatte, wirklich bereits ausgetreten oder würden sie es nicht doch noch eine Weile tun?

Zeit ist wichtig, damit die Wolke der Begeisterung (oh, neue Schuhe, das wäre schön!) über uns hinwegziehen kann und vor allem, damit sie wieder verschwindet. Die Zeit ermöglicht es uns, zur Ruhe zu kommen, sodass die süße Saftigkeit des Augenblicks in den Hintergrund rücken und Platz für die Realität der Notwendigkeit machen kann.

In der modernen Welt lässt sich jedoch fast jeder Wunsch sofort erfüllen, jedes akute Bedürfnis kann schnell gestillt werden. Gestresst? Kein Problem! In der Konditorei an der Ecke gibt es leckere Süßigkeiten. Gelangweilt? Einfach die neuesten Beiträge auf Instagram ansehen. Sorgen? Putzige Katzenvideos auf YouTube sind eine ideale Ablenkung. Sie »brauchen« ein neues Paar Schuhe, wenn Sie eine Freundin mit einem topmodischen Paar Schuhe sehen, das Sie unbedingt auch haben müssen? Amazon erwartet Sie.

Ich sage es Ihnen nur ungern, aber das Smartphone in Ihrer Tasche ist nichts anderes als eine Werbefläche. Und Sie bezahlen noch dafür, dass es Sie ständig mit Werbung berieselt.

Durch die Kombination des Lernens durch Belohnung, das in unser altes Gehirn eingebaut ist, mit sporadischer Verstärkung und sofortiger Verfügbarkeit haben wir eine gefährliche Formel für moderne Gewohnheiten und Abhängigkeiten geschaffen: Diese Formel geht weit über das hinaus, was wir normalerweise als Drogenmissbrauch bezeichnen.

Das erwähne ich nicht, um Sie zu erschrecken. Vielmehr möchte ich einfach, dass Sie verstehen, wie Ihr Gehirn funktioniert und dass vieles in der modernen Welt darauf ausgerichtet ist, süchtig machendes Verhalten zu erzeugen und daraus Kapital zu schlagen. Wenn Sie die Mechanismen des Gehirns durchschaut haben, können Sie anfangen, damit zu arbeiten. So einfach ist das. Sie wissen jetzt, wie das Gehirn Gewohnheiten bildet. Und mit diesem Verständnis sind Sie bereit für den nächsten Schritt: die Kartierung Ihrer Gedanken.

Sind Sie bereit für die erste Überlegung?

Die Arbeit mit Ängsten ist etwas schwieriger als das Angehen anderer Gewohnheiten. Um Angstzustände in den Griff zu bekommen, geht man am besten schrittweise vom Konkreten hin zum Abstrakten, dem sogenannten Bottom-up-Ansatz. Fangen wir mit etwas Einfachem an: Welches sind die drei Gewohnheiten und täglichen Abhängigkeiten, mit denen ich am meisten zu kämpfen habe? Welche schlechten Angewohnheiten und missliebigen Verhaltensweisen gebe ich trotz nachteiliger Folgen nicht auf?

KAPITEL 4

Angst als Gewohnheitsschleife

WENN ICH SEMINARE GEBE oder über Gewohnheitsschleifen befragt werde, stelle ich fest, dass nur wenige Menschen verstehen, dass Angst eine Gewohnheitsschleife sein kann.

Um zu verstehen, warum das so ist, sollten wir uns noch einmal unser altes Gehirn ansehen.

Stellen Sie sich vor, wie es unseren Höhlenmenschen-Vorfahren in der Savanne ergangen ist. Ihr Gehirn war auf zwei Dinge ausgerichtet: Nahrung zu finden und nicht selbst zu Nahrung zu werden. Bevor Agrarkulturen aufkamen, mussten unsere Vorfahren unbekannte Gebiete erkunden, um neue Nahrungsquellen zu finden. Sobald sie ihre vertrauten Orte verließen, schaltete ihr Gehirn jeweils auf höchste Alarmbereitschaft. Und warum? Weil sie nicht wussten, ob es da draußen sicher war. Sie blieben nervös, bis sie das neue Gebiet überblicken und feststellen konnten, ob es dort Bedrohungen gab oder nicht. Wenn sie über längere Zeit keine Anzeichen von Gefahr fanden, fühlten sie sich sicher.

Unsere Vorfahren führten im Grunde bereits moderne wissenschaftliche Experimente durch. Je mehr »Daten« sie über die Ungefährlichkeit des neuen Gebiets sammelten, desto zuversichtlicher wurden sie, dass sie die Alarmsignale in ihrem Gehirn abschalten, ihre Wachsamkeit ablegen und sich entspannen konnten. Auch in der heutigen Welt wiederholen wir Wissenschaftler ein Experiment mehrfach und je öfter wir das gleiche Ergebnis erhalten, desto sicherer sind wir, dass das Experiment objektiv und damit gültig ist und unsere Schlussfolgerungen solide sind. Dafür gibt es sogar einen statistischen Begriff: *Konfidenzintervalle*, auch als »Erwartungsbereiche« bezeichnet. Sie geben an, wie überzeugt wir aus statistischer Sicht sein können, dass unsere Ergebnisse auch bei Wiederholungen Bestand haben werden.

Ob bei den Höhlenmenschen der Urzeit oder den Wissenschaftlern der Neuzeit – unser Gehirn mag Ungewissheit nicht. Nicht genau zu wissen, was passieren wird, macht uns Angst. Die Frage »Werde ich von einem Löwen gefressen?« wird in unserem Gehirn in etwa auf die gleiche Weise registriert wie die Frage: »Wird meine wissenschaftliche Theorie standhalten?« Beide führen zu dem Gefühl, dass eine Dringlichkeit zu handeln besteht. Je nachdem, wie stark die Bedrohung ist, kann sich Unsicherheit wie ein mentales Jucken anfühlen, das uns sagt: »Hey, ich brauche Informationen. Besorge sie mir.« Wenn die potenzielle Gefahr groß ist oder die Bedrohung unmittelbar bevorsteht, wird dieser Juckreiz besonders stark und drängt uns zum sofortigen Handeln. Die Nervosität treibt unser Überlebensgehirn dazu, nachzusehen, was das unbekannte Geräusch war, das uns gerade aus dem Schlaf gerissen hat (es könnte ja sein, dass etwas uns fressen will).

Zur Erinnerung: Die oben erwähnte Definition von Angstgefühlen lautet »ein Gefühl der Sorge, Nervosität oder Unruhe, typischerweise wegen eines bevorstehenden Ereignisses oder etwas mit ungewissem Ausgang«. Wenn Ungewissheit herrscht, werden wir ängstlich und geben dem Juckreiz nach, der uns sagt: »Tu etwas!« Stress oder Angst wird zum Auslöser, der unser Höhlenmenschengehirn aus der Höhle und in die Nacht treibt, während es überlegt, was zu tun ist. Hat unser Gehirn dann eine Idee, die sich wie eine Lösung anfühlt, zum Beispiel »Ich habe nichts Gefährliches gesehen«, werden wir damit belohnt, dass wir weniger Angst haben.

Auslösereiz: Stress oder Angst
Verhalten: Versuchen, eine Lösung zu finden
Resultat: Eine Lösung wird gefunden (manchmal)

Vom Prinzip entspricht das dem Vorgang, dass man in einem Casino an einem Spielautomaten spielt und gerade so oft gewinnt, um immer wieder zurückkommen zu wollen.

Es gibt zahlreiche Forschungsergebnisse, die zeigen, wie Angst als eine negativ verstärkte Gewohnheitsschleife aufrechterhalten wird. In den letzten Jahrzehnten hat T. D. Borkovec, ein Forscher an der Pennsylvania State University, eine Reihe wissenschaftlicher Arbeiten verfasst, die zeigen, dass Angstzustände Sorgen auslösen können. Bereits 1983 beschrieben Borkovec und seine Kollegen die Sorge als »eine Kette von Gedanken und Bildern, die mit negativen Gefühlen behaftet und relativ unkontrollierbar sind und den Versuch darstellen, eine mentale Problemlösung für ein Problem mit ungewissem Ausgang zu finden«. Wenn die Sorge durch eine negative Emotion wie Furcht ausgelöst wird, kann sie auch verstärkt werden, um die Unannehmlichkeiten dieser Emotion zu vermeiden:

Auslösereiz: Negative Emotion (oder Gedanke)
Verhalten: Sorgen
Resultat: Vermeidung/Ablenkung

Sorgen gibt es als Substantiv: »Ich bin frei von Sorgen« und als Verb: »Ich sorge mich um meine Kinder«. Funktionell gesehen ist die Sorge ein gedankliches Verhalten, das zu einem Gefühl der Angst, Nervosität oder Unbehagen führt. Der Angstzustand wiederum kann das Verhalten des Sich-Sorgens auslösen, es entsteht also ein sich bald verselbstständigender Kreislauf.

Auslösereiz: Angst
Verhalten: Sorgen
Resultat: Noch mehr Angst haben

Dieses gedankliche Verhalten des Sorgens muss nur ein paar Mal ablaufen, und unser Gehirn gewöhnt sich daran, es immer damit zu versuchen, wenn wir ängstlich sind. Aber wie oft finden wir damit eine Lösung, die das Problem behebt? Und inwieweit helfen uns Sorgen, kreativ zu denken oder Probleme zu lösen? Eine Sorge drückt in Wirklichkeit lediglich den Panikknopf, der uns dazu bringt, alles Mögliche zu versuchen, damit der Angstzustand verschwindet.

Das Smartphone zu zücken und die Nachrichten zu checken oder ein paar E-Mails zu beantworten, mag kurzzeitig ablenken und dadurch die Angstzustände lindern, führt jedoch letztendlich nur zu einer neuen Gewohnheit: Sich abzulenken, wenn man gestresst oder ängstlich ist. Und sollte die Ablenkung nicht funktionieren, muss man sich wieder eine andere Lösung einfallen lassen. Das kann dazu führen, dass man sich noch mehr Sorgen macht, und die Sorgen werden zu ihrem eigenen Auslöser. Nicht gerade eine Belohnung, oder? Die Krux ist außerdem, dass auch wenn das sorgenvolle Grübeln nicht funktioniert, unser altes Gehirn es immer wieder versucht. Wie Sie ja bereits wissen, besteht die Aufgabe unseres Gehirns darin, uns beim Überleben zu helfen, und sobald es das Lösen von Problemen mit dem Sorgenmachen verknüpft hat, hält es das für den besten Weg. Unser Gehirn zieht immer wieder den Hebel des Sorgenspielautomaten und hofft, dass es den Lösungs-Jackpot knackt.

Das Problem mit dem Lösen von Problemen

Sie sehen also, dass die Sorge als gedankliche Verhaltensweise fungieren kann, die dazu führt, dass Sie sich von der schlimmer werdenden Angst ablenken und/oder das Gefühl haben, dass Sie eine gewisse Kontrolle haben, weil Sie (theoretisch) Probleme lösen. Und selbst wenn Sie durch Ihre Sorgen keine Probleme lösen – sondern lediglich noch mehr ins Schleudern geraten –, kann allein das Gefühl, etwas zu tun, lohnend sein. Wer sich Sorgen macht, tut ja schließlich auch etwas. Auch wenn Sie es nicht als Verhalten wahrnehmen, geschieht es doch. Gedankliches Verhalten ist auch Verhalten und kann fühlbare Ergebnisse haben.

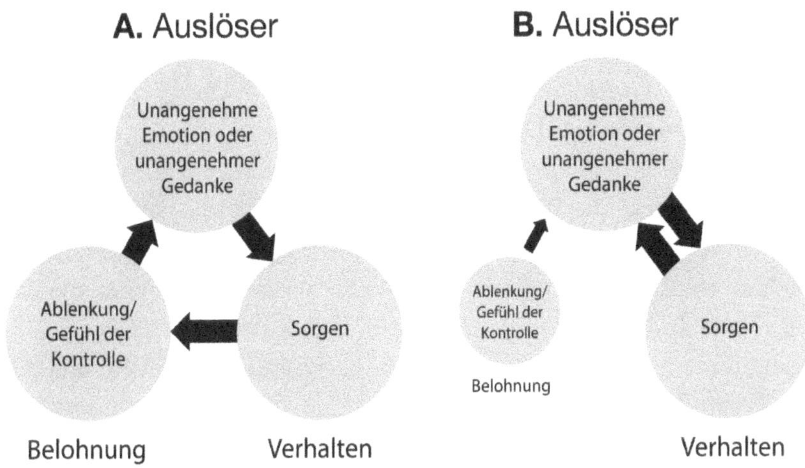

(A) Gewohnheitsschleife, die den Sorgenkreislauf in Gang setzt: Unangenehme Emotionen lösen Sorgen als gedankliches Verhalten aus, um sich abzulenken oder das Gefühl zu haben, die Kontrolle zu haben; (B) Wenn die »Belohnung« der Ablenkung nachlässt oder die negativen Eigenschaften der unangenehmen Emotion und der Sorgen nicht mehr aufwiegt, beginnen die Sorgen, mehr Angst (als unangenehme Emotion) auszulösen, was wiederum mehr Sorgen auslöst und so weiter.

Das Sorgen hat jedoch zwei große Schattenseiten. Erstens: Wenn dem besorgten Verstand keine Lösung einfällt, löst die Sorge einen Angstzustand aus, der wiederum weitere Sorgen auslöst, und so weiter. Zweitens: Wenn die Sorge allein durch den Angstzustand ausgelöst wird, gibt es möglicherweise gar keinen konkreten Grund zur Sorge. Das ist es, was meine Patienten oft beschreiben: Sie wachen morgens auf, und ohne jegliche Veranlassung oder ein bestimmtes Ereignis an diesem Tag oder in der Zukunft, über das sie sich Sorgen machen müssten, spüren sie eine starke Beklemmung. Eine Teilnehmerin unseres Angstprogramms drückte es so aus: »Ich bin besonders früh am Morgen von Ängsten geplagt. Sie wecken mich unsanft und jäh auf.« Dieses Angstgefühl verstärkt die Sorgen der Betroffenen weiter, während sie versuchen, herauszufinden, worüber sie beunruhigt sein sollten. Wenn sie auf nichts Bestimmtes kommen, gewöhnen sie sich an, sich so ziemlich über alles Sorgen zu machen, was sie in der Zukunft noch erwartet, unabhängig davon, ob solche Sorgen gerechtfertigt sind oder nicht.

Dies ist die Grundlage für die Generalisierte Angststörung, wie sie in dem Standardwerk *Diagnostic and Statistical Manual of Mental Disorders* (DSM: Diagnostisches und Statistisches Manual Psychischer Störungen, die Bibel der Psychiater für die Diagnose psychiatrischer »Störungen«) anhand von mehreren Kriterien klassifiziert ist. Laut der Definition dieses Handbuchs umfasst sie Symptome wie »das Vorhandensein eindeutig übermäßiger Ängste und Sorgen in Bezug auf eine Vielzahl von Themen, Ereignissen oder Aktivitäten«. Die Formulierung »eindeutig übermäßig« liebe ich besonders. Im DSM heißt es außerdem, dass »Sorgen als sehr schwierig zu kontrollieren erlebt werden«, was ja eigentlich offensichtlich erscheinen mag, denn sonst würden die Menschen nicht zu einem Psychiater gehen, um Hilfe zu bekommen.

Kennen Sie die Geschichte von Dr. Jekyll und Mr. Hyde? Das Sorgenmachen weist durchaus gewisse Analogien zu der gespaltenen Figur in dieser Schauernovelle auf. Mit dem Versprechen, Ihre Probleme zu lösen, kann es zunächst gut und hilfreich erscheinen. Die Sorge scheint ihr pflichtbewusstes Bestes zu tun, um Ihnen beim Überleben zu helfen, indem sie versucht, dem anstehenden Problem ein Ende zu bereiten. Aber lassen Sie sich nicht täuschen, denn sie hat einen faulen Kern und wendet sich schnell gegen Sie, wenn keine Lösung gefunden wird. Wie jemand, der in einen reißenden Fluss gefallen ist, ruft die Sorge nach Hilfe. Wenn Sie ins Wasser springen, klammert sie sich verzweifelt an Sie, sodass Sie mit in die Stromschnellen gezogen werden oder in einen nicht enden wollenden Strudel der Angst geraten, in dem Sie nicht mehr wissen, wo oben und wo unten ist.

Diese Gewohnheitsschleife »Angst löst Sorge aus, die wiederum Angst auslöst« kann sehr schwer zu durchbrechen sein, wenn Sie nicht erkennen, dass sowohl die Sorge als auch die Angst Ihren Kopf unter Wasser drücken, um sich selbst vor dem Ertrinken zu bewahren. Sollten Sie zu denjenigen gehören, die dazu neigen, sich Sorgen zu machen, können Sie wahrscheinlich diese Gewohnheitsschleifen in Ihrem eigenen Leben entschlüsseln, um zu sehen, wie sie bei Ihnen ablaufen.

Aber die Bestandsaufnahme von Gewohnheitsschleifen ist nur der erste Schritt bei der Arbeit mit Ängsten. Als Psychiater orientiere ich mich an der Wissenschaft und faktenbasierten Ansätzen, um Menschen beim Überwinden ihrer Angstzustände helfen zu können. Als Forschender bin ich motiviert, zu analysieren, wie es genau geht, damit ich meinem Psychiater-Ich solche evidenzbasierten Behandlungen vorschlagen kann.

Die Burn-out-Epidemie

Die Ärzte sind eine Untergruppe der zahlreichen Gesundheitsdienstleister, die von einer Burn -out-Epidemie betroffen sind. Schon in der Zeit vor Covid-19 haben viele Ärzte angesichts des zunehmenden Drucks verzweifelt die Hände über dem Kopf zusammengeschlagen (und teilweise ganz das Handtuch geworfen). Viele ihrer Belastungen haben mit dem Rückgang der Autonomie zu tun, wenn kleinere Arztpraxen von Investitionsgesellschaften aufgekauft und von diesen zu größeren Verbünden zusammengeschlossen werden. Ein weiterer Belastungsfaktor ist das Aufkommen elektronischer medizinischer Aufzeichnungen, die uns zwingen, in der Sprechstunde mehr Zeit auf den Computerbildschirm als in das Gesicht des Patienten zu schauen.

Im Medizinstudium haben wir gelernt, uns gegen Stress und Angstzustände zu wappnen und uns abzuhärten, damit wir uns ihrer erwehren können und sie uns nicht davon abhalten, Menschen zu helfen, die noch viel mehr leiden. Unser Leben als Märtyrer wurde von einem meiner Chirurgieprofessoren auf den Punkt gebracht: »Iss, was du gerade findest; schlaf, wenn du zwischendurch Zeit hast; und mach keinen Scheiß mit der Bauchspeicheldrüse.« Im Grunde bedeutete dies, dass unsere Grundbedürfnisse hinter der Patientenversorgung zurückstehen (und dass die Bauchspeicheldrüse schwer zu operieren ist). Wenn ich auf meine Ausbildung zurückblicke, wird mir klar, dass dies kein sehr nachhaltiger oder gesunder Weg war, um unsere Emotionen zu verarbeiten.

Es wurden bisher noch keine abschließenden Studien über den Zusammenhang zwischen Angstzuständen und Burn-out bei Ärzten veröffentlicht, aber gemäß dem, was man zu dem Thema von Kollegen hört, ist der Fall klar. Die Kombination aus fehlenden Schulungen an der medizinischen Fakultät zum Umgang mit unseren Emotionen, einer geringeren Autonomie im klinischen Umfeld und dem zunehmenden Druck, immer mehr Patienten zu behandeln, um unsere RVU-Ziele zu erreichen (RVU = Relative Value Unit; ein von amerikanischen Krankenversicherungen festgelegter Wert), scheint eine äußerst kritische Lage von zunehmenden Angstzuständen und Burn-outs ausgelöst zu haben.

Deshalb hat mein Labor mit finanzieller Unterstützung des Krankenhauses eine einfache Studie durchgeführt, um herauszufinden, ob wir Ärzten mithilfe von Achtsamkeitstraining helfen können, dass sie ihrer Sorgenschleifen gewahr werden, mit dem Ziel, Ängste und Burn-out-Anfälligkeit zu reduzieren (mehr zum Thema Achtsamkeit in den Kapiteln 6 und 8).

Da belohnungsbasiertes Lernen Verhaltensweisen in bestimmten Kontexten verstärkt – vergessen Sie nicht, dass es ursprünglich dafür da war, uns daran zu erinnern, wo unsere Nahrungsquellen sind –, haben wir nicht versucht, den teilnehmenden Ärzten Achtsamkeit in einem Klinik- oder Forschungsumfeld beizubringen, sondern stattdessen ein App-basiertes Achtsamkeitstraining (»Unwinding Anxiety« – so lautet auch der englische Titel dieses Buches) als Maßnahme zur Anwendung im Alltag entwickelt. Die App umfasst tägliche kurze Videos (weniger als zehn Minuten pro Tag), Animationen und unmittelbare Übungen zum Thema Achtsamkeit, die die Teilnehmer bei Aufkommen von Angstzuständen anwenden können. Mithilfe der dreißig Kernmodule zeichnen die Anwender zunächst ihre Angstgewohnheitsschleifen auf und lernen dann, mit ihnen zu arbeiten – unter Verwendung der gleichen Werkzeuge, die Sie später in diesem Buch kennenlernen werden. Dieses Format ist sehr geeignet für vielbeschäftigte Ärzte, da diese oft im Märtyrermodus arbeiten und es schwierig finden, irgendetwas für sich zu tun, was sie möglicherweise von der Hilfe für andere abhalten könnte. Die Heldin dieser Studie war übrigens meine wissenschaftliche Mitarbeiterin Alexandra Roy, die alle Daten gesammelt und analysiert hat.

Wir stellten fest, dass 60 Prozent der Ärzte in der Studie vor Beginn der App-Schulung unter mäßigen bis schweren Angstzuständen litten, und mehr als die Hälfte von ihnen gab an, sich mindestens ein paar Mal pro Woche von der Arbeit ausgebrannt zu fühlen. Außerdem fanden wir eine starke Korrelation zwischen Angst und Burn-out (0,71, wobei 0 für keine Korrelation und 1 für eine vollkommene Korrelation steht). Nach dreimonatiger Nutzung der App ergab sich ein Rückgang der Angstwerte um satte 57 Prozent (die Feststellung erfolgte mittels eines klinisch überprüften Fragebogens zur generalisierten Angststörung, mit der Bezeichnung »Generalized Anxiety Disorder-7«). Und obwohl wir keine spezifischen Ratschläge zur Bekämpfung von Burn-out in die Schulung aufgenommen hatten – sie war ausschließlich auf die Verringerung von Angstzuständen ausgerichtet –, stellten wir eine signifikante Verringerung von Burn-out fest, insbesondere im Bereich von Zynismus (wenn Menschen dem System gegenüber immer skeptischer werden), der leicht durch Ängste verstärkt werden kann:

Auslösereiz: Eine weitere E-Mail darüber erhalten, dass RVU-Ziele noch nicht erreicht worden sind
Verhalten: Darüber nachdenken, wie schlecht das System ist und dass es nur noch schlimmer wird
Resultat: Burn-out und wachsender Zynismus

Wir haben nicht den Anspruch, dass unsere App das Gesundheitssystem verbessern wird. Unsere Studie hat jedoch gezeigt, dass die Burn-outs im medizinischen Bereich auch von individuellen und nicht institutionellen Faktoren verursacht werden. So konnten wir beispielsweise eine 50-prozentige Verbesserung im Bereich des Zynismus feststellen, aber nur eine 20-prozentige Verringerung emotionaler Erschöpfung. Das ergibt Sinn, denn der Zynismus geht auf das Konto des einzelnen Arztes, während die Erschöpfung sehr viel mit dem System zu tun hat. Wenn wir gezwungen sind, im Namen der Gewinnoptimierung die Qualität der Arbeit den bürokratischen Göttern der Quantität zu opfern, wird das Wissen um Gewohnheitsschleifen eher gegen Zynismus als gegen Erschöpfung helfen (was genau unseren Feststellungen entspricht). Und ich hoffe, dass Ärzte und andere Gesundheitsdienstleister mithilfe eines Achtsamkeitstrainings lernen können, einen Teil ihrer gewohnheitsmäßigen zynischen Energie darauf zu lenken, die Probleme im System zu erkennen und sich für Veränderungen einzusetzen.

Ermutigt durch die Daten unserer Studie und mit Forschungsmitteln des National Institutes of Health (NIH) führte mein Labor danach eine größere, randomisierte kontrollierte Studie durch, was einfach bedeutet, dass wir zwei Gruppen untersuchten, die in jeder Hinsicht vergleichbar waren, aber unterschiedliche Behandlungen erhielten. Die Studienteilnehmer waren jetzt Menschen aus der allgemeinen Bevölkerung, weil wir feststellen wollten, ob wir auch auf breiterer Basis Menschen mit Angstzuständen helfen konnten. Alle Teilnehmer erfüllten die Kriterien für eine generalisierte Angststörung, und wir teilten sie nach dem Zufallsprinzip in zwei Gruppen ein: Die einen erhielten weiterhin ihre gewohnte klinische Behandlung (Medikamente, Therapie usw.), während die anderen mit dem App-basierten Achtsamkeitstraining arbeiteten.

Nach zweimonatiger Nutzung der App »Unwinding Anxiety« zeigte sich bei Menschen mit generalisierter Angststörung ein Rückgang ihrer Ängste um 63 Prozent. Und als wir die mathematische Modellierung durchführten, um zu sehen, wie das Achtsamkeitstraining funktionierte, stellten wir fest, dass die Achtsamkeit zu einer Verringerung der Sorgen führte, was wiederum die Ängste minderte. Wir konnten bestätigen, dass die Schulung der Menschen, sich ihrer Sorgenschleifen bewusst zu werden und mit ihnen zu arbeiten, zu klinisch bedeutsamen Ergebnissen führen kann. Angstzustände, die zu Beginn mäßig bis stark ausgeprägt waren, normalisierten sich.

Unsere Studienteilnehmer freuten sich über den Rückgang ihrer Ängste – 63 Prozent ist ja auch schließlich eine beachtliche Zahl. Aber wie sieht eine 63-prozentige Verringerung im täglichen Leben der Menschen aus? Die medizinische Fachwelt hat einfache Maßstäbe entwickelt, »Unsinndetektoren« sozusagen, um zu beurteilen, ob etwas *klinisch signifikant* ist. Mit diesem Begriff wird bewertet, ob Studienergebnisse aufgrund des Ausmaßes der ermittelten Unterschiede eine Hilfestellung im klinisch-therapeutischen Entscheidungsprozess sind. Klinisch signifikant sind also nur Behandlungen, deren festgestellte Wirkung ziemlich groß ist. Wie es in der medizinischen Gemeinschaft Usus ist, wird auch der Unsinndetektor mit einem Akronym bezeichnet: NNT, was für »Number Needed to Treat« (zu Deutsch: Anzahl der notwendigen Behandlungen) steht.

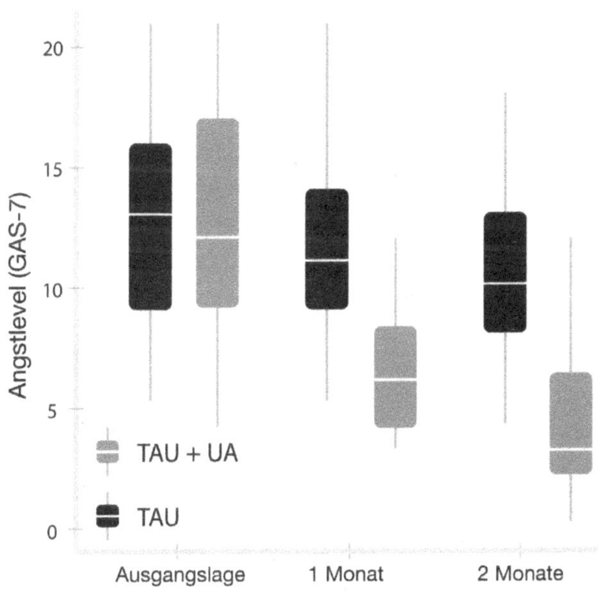

Das App-basierte Achtsamkeitstraining mindert Angstzustände signifikant. Bei Personen mit generalisierter Angststörung (GAS), die durch Zufallswahl in die Gruppe »Unwinding Anxiety« (UA) eingeteilt wurden, gingen die Angstzustandswerte stärker zurück als bei denjenigen, die die übliche Behandlung (Treatment as Usual, TAU) erhielten.

Die NNT eines bestimmten Standardmedikaments gegen Angst (in diesem Fall ein Antidepressivum) beträgt beispielsweise 5,15, was bedeutet, dass man etwas mehr als fünf Menschen das Medikament geben muss, um bei einem von ihnen das gewünschte Therapieziel zu erreichen. Es ist eine Art Lottospiel: Fünf Personen nehmen die Pille, eine Person gewinnt (indem sie eine deutliche Verringerung der Symptome bei sich wahrnimmt).

Die NNT in unserer Studie war 1,6.

Als Mediziner war ich begeistert, eine Behandlung mit einer so geringen NNT verfügbar zu haben. Das bedeutete, dass mit der gleichen Anzahl von Losen mehr Menschen gewinnen würden (eine NNT von 1,6 gegenüber 5,15 heißt beispielsweise, dass man nur etwas weniger als zweimal spielen müsste, um zu gewinnen, statt mehr als fünfmal). Für mich als Wissenschaftler und für jeden, der verstehen möchte, wie Achtsamkeitstraining funktioniert, um Gewohnheiten zu ändern, war es sehr befriedigend, direkt auf den Mechanismus gekommen zu sein. Und auch die Rückmeldungen, die wir von den Nutzern erhielten, waren äußerst erfreulich.

Als es losging mit der Angst, stellte ich mir das Bild einer Feedbackschleife vor. Dann versuchte ich, meine Gedanken zurückzuverfolgen, und siehe da, alles, was ich gedacht hatte, hatte einen klaren Verlauf, der irgendwann in der Zukunft im schlimmstmöglichen Szenario endete. Allein das Erkennen der Feedbackschleife machte meine Gedanken weniger besorgniserregend, da ich sie als eine Denkgewohnheit oder eine Erzählung erkannte.

Ich glaube allmählich, dass ich mir im Laufe der Jahre eingeredet habe, Angstzustände seien produktiv, und sogar eine Belohnung. Ein Gedanke an die Arbeit taucht auf (Auslösereiz), ich mache mir Sorgen oder lenke mich ab (Verhalten), und als Ergebnis bekomme ich mehr Angst (Belohnung/Ergebnis). In den ersten Tagen des Programms hat mich dieser Kreislauf verwirrt, und ich habe mich gefragt, wie sich Angst überhaupt wie eine Belohnung anfühlen kann. Eine Belohnung? Sie fühlt sich furchtbar an! Aber ich denke, ich bin auf der richtigen Spur: Für mich ist

Angst, so schrecklich sie auch sein mag, die »richtige« Art und Weise, sich zu fühlen, die angemessene Reaktion darauf, dass unerledigte Aufgaben auf mich warten. Es scheint ja logisch, dass diese Art von Unbehagen zu mehr Produktivität führt.

Jetzt verstehe ich auch, warum ich zum Essen greife, um unangenehme Gefühle wie Wut, Traurigkeit oder Unruhe zu vermeiden, zu überdecken oder davon abzulenken. Wer will schon solche Gefühle haben? Auslöser: unangenehmes Gefühl. Verhalten: etwas essen, das das Gefühl vorübergehend abschwächt. Belohnung: Man muss sich immer noch mit den unangenehmen Gefühlen auseinandersetzen, und dazu noch mit dem Zuckerkopfschmerz! Ich kann deutlich erkennen, wie ich in diese Gewohnheitsschleife geraten bin, indem ich versucht habe, schwierigen Gefühlen mit Essen zu entkommen, was aber letztendlich nicht funktioniert hat.

Nun verschwindet ein Angstzustand nicht einfach auf magische Weise, wenn man erkennt, dass er durch Wiederholung entsteht und zu einer sich selbst erhaltenden Gewohnheit wird. Das intellektuelle Verständnis ist nur der erste Schritt. Ich hatte schon viele Patienten, die nach einem Beratungsgespräch in meiner Praxis sagten, sie hätten »es verstanden«, nur um sich dann zu Hause zu fragen, was sie nun eigentlich mit diesem Wissen anfangen sollen. Im Laufe der Jahre habe ich beobachtet, was Menschen brauchen, um vom Verständnis zur Umsetzung zu gelangen – die direkte Erfahrung nämlich, ihre Ängste abbauen zu können. Und ob Sie es glauben oder nicht, das Ganze lässt sich am besten durch einen dreistufigen Prozess erklären, der mehr mit Fahrrädern als mit Gehirnen zu tun hat.

Solange ich denken kann, hatte ich ein Fahrrad; das hat mich gesund gehalten und im jugendlichen Alter zudem von schädlicheren Freizeitbeschäftigungen ferngehalten. Als Jugendlicher kurvte ich mit einem BMX-Rad ohne Schaltung herum. Dann bekam ich ein Rennrad mit zehn Gängen und heute habe ich ein Mountainbike mit einundzwanzig Gängen. Beim Biken muss man manchmal sehr steile Anstiege bewältigen und zur Belohnung saust man dann wieder bergab. Deshalb sind die vielen Gänge so praktisch: Mit einem niedrigen Gang tut man sich leichter, hinaufzufahren, und mit einem hohen geht es hinunter. Auch mit einem Auto legt man je nach Strecke verschiedene Gänge ein.

Die Analogie zu den Gängen kam mir in den Sinn, nachdem wir ein Programm namens *Eat Right Now* entwickelt hatten, um Menschen zu helfen, emotionales und Stressessen zu vermeiden. Die Teilnehmer erhalten kostenlosen Zugang zu einer wöchentlichen Live-Videositzung, in der sie Fragen zur Theorie und Praxis der Achtsamkeit an mich richten können. Auf diese Weise stelle ich sicher, dass die Teilnehmer die Konzepte verstehen und die Übungen richtig machen, und wenn sie Schwierigkeiten haben, kann ich ihnen entsprechende Tipps geben. Nach etwa einem Jahr, in dem ich diese Gruppen sowohl online als auch persönlich im Achtsamkeitszentrum (zunächst an der UMass Medical School, jetzt an der Brown University) geleitet hatte, hatte ich eine Tendenz erkannt, wie die Teilnehmer das Programm absolvierten. Sie schienen sich ganz natürlich an eine bestimmte Abfolge zu halten, die sich in drei einfache Schritte unterteilen ließ. Als Fahrradfahrer kam mir dann gleich die Gangschaltung in den Sinn, denn sie war eine perfekte Analogie für die Teilnehmererfahrungen. Das Bild von der Gangschaltung wird Ihnen in diesem Buch ab jetzt noch häufiger begegnen.

Teil 1 (erster Gang) hilft Ihnen dabei, Ihre persönlichen »Gewohnheitsschleifen« der Angst zu erkennen.

Mit Teil 2 (zweiter Gang) lernen Sie, sich das Belohnungssystem Ihres Gehirns nutzbar zu machen, um systematisch mit Ängsten und anderen Gewohnheiten zu arbeiten.

Teil 3 (dritter Gang) hilft Ihnen, Ihre eigenen natürlichen neuronalen Kapazitäten anzuzapfen, um sich von angstbedingten Gewohnheiten wie Sorgen, Aufschieberitis oder Selbstverurteilung zu lösen und zu neuen Gewohnheiten, zum Beispiel Neugier und Freundlichkeit, überzugehen – möglichst für immer.

Im Allgemeinen habe ich die Erfahrung gemacht, dass die Programmteilnehmer den ersten Gang sofort beherrschen – zumindest das Prinzip –, aber oft ein wenig Widerstand zeigen, wenn es um den zweiten Gang geht. Dennoch sind die meisten dann recht schnell fähig, in den dritten Gang zu schalten, und haben jahrelang Spaß daran, ihre Fähigkeiten in diesem Gang zu verfeinern und auszubauen. Einige verbringen erst eine ganze Weile im ersten und zweiten Gang, bevor sie in den dritten Gang wechseln können. Die folgenden Kapitel werden Ihnen sowohl das konzeptionelle Verständnis als auch die pragmatischen Vorgehensweisen vermitteln, um aus den Angstschleifen und anderen Gewohnheiten endgültig auszusteigen.

TEIL 1

Die Landkarte Ihres Geistes: Im ersten Gang anfahren

Niemand kann die Zeit zurückdrehen und noch einmal
von vorne anfangen,
aber jeder kann heute beginnen, eine neue Zukunft
zu gestalten.

(MARIA ROBINSON)

KAPITEL 5

Wie Sie Ihre Gewohnheitsschleifen analysieren

MEINE PSYCHIATRISCHE AMBULANZ ist auf Angstzustände und Suchtkrankheiten spezialisiert. Einer meiner Patienten war John.

John (nicht sein richtiger Name), ein Mann Mitte sechzig, war von seinem Hausarzt an mich überwiesen worden, weil er Hilfe wegen seines Alkoholismus brauchte. Die Fakten waren eindeutig. John konsumierte praktisch jeden Abend sechs bis acht alkoholische Getränke. Auf meine Frage, was der Auslöser für den Alkoholkonsum sei, erzählte mir John, dass er selbstständig sei. Auf seinem Schreibtisch würde sich die Arbeit oft stapeln, und wenn er seine Aufmerksamkeit auf diesen Stapel unerledigter Dinge richtete, machte ihn das nervös. Um die Nervosität zu lindern, schaute er dann fern oder sah sich ein Video an, anstatt die Arbeit zu erledigen. Wenn er dann abends feststellte, dass er wieder mal fast nichts geschafft hatte, verstärkte dies seine Unruhe, und er trank Alkohol, um diese Gefühle zu betäuben. Am nächsten Morgen wachte er dann jeweils mit einem Kater auf, machte sich Vorwürfe und nahm sich fest vor, dass er die Dinge an diesem Tag anders angehen würde. Aber seine Willensstärke reichte vielleicht für etwa eine Stunde, und danach ging es wieder weiter wie oben beschrieben. Er wiederholte Tag für Tag das gleiche Muster (im nächsten Kapitel werde ich darauf zurückkommen, warum Willenskraft oft versagt).

Ich holte ein leeres Blatt Papier hervor, und gemeinsam zeichneten wir seine primäre Trinkgewohnheitsschleife auf:

Auslösereiz: Unruhe und Nervosität am späten Nachmittag
Verhalten: Anfangen zu trinken
Belohnung: Betäubung, Vergessen, Rauschgefühl

Diese Gewohnheitsschleife mag auf dem Papier recht einfach erscheinen, aber John, der sich mittendrin befand, konnte sie nicht selbst erkennen. Ich erklärte ihm, dass sein Gehirn eben so eingerichtet ist, um zu lernen und zu überleben, und dass er sich keine Selbstvorwürfe deshalb machen sollte. Viele Menschen haben mit Angstzuständen zu kämpfen und trinken Alkohol, um diese Gefühle zu lindern. Wir haben doch fast alle schon als Teenager, bei Vereins- und Schulfesten, zum ersten Mal Alkohol getrunken und schnell gelernt, dass wir uns durch das Trinken wohler und weniger unsicher fühlen.

Nachdem wir die Grundfragen geklärt hatten, konnten John und ich seine Gewohnheitsschleife der Aufschieberei entschlüsseln.

Auslösereiz: Panik am Morgen beim Anblick der vielen Arbeit
Verhalten: Aufschieben
Belohnung: Vermeidung

Bei John waren die negativen Folgen dieser Gewohnheitsschleifen bereits recht gravierend. Er war deutlich übergewichtig: Ein Glas Whiskey – sein Lieblingsgetränk – hat über hundert Kalorien, sodass er täglich fast tausend Kalorien allein durch Alkohol zu sich nahm. Sein Hausarzt hatte außerdem einen Leberschaden festgestellt. Darüber hinaus ging sein Geschäft allmählich in die Brüche, weil er mit der Arbeit so weit in Rückstand geraten war, und das, obwohl er eigentlich recht gut in seinem Beruf war und ihn gern ausübte.

Schon in unserer ersten Sitzung veränderte sich etwas bei John. Am Anfang, als er den Praxisraum betrat, hatte er einen ängstlichen und resignierten Eindruck gemacht. Aber nachdem wir seine Gewohnheitsschleifen – Angst als Auslöser für Alkoholkonsum, um sich zu betäuben – herausgearbeitet hatten, wurde er wieder lebhafter und schöpfte neue Hoffnung. Er hatte jetzt klar vor Augen, was sich ändern musste.

Viele meiner Patienten hatten jahrelang mit ihren Problemen gekämpft, ohne zu wissen, wie ihr Geist funktioniert. Wenn sie ihre Gewohnheitsschleifen erstmalig wahrnehmen und verstehen ist es, als hätten sie sich vorher in einem dunklen Raum befunden. Anstatt weiterhin dort herumzuirren und überall anzustoßen, um herauszufinden, wie sie ihre Gewohnheiten ändern können, schalten sie das Licht an und erhellen den dunklen Raum ihres Geistes.

Ich schickte John mit der einfachen Anweisung nach Hause, alle seine Gewohnheitsschleifen rund um die Angst aufzuschreiben.

Einige Wochen später kam John wieder in meine Praxis und erzählte mir ganz begeistert, was er inzwischen über die Vorgänge in seinem Gehirn gelernt hatte. Er war jetzt nicht nur in der Lage, seine Angstschleifen klar zu beschreiben, sondern hatte auch erkannt, dass das Trinken die Angstzustände und seine Gesundheitsprobleme nur verschlimmerte: Seine allmorgendlichen Kater trugen zu seiner nervösen Unruhe und seinen Schwierigkeiten bei, sich jeden Tag zu motivieren, um die Arbeit zu erledigen. John war klar geworden, dass sein Hauptproblem der *Angstzustand* war und dass das Trinken dagegen nicht half. Im Gegenteil, es machte die Situation nur noch schlimmer. Nach dieser Einsicht hatte er abrupt mit dem Trinken aufgehört, von einem Tag auf den anderen (ein »kalter Entzug« sozusagen).*

---

* Hierzu muss ich aber eine Anmerkung machen. Falls Sie ebenfalls ein starker Trinker oder eine starke Trinkerin sind und nun auf die Idee kommen, es wie John mit einem abrupten Entzug zu versuchen, sollten Sie vorher unbedingt einen Arzt konsultieren. Hätte ich von Johns Absicht gewusst, hätte ich ihm noch einige Tipps gegeben oder ihm empfohlen, die Entgiftung unter Aufsicht in einer Entzugseinrichtung durchzuführen. Ein zu plötzlicher Entzug kann zu Krampfanfällen, anderen gesundheitlichen Problemen oder schlimmstenfalls sogar zum Tod führen. John hatte aber Glück und alles verlief problemlos.

Darüber hinaus hatte John noch eine weitere wichtige Gewohnheitsschleife erkannt, die im Umgang mit seiner Frau. Sie war Chinesin, und die unterschiedlichen kulturellen Hintergründe der beiden Ehepartner führten manchmal zu Missverständnissen. Im Großen und Ganzen führten sie eine gute Beziehung, aber manchmal erhob sie ihre Stimme in einer Weise, die für sie kulturell angemessen war, für ihn aber nicht, was ihn verunsicherte. Wenn sie sich während einer Unterhaltung über etwas aufregte, änderte sich ihr Tonfall, und das reichte bereits aus, um einen Angstzustand bei ihm auszulösen.

Auslösereiz: Frau spricht auf eine bestimmte Weise
Verhalten: Befürchten, dass es einen Konflikt geben könnte
Resultat: Angstzustand

John war sehr erfreut, dies erkannt zu haben, denn es hatte deswegen jahrelang Streit in ihrer Beziehung gegeben. Wenn sich der Tonfall seiner Frau änderte, wurde John unruhig und reagierte, indem er sie anbrüllte. Sie wiederum war verwirrt, weil sie sich fragte, warum er so schrie, reagierte wiederum auf seine Worte, und so weiter.

Auslösereiz: Angstzustand
Verhalten: Ehefrau anschreien
Resultat: Ehestreit

John konnte nun mit Freude berichten, dass seine Beziehung zu seiner Frau sich stark verbessert hatte. Allein dadurch, dass er die Gewohnheitsschleife erkannt hatte, war es ihm gelungen, aus ihr auszusteigen. Aber unsere Arbeit war noch nicht ganz beendet. John erarbeitete sich eine Reihe neuer Verhaltensweisen, die auf seinen jüngsten Erkenntnissen beruhten. Jedes Mal, wenn seine Frau nun aufgeregt ihre Stimme erhob, erinnerte er sich daran, dass seine Überreaktion aus Gewohnheit erfolgte, atmete tief durch und reagierte ganz ruhig. Die Angstblase war geplatzt.

John ist ein gutes Beispiel für das Einlegen des ersten Ganges, in dem wir einfach uns selbst die Gewohnheitsschleifen beschreiben, die uns in schädlichen emotionalen Situationen halten. Wir analysieren, wie die Teile zusammenpassen und sich gegenseitig beeinflussen. Manchmal hilft es uns schon, uns der Gewohnheitsmuster bewusst zu werden, um aus ihnen aussteigen zu können – mit beachtlichen Ergebnissen. Zu anderen Zeiten brauchen wir auf dem Weg dorthin ein wenig Unterstützung.

Wie oft sind Sie schon mit dem Versuch gescheitert, alte Gewohnheitsschleifen zu überwinden? Wie können Sie etwas ändern, wenn Sie nicht wissen, wie es funktioniert? Die Bestandsaufnahme von Gewohnheitsschleifen ist ein naheliegender Ansatzpunkt. Diese Arbeit wird im ersten Gang durchgeführt.

Erster Gang

Im ersten Gang geht es darum, unsere Gewohnheitsschleifen zu erkennen und die verschiedenen Komponenten klar zu sehen: Auslösereiz, Verhalten und Belohnung. *Belohnung* in diesem Zusammenhang ist ein Begriff aus der Verhaltensbiologie. Sie ist ein positiver Verstärker, das Ergebnis eines bestimmten Verhaltens, das zu einem bestimmten Zeitpunkt zuverlässig lohnend war, weshalb es überhaupt erst verstärkt wurde. Möglicherweise ist das Verhalten aber in der Gegenwart gar nicht mehr so lohnend, sodass Sie sich die Gewohnheitsschleife einfach auch als Auslösereiz, Verhalten und Resultat vorstellen können.

Gewohnheitsschleifen erkennen

Wenn Sie bereit sind, versuchen Sie, die AVR-Komponenten (A = Auslösereiz, V = Verhalten, R = Resultat) Ihrer eigenen Angst- (oder anderen) Gewohnheitsschleifen in den nächsten Tagen aufzuschreiben und sehen Sie, welche Klarheit Ihnen das bringt. Machen Sie sich noch keine Gedanken darüber, wie Sie die Gewohnheiten ändern können. Zu lernen, wie Ihr Geist funktioniert, ist der erste Schritt zur

Veränderung. Nehmen Sie einfach ein leeres Blatt Papier, schreiben Sie die drei Komponenten auf und beginnen Sie mit der Bestandsaufnahme Ihrer Gewohnheitsschleifen. Am Anfang sollten die offensichtlichsten Schleifen stehen.

WARNUNG

Wie Sie am Beispiel von John gesehen haben, ist es gar nicht so schwierig, eine Bestandsaufnahme der eigenen Gewohnheitsschleifen zu machen. Und wenn Sie Ihre Gewohnheitsschleifen erst einmal klarsehen, ist es hinterher fast unmöglich, sie wieder auszublenden. Das ist doch wichtig, oder? (Ja.)

Wenn neue Patienten in meine Klinik kommen oder mit einem meiner App-basierten Achtsamkeitstrainingsprogramme beginnen, geht ihnen in der Regel recht schnell ein Licht hinsichtlich ihrer Gewohnheitsschleifen auf. Sie freuen sich, dass sie gelernt haben, wie ihr Geist funktioniert, und tappen dann im Anschluss paradoxerweise oft in eine neue Gewohnheitsfalle: Sie versuchen sofort, das Problem zu lösen. Das ist so, als ob man ein komisches Geräusch in seinem Auto hört, einen Automechaniker aufsucht, sich den Defekt von ihm erklären lässt und dann nach Hause geht und am Auto herumbastelt, weil man denkt, man könne es selbst reparieren. Und was passiert? Am Ende bringen Sie das Auto wieder in die Werkstatt, um sowohl das ursprüngliche Problem als auch das, das Sie zusätzlich selbst verursacht haben, beheben zu lassen. Tappen Sie nicht in diese Falle!

Lassen Sie uns diese spezielle Gewohnheitsschleife gemeinsam herausarbeiten.

Auslösereiz: Erkennen der Gewohnheitsschleifen
Verhalten: Versuch, diese Schleifen mit den Mitteln aufzulösen, die man aus der Vergangenheit kennt
Resultat: (Überraschung!) Es klappt nicht

Wir werden später in diesem Buch noch darauf zurückkommen, wie scheinbar nicht zielführende Gewohnheitsschleifen entstehen.

Darüber hinaus verstärken Sie durch Ihr Verhalten vielleicht sogar andere schädliche Gewohnheitsschleifen wie Frustration oder Selbstverurteilung. In einem anderen Kapitel erfahren Sie noch Genaueres darüber, wie man mit solchen Gewohnheitsschleifen arbeitet.

Als Teenager war mein Lieblingsfilm »Karate Kid«. In meiner Kindheit ist meine Familie oft umgezogen, und so konnte ich mich gut in Daniel (gespielt von Ralph Macchio) hineinversetzen, den Neuen im Viertel, der von den coolen Kids schikaniert wird. Und welcher Teenager würde nicht gerne mit Ali (Elisabeth Shue) ausgehen, der Freundin, die Daniel schließlich findet? Daniel nimmt Karateunterricht, um Selbstverteidigung zu erlernen. Sein Lehrer, Mr Miyagi (Pat Morita), möchte, dass er auch etwas über die philosophischen Aspekte von Karate erfährt, und gibt ihm ein entsprechendes Buch zu lesen, zusammen mit dem Auftrag, es in seinen eigenen Worten schriftlich zusammenzufassen. Mr Miyagi wusste um die mentale Falle, die Technik von etwas zu lernen und sich dann voller Begeisterung aufzumachen, die neu erworbenen Fähigkeiten unter Beweis zu stellen, ohne das Gelernte wirklich verstanden zu haben. Man kann nicht ein Buch von Bruce Lee verschlingen und dann rausgehen und Bruce Lee sein. Ideen lassen sich nicht einfach durch das Schwingen eines Zauberstabs in die Tat umsetzen. Man muss sich die Arbeit machen, Vorstellungen durch eigene Erfahrung zu Fähigkeiten werden zu lassen.

Das ganze Waschen, Wachsen und Polieren von Mr Miyagis Oldtimern zahlte sich für Daniel aus, als er erkannte, dass sein Lehrer ihm damit beibrachte, in seinen Körper hinein zu kommen. Er half ihm dabei, nicht zu glauben, Karate zu können, und dann aufgeschmissen zu sein, wenn er die Kampfsportfilme nachzuspielen versuchte. Mr Miyagi lehrte Daniel, wie man Konzepte in die Tat umsetzt.

Kommt Ihnen die folgende Gewohnheitsschleife bekannt vor?

Auslösereiz: Kauf eines neuen Buches über Angstzustände oder Verhaltensänderungen
Verhalten: Das Buch förmlich verschlingen
Ergebnis: Ideen werden verstanden, aber Umsetzung im täglichen Leben klappt nicht

Für die Änderung von Gewohnheiten sind Konzepte wichtig. Und wenn Sie Ihre Gewohnheiten einer Bestandsanalyse unterziehen, wird Ihnen das helfen, die Konzepte in die Tat umzusetzen. Beachten Sie, dass eine Bestandsaufnahme, eine Kartierung sozusagen, nicht automatisch gleichbedeutend mit Behebung oder Behoben-Werden ist. Ja, es stimmt, das Aufzeichnen einer schädlichen Angewohnheit, so wie John es getan hat, kann viel dabei helfen, sie schnell und einfach abzulegen. Ich habe eine Reihe von Dankes-E-Mails von Menschen erhalten, die meinen zehnminütigen TED-Vortrag (»A Simple Way to Break a Bad Habit«) gesehen haben und daraufhin mit dem Rauchen aufgehört haben, nicht mehr alles ewig auf die lange Bank schieben und so weiter. Wenn es immer so einfach wäre, hätte jeder, der mit schlechten Gewohnheiten zu kämpfen hat, diese nach dem Betrachten des kurzen Videos sofort abgehakt und nie wieder aufgenommen. TED-Vorträge können inspirierend und informativ sein, aber oft sind sie eben auch nur das, und wir müssen bei der Umsetzung in die Praxis geduldig sein, um Ergebnisse zu erzielen.

Die meisten von uns haben Gewohnheiten, die schon lange bestehen; sie sich klarzumachen, ist nur der erste Schritt, um sie zu ändern. Man muss die Gewohnheiten sowohl in Worte fassen als auch erfahrbar machen, bevor man sie ablegen kann. Aus diesem Grund ist das erste Drittel des Buches der Analyse und Darstellung von Gewohnheiten gewidmet. Überspringen Sie es nicht und lesen Sie nicht direkt die Kapitel, in denen es darum geht, wie Sie sich etwas abgewöhnen. Dann nämlich wären Sie in die Konzeptfalle getappt, zu versuchen, sich in die Änderung von Gewohnheiten hineinzudenken. Waschen, wachsen und polieren Sie stattdessen. Wie Sie sehen werden, ist es entscheidend, den Prozess aus eigener Erfahrung zu lernen.

Das Ändern von Gewohnheiten kann schwierig sein, aber…

Fünf Jahre lang habe ich Medizinstudenten in Yale gelehrt, wie sie ihren Patienten helfen können, das Rauchen aufzugeben.

Die Vorlesung wurde mir von einem älteren Psychiater übergeben, der all sein diesbezügliches Wissen in einen 45-minütigen Vortrag verpackt hatte. Es war dies die einzige Lehrveranstaltung in den vier Jahren Medizinstudium, in denen das Thema Raucherentwöhnung behandelt wurde. Um einen Nutzen aus dieser Vorlesung zu ziehen, mussten die Studenten sich ihren Inhalt einprägen, ihn verinnerlichen und später auch umsetzen.

Für die Erreichung des Lehrziels kam mir damals nichts anderes in den Sinn, als die Studierenden eine mündliche Übung machen zu lassen. Diese bestand darin, dass ich doch tatsächlich sagte: »Sprechen Sie mir den folgenden Satz nach.«

Ich hatte schon bessere Ideen in meinem Leben, aber damals fiel mir nur das ein, um die Studierenden wachzuhalten und zum Lernen der Vorgehensweise bei einem Patientengespräch zu bewegen. Das lief dann in etwa wie folgt ab:

»Sprechen Sie mir nach: ›Als Ihr Arzt möchte ich Ihnen sagen, dass nicht mehr zu rauchen das Beste ist, was Sie für Ihre Gesundheit tun können.‹ Wir helfen den Menschen bei der Raucherentwöhnung, indem wir sie auf klare, nachdrückliche und persönliche Weise auffordern, mit dem Rauchen aufzuhören. Nach der erwähnten Eingangsaussage sollten wir sie fragen: ›Sind Sie bereit, zum jetzigen Zeitpunkt einen Ausstiegsversuch zu unternehmen?‹« Die meisten Studenten waren wohl so erstaunt, dass ihr Medizinprofessor sie wie Kindergartenkinder unterrichtete, dass sie mir die Sätze vor lauter Verblüffung einfach nachsprachen. Um die Vorlesung etwas fesselnder zu gestalten, habe ich damals sogar kleine Tempowettkämpfe gemacht, um zu sehen, wer die Sätze am schnellsten sagen konnte. Inzwischen ist mehr als ein Jahrzehnt vergangen, und doch sind solche Sätze, wie ich sie gerade zitiert habe, immer noch der »Goldstandard«, wenn es darum geht, Menschen beim Aufgeben des Rauchens zu helfen. Wenn Sie mir nicht glauben, können Sie es nachschlagen.

Wiederholung ist beim Lernen das A und O, also wollte ich, dass meine Studierenden die Sätze in unserer kurzen gemeinsamen Zeit so oft wie möglich wiederholen (natürlich musste ich auch noch die Vorlesung zu Ende bringen). Aber eigentlich war mir damals schon klar, dass es doch einen besseren Weg geben muss, um Menschen zu helfen, Gewohnheiten zu ändern!

Worauf es ankommt ist, dass das Ändern von Gewohnheiten harte Arbeit ist, aber nicht langweilig, unangenehm oder mühsam sein muss.

Sprechen Sie mir deshalb nun Folgendes nach:

»Gewohnheiten zu ändern ist harte Arbeit, die aber nicht mühsam und unangenehm sein muss.«

»Gewohnheiten zu ändern ist harte Arbeit, die aber nicht mühsam und unangenehm sein muss.«

Und noch ein weiteres Mal, damit es besser haften bleibt:

»Gewohnheiten zu ändern ist harte Arbeit, die aber nicht mühsam und unangenehm sein muss.«

Sie haben sich soeben einen sehr wichtigen Teil der Vorgehensweise bei der Änderung von Gewohnheiten eingeprägt. Der nächste Schritt besteht darin, dass Sie erkennen, wie Sie sich in die eigene Gewohnheitsbildungsmaschinerie Ihres Gehirns einklinken und diese Kraft nutzen können, um die Arbeit für Sie zu erledigen. Das tut überhaupt nicht weh und Sie bekommen garantiert auch keinen geistigen Muskelkater!

Ihre eigene Handlungslinie

Gute Filme und Bestsellerautoren machen Geschichten unterhaltsam, indem sie dem Bogen der mythischen Heldenreise folgen, die es schon seit den Anfängen des Geschichtenerzählens gibt und die dann 1949 von dem Schriftsteller Joseph Campbell festgeschrieben wurde. In der Unterhaltungsbranche ist diese »Kodifizierung« zu einer Art Formel geworden, die darin besteht, einen Aufhänger zu schaffen: ein zu lösendes Problem und die Frage, wie es gelöst werden kann. Dann diese Geschichte auf fesselnde Weise zu erzählen, mit Spannung, Kampf, Entbehrungen etc., und dafür zu sorgen, dass sie nicht unbedingt glücklich, aber gut endet, also mit einer Auflösung. Vielleicht können Sie sogar die belohnungsbasierten Lernelemente erkennen, die uns dazu bringen, die Fortsetzung des Films anzusehen, der uns so gut gefallen hat, oder den nächsten Band der Harry-Potter-Reihe zu lesen.

Auslösereiz: Spannung
Verhalten: Die Heldenreise, einschließlich diverser Kämpfe etc.
Resultat: Auflösung

Wenn eine gute Geschichte zu Ende ist, sehnen wir uns nach einer weiteren.

Die gleiche Formel gilt auch für all die Serien bei Netflix, Amazon und Co. – denken wir nur an *Game of Thrones* –, allerdings mit einem kleinen Unterschied. Wie schaffen es die Serienautoren, dass die Zuschauer bei jeder neuen Staffel wieder dabei sind? Indem sie gegenteilig vorgehen und die Auflösung weglassen:

Auslösereiz: Spannung
Verhalten: Heldenreise, einschließlich diverser Kämpfe etc.
Resultat: Keine Auflösung

Diese fehlende Auflösung ist so, als würden Sie sich während eines langen Waldspaziergangs ausruhen und plötzlich feststellen, dass Sie auf einem Ameisenhaufen sitzen. Sobald Sie das unangenehme, juckende Gefühl verspüren, schaltet Ihr Gehirn auf höchste Alarmbereitschaft und schreit: *Feuer! Feuer! Löscht das Feuer!* Zum Glück halten Netflix und seine Mitverschwörer den Feuerlöscher mit der Option »Nächste Folge« für Sie in Reichweite.

Um Ihre eigenen Gewohnheiten zu ändern, müssen Sie sich in den Helden der Geschichte hineinversetzen (das ist einfach, das sind Sie) und sich mit der Handlung (welche Gewohnheiten Sie auch immer haben), dem Geheimnis (warum müssen Sie grüne Smarties vor den braunen essen?), der Spannung (können Sie es schaffen?) und der Auflösung (ja, Sie können!) identifizieren.

In diesem Buch werden wir uns eng an die Handlungslinie halten. Deshalb müssen Sie Ihre Gewohnheitsschleifen sorgfältig und gewissenhaft analysieren. So wie Daniel-san in Karate Kid, der nicht besonders gern Böden wachst, Zäune streicht und Autos wäscht, könnten Sie die Bestandsaufnahme Ihres Geistes als langweilige, niedere Arbeit empfinden. Und noch dazu als harte Arbeit. Aber sie ist wichtig, um Ihnen auf Ihrer eigenen Heldenreise zu helfen, damit Sie am Ende eine tolle und auch noch wahre Geschichte zu erzählen haben.

KAPITEL 6

Warum Ihre Anti-Angst- und Anti-Gewohnheitsstrategien bisher gescheitert sind

NUN, DA SIE einige grundlegende Dinge über die Funktionsweise Ihres Gehirns gelernt haben, können wir uns möglichen Problemlösungen zuwenden. Psychologen und Therapeuten haben verschiedene Strategien entwickelt, um schädliche Gewohnheiten wie Angstzustände, übermäßiges Essen und Aufschieben zu überwinden. Ob diese Therapien wirksam sind, hängt jedoch oft von der individuellen genetischen Veranlagung des Einzelnen ab. Glücklicherweise hat die moderne Wissenschaft herausgefunden, wie bestimmte uralte Praktiken die älteren und jüngeren Strukturen des Gehirns zusammenbringen können, um problematische Gewohnheiten zu besiegen, unabhängig davon, ob der oder die Betroffene in der genetischen Lotterie gewonnen oder verloren hat.

Doch kehren wir zunächst zu dem in einem vorherigen Kapitel erwähnten Gehirnmodell zurück. Erinnern Sie sich? Unser »altes Gehirn« ist darauf ausgelegt, uns beim Überleben zu helfen. Neben dem Lernen durch Belohnung hat es noch einen weiteren Trick in petto:

Es nimmt das Gelernte auf und speichert es so schnell wie möglich im »Muskel«-Gedächtnis ab. Mit anderen Worten: Unser Gehirn bildet Gewohnheiten, um Platz für das Lernen neuer Dinge zu machen.

Stellen Sie sich vor, Sie müssten jeden Morgen nach dem Aufwachen neu lernen, wie man aufsteht, sich anzieht, geht, isst, spricht – eigentlich unvorstellbar. Im »Gewohnheitsmodus« handeln wir schnell, ohne nachzudenken, so als würde unser altes Gehirn dem neuen Gehirn sagen: »Keine Sorge, ich habe das im Griff. Du musst hier keine Energie aufwenden und kannst an andere Dinge denken.« Diese Arbeitsteilung ist einer der Gründe dafür, dass die neueren Teile unseres Gehirns, die sich vergleichsweise später entwickelt haben, wie der präfrontale Cortex, die Fähigkeit zum Denken und Vorausplanen entwickeln konnten.

Sie ist auch der Grund, warum alte Gewohnheiten oft weiterbestehen, selbst wenn man sich bewusst damit beschäftigt. Niemand möchte ein schönes Wochenende damit verbringen, einen vollgestopften Schrank aufzuräumen, wenn darin immer noch etwas Platz für weiteres Gerümpel ist. Erst wenn der Schrank wirklich überfüllt ist, ist man zum Aufräumen gezwungen. Genauso verhält es sich mit Ihrem Gehirn, das sich erst dann um das alte Zeug kümmert, wenn ein kritisches Niveau erreicht ist. Die neueren Teile Ihres Gehirns verbringen ihre Zeit viel lieber mit »wichtigeren« Dingen, wie zum Beispiel der Planung Ihres nächsten Urlaubs, dem Beantworten von E-Mails, dem Erlernen der neuesten Tricks, um in einer hektischen Welt ruhig zu bleiben, oder dem Sich-Informieren über die aktuellen Ernährungstrends.

Der präfrontale Cortex dient nicht nur als Ort des Denkens und Planens, sondern ist auch der Teil des Gehirns, auf den Sie zählen, wenn es darum geht, Triebe und Begierden zu kontrollieren. Ihr altes Gehirn funktioniert im Knappheitsmodus; es ist immer in Sorge, zu verhungern. Wenn Sie einen Donut sehen, versucht Ihr altes Gehirn impulsiv, sich darauf zu stürzen und denkt: Kalorien! Überleben! Vielleicht erinnern Sie sich noch an den seltsamen Ansturm auf bestimmte Waren – Toilettenpapier, Mehl, Nudeln – in den Supermärkten zu Beginn der Covid-19-Pandemie. Wenn Sie im Supermarkt sehen, dass sich im Einkaufswagen von jemandem etwas stapelt, greifen Sie auch noch schnell zu, unabhängig davon, wie voll Ihr Vorratskeller bereits ist. Im Gegensatz dazu sagt Ihr neues Gehirn zum alten: »Warte einen Moment. Du hast gerade zu Mittag gegessen. Jetzt ein Donut ist ungesund, und du hast nicht einmal Hunger!« oder »Im Keller haben wir noch genügend Vorräte an Toilettenpapier und müssen kein weiteres kaufen.« Ihr neues Gehirn ist die rationale Stimme, die Sie daran erinnert, vor dem Nachtisch Ihr Gemüse zu essen. Es ist der Teil des Gehirns, der Ihnen hilft, Ihre Neujahrsvorsätze einzuhalten – und ironischerweise ist es dieselbe innere Stimme, die Sie verurteilt, wenn Sie scheitern, dazu später mehr.

Lassen Sie uns nun einige Strategien erörtern, von denen Sie vielleicht gehört haben, sie könnten Ihnen helfen, mit Angst oder anderen negativen Emotionen umzugehen, oder sie würden es Ihnen erleichtern, eingefahrene schlechte Gewohnheiten zu ändern. Womöglich haben sie manche davon sogar schon ausprobiert. Dies soll die Grundlage für das Verständnis bilden, wie sich diese Strategien auf Angstgewohnheiten wie übermäßiges Grübeln anwenden lassen.

Anti-Gewohnheits-Strategie 1: Willenskraft

Wenn Sie Ihre Willenskraftreserve anzapfen, wird Ihr neues Gehirn Ihrem alten Gehirn sagen, dass es Ruhe geben soll, und wird den Salat statt des Hamburgers bestellen, ganz einfach, oder? Wenn Sie ängstlich und unruhig sind, müssten Sie doch in der Lage sein, sich zu überzeugen, tief durchzuatmen und zu entspannen, oder? Es scheint, dass das Prinzip der Willenskraft funktionieren kann, aber es gibt zwei große Vorbehalte.

Erstens stellen neuere Forschungsergebnisse manche der frühen Vorstellungen über Willenskraft infrage. Einige Studien haben nämlich gezeigt, dass diese genetisch veranlagt und gar nicht groß beeinflussbar ist, und gemäß wieder anderen Studien ist Willenskraft ein reiner Mythos. Und selbst in Studien, die Willenskraft als real anerkennen, wurde in der Regel festgestellt, dass Menschen, die mehr

Selbstbeherrschung an den Tag legten, deshalb nicht wirklich erfolgreicher beim Erreichen ihrer Ziele waren. Es war eher so, dass sie sich, je mehr sie sich anstrengten, umso erschöpfter fühlten. Mit anderen Worten, es kann kontraproduktiv sein, sich zusammenzureißen, die Zähne zusammenzubeißen oder sich zu zwingen, »es einfach zu tun«. Kurzfristig hilft das vielleicht oder es vermittelt zumindest das Gefühl, etwas zu tun, aber auf lange Sicht – und das ist ja das Entscheidende – eher nicht.

Zweitens: Während Willenskraft unter normalen Bedingungen ganz gut funktioniert, übernimmt, wenn Sie gestresst sind (Säbelzahntiger, E-Mail vom Chef, Streit mit dem Ehepartner, Erschöpfung, Hunger), Ihr altes Gehirn die Kontrolle über Ihr neues und schaltet es im Grunde ab, bis der Stress vorbei ist. Das heißt, genau dann, wenn Sie Ihre Willenskraft am dringendsten brauchen – die, wie Sie sich erinnern, im präfrontalen Cortex, also im neuen Gehirn, sitzt – ist sie nicht da, und Ihr altes Gehirn isst Törtchen, bis Sie sich besser fühlen und Ihr neues Gehirn wieder in Betrieb geht. Als jüngster und evolutionär am wenigsten entwickelte Teil des Gehirns ist der PFC auch der schwächste. Das bedeutet, dass wir unser ganzes Vertrauen in den kleinsten Teil unseres Gehirns setzen, um uns vor Versuchungen zu bewahren. Ist es da ein Wunder, dass sich viele von uns immer so schuldig fühlen? Bei den meisten von uns ist fehlende Willensstärke aber wohl eher ein Versagen des neuronalen Netzes und der Evolution als unsere eigene Schuld.

Die Anwendung von Willenskraft auf Angstzustände scheint logisch zu sein, kann aber auch in die Irre führen. Immer wenn meine Freundin Emily, die hochkarätige Anwältin, die sich aus jedem Schlamassel herausdenken kann, ob real oder eingebildet, in Panik geriet, sagte sie sich: »Du fühlst dich, als würdest du sterben, aber das wirst du nicht. Das ist dein Gehirn, das mit dir spielt. *Du* entscheidest, was als Nächstes passiert.« Nun hat aber nicht jeder von uns so ein hochtrainiertes Gehirn wie Emily. Wenn es uns allen leichtfiele, wenn die Angst ihr hässliches Haupt erhebt, uns einfach zu sagen, dass wir aufhören sollen, ängstlich zu sein, wäre ich arbeitslos. So funktioniert unser Gehirn aber nicht, vor allem dann nicht, wenn Stress und

Angst genau die Teile vorübergehend abschalten, die uns eigentlich durch eine schwierige Phase bringen sollen. Sollten Sie mir oder den Daten nicht glauben, versuchen Sie einmal, sich bei der nächsten Angstattacke durch gutes Zureden zu beruhigen und schauen Sie, was passiert. Als zusätzliche Herausforderung könnten Sie im strengen Tonfall Ihrer Eltern mit dem Gehirn kommunizieren.

Anti-Gewohnheits-Strategie 2: Ersatzbefriedigung (Substitution)

Wenn Sie ein Verlangen nach X haben, greifen Sie stattdessen zu Y. Wie die Willenskraft beruht auch die Substitution auf dem neuen Gehirn. Diese Strategie ist wissenschaftlich gut abgesichert und gehört zu den gängigen Strategien in der Suchtpsychiatrie. Wenn Sie beispielshalber mit dem Rauchen aufhören wollen und sich aber nach einer Zigarette sehnen, essen Sie Süßigkeiten oder hören Ihren Lieblingssong, anstatt sich eine anzuzünden. Bei einem Teil der Menschen funktioniert das und es war einer der Ansätze, die mir in der Facharztausbildung beigebracht wurden, doch Forschungen meines Labors und anderer haben gezeigt, dass sich die Gier selbst dadurch nicht beseitigen lässt. Die Gewohnheitsschleife bleibt bestehen, das Verhalten wird einfach durch etwas »Gesünderes« ersetzt. Es lässt sich sicher darüber streiten, wie gesund Süßigkeiten sind, aber Sie verstehen schon. Auf diese Weise wird es wahrscheinlicher, dass Sie irgendwann in der Zukunft wieder in die alte Gewohnheit zurückfallen werden.

Die Substitution ist auch eine Strategie, die zur Bewältigung von Stress und Ängsten empfohlen wird. Wenn Sie von Angst heimgesucht werden, lenken Sie sich ab, indem Sie bewusst andere positive Reize setzen, also vielleicht sich putzige Bilder von Welpen oder Kätzchen in den sozialen Medien ansehen. Einer der Nutzer unserer App programmierte sich sogar einen Bot, der Bilder von Hundewelpen retweetet, sodass er nicht einmal danach suchen musste. Er konnte einfach seinen Twitter-Account öffnen und hatte einen endlosen Vorrat an Welpenbildern zur Verfügung. Dadurch konnten seine

Angst und seine »Drückebergeritis« aber nicht wirklich behoben werden, und wie Sie in Teil 3 sehen werden, wird das Gehirn solcher Taktiken im Laufe der Zeit sowieso überdrüssig.

Anti-Gewohnheits-Strategie 3: Die Umgebung optimieren (Priming)

Wenn Eiscreme Ihre große Schwäche ist, dürfen Sie keine Familienpackungen davon im Gefrierschrank aufbewahren. Auch bei dieser Strategie kommt das lästige neue Gehirn zum Einsatz. Mehrere Labors, die sich mit diesem Thema befasst haben, haben herausgefunden, dass Menschen mit guter Selbstkontrolle ihr Leben tendenziell so strukturieren, dass sie bestimmte Entscheidungen gar nicht erst treffen müssen. Wenn man sich angewöhnt, jeden Morgen Sport zu treiben oder im Supermarkt gesunde Lebensmittel zu kaufen, wird es zur Routine, sich fit zu halten und nahrhaft zu kochen, und man bleibt eher dabei. Beim Priming gibt es zwei Vorbehalte: (1) Sie müssen sich das Gesunde wirklich zur Gewohnheit machen; und (2) wenn es schwierig wird, neigen Menschen leider dazu, wieder in das alte Gewohnheitsmuster zurückzufallen und dort zu bleiben, weil ihr Gehirn ihre alten Gewohnheiten viel tiefer eingegraben hat als die neuen. In meiner Praxis erlebe ich das oft. Meine Patienten probieren diese Strategie eine Zeit lang aus, fallen dann aber doch wieder dem Rauchen, Trinken oder Drogenkonsum anheim. Es ist zum Beispiel praktisch unmöglich, dem allgegenwärtigen Alkohol zu entkommen, es sei denn, man zieht auf eine einsame Insel. Aus diesem Grund gewähren viele Fitnessstudios zu Beginn des Jahres einen Rabatt auf die Mitgliedschaft. Sie wissen genau, dass sich dann zahlreiche Gutgewillte anmelden, ein paar Wochen lang regelmäßig trainieren, mit der Zeit immer wieder mal aussetzen, weil das Wetter zum Rausgehen gar zu garstig ist, und schließlich irgendwann gar nicht mehr hingehen. Und das wiederholt sich jedes Jahr, wenn man zum Jahresanfang voller Elan die guten Vorsätze umzusetzen versucht.

Wie funktioniert das Priming der Umgebung bei Ängsten? Man kann ja nicht einfach keine Angst kaufen, um nicht in Versuchung zu kommen, nach einem anstrengenden Arbeitstag eine der leckeren Sorten zu probieren. So schön es auch klingen mag, eine »angstfreie Zone« im Haus zu schaffen – bereits beim Einrichten wird sich Angst einstellen.

Anti-Gewohnheits-Strategie 4: Achtsamkeit

Der amerikanische Molekularbiologe Jon Kabat-Zinn ist vielleicht der namhafteste westliche Achtsamkeitsexperte, er hat die Achtsamkeitspraxis im Westen bekannt gemacht. Als er in den späten Siebzigerjahren an einem Meditations-Retreat teilnahm, kam ihm die Idee, ein zweimonatiges Achtsamkeitsprogramm zu entwickeln und zu testen, das in medizinischen Einrichtungen gelehrt und erforscht werden könnte. So entstand das Programm zur achtsamkeitsbasierten Stressreduktion (MBSR, für »mindfulness-based stress reduction«). Im Laufe der nächsten vier Jahrzehnte wurde MBSR zum bekanntesten und meistuntersuchten Achtsamkeitsprogramm der Welt.

Laut Kabat-Zinn bedeutet Achtsamkeit »auf eine bestimmte Weise aufmerksam zu sein: bewusst, im gegenwärtigen Augenblick und ohne zu urteilen«. Im Grunde genommen verweist Kabat-Zinn auf zwei Aspekte der Erfahrung: Gewahrsein und Neugier.

Lassen Sie uns das im Folgenden ein wenig genauer betrachten. Erinnern Sie sich daran, wie unser altes Gehirn auf positive und negative Verstärkung reagiert, um zu entscheiden, was zu tun ist, und dann wirklich gut darin ist, dieses Verhalten ziemlich schnell in Gewohnheiten zu verwandeln?

Wenn man sich nicht bewusst ist, dass man etwas gewohnheitsmäßig tut, wird man es auch weiterhin tun. Kabat-Zinn beschreibt dies mit den Worten, dass man auf Autopilot fährt. Wenn wir dieselbe Straße schon tausendmal gefahren sind, wird die Fahrt zur Gewohnheit. Wir neigen dann dazu, beim Fahren abzuschalten und an andere Dinge zu denken. Das kann so weit gehen, dass wir uns gar nicht mehr daran erinnern, wie wir von der Arbeit nach Hause gekommen sind. Ist das Magie? Nein, es ist Gewohnheit.

Das Gewahrsein durch Achtsamkeit hilft Ihnen, »die Motorhaube zu öffnen«, um herauszubekommen, was in Ihrem alten Gehirn vor sich geht. Sie können lernen, Ihre Gewohnheitsschleifen zu erkennen, während sie ablaufen, anstatt am Ende der Schleife »aufzuwachen«, wenn Sie fast einen Unfall gebaut haben.

Sobald Sie sich Ihrer Gewohnheitsschleifen im Autopilotmodus bewusst sind, können Sie neugierig wahrnehmen, was da passiert. Warum tue ich das? Was hat dieses Verhalten ausgelöst? Welche Belohnung habe ich wirklich davon? Möchte ich es weiterhin tun?

Es mag zunächst seltsam klingen, aber Neugier ist eine wichtige Einstellung, die, wenn sie mit Gewahrsein gepaart ist, hilft, Gewohnheiten zu ändern – eine Verbindung, die durch Forschungen in meinem Labor und von anderen bestätigt wird. Wissbegierde kann von sich aus zu einer starken Belohnung werden. Erinnern Sie sich an das letzte Mal, als Sie neugierig auf etwas waren? Das fühlt sich in der Regel gut an – es signalisiert Ihrem alten Gehirn, dass dies besser ist als ein schneller Zuckerrausch, gefolgt von Schuldgefühlen.

Wenn man den Gewohnheitsmodus verlässt, kann das neue Gehirn das tun, was es am besten beherrscht: rationale und logische Entscheidungen treffen.

Was meinen Sie, unter welchen Bedingungen es leichter ist, eine Gewohnheit zu ändern – wenn man sich nach einem Eiscreme-Exzess schämt und sich Selbstvorwürfe macht, oder wenn man sich einfach eines Verhaltens bewusst wird und dann neugierig herausfinden möchte, was der Geist eigentlich tut?

Neugier ist der Schlüssel zu Offenheit und Aufgeschlossenheit für Veränderungen. Dr. Carol Dweck, Professorin für Psychologie an der Stanford University, sprach vor Jahren darüber, als sie ein *statisches Selbstbild* und ein *dynamisches Selbstbild* (Fixed Mindset und Growth Mindset – manchmal auch übersetzt als »feste/fixe Denkweise« und »wachsende Denkweise«) gegenüberstellte. Wenn man in alten Gewohnheitsschleifen feststeckt, einschließlich der Selbstverurteilung, ist man nicht offen dafür, an Herausforderungen zu wachsen.

Die wissenschaftliche Erforschung der Achtsamkeit steckt zwar noch in den Kinderschuhen, doch gibt es bereits einige stimmige

Forschungsergebnisse. Mehrere Studien haben ergeben, dass Achtsamkeit speziell auf die Schlüsselstellen des Lernens durch Belohnung abzielt. So hat mein Labor beispielsweise herausgefunden, dass Achtsamkeitstraining Rauchern hilft, Gewohnheitsschleifen zu erkennen und die Gier vom Rauchen zu entkoppeln. Mit anderen Worten: Die Patienten konnten ein Verlangen bemerken, neugierig werden, wie es sich in ihrem Körper und Geist anfühlt, und es aushalten, anstatt gewohnheitsmäßig zu rauchen. Das Durchbrechen der Gewohnheitsschleife führte zu fünfmal höheren Aufhörraten als die derzeitige Standardbehandlung.

Mein Labor hat einige bemerkenswerte Veränderungen bei gewohnheitsmäßigen Verhaltensweisen festgestellt, wenn Menschen lernen, den Gewohnheitsschleifenprozess zu verstehen und Achtsamkeitstechniken anzuwenden. Das Erlernen von Achtsamkeit führte zu einer Verhaltensänderung nicht nur beim Rauchen, sondern auch bei Essproblemen und sogar bei Angstzuständen selbst.

Und ich habe auch in meinem eigenen Leben erfahren, wie wirkungsvoll dies ist. Die eingangs dieses Buches erwähnte Maxime »Je weniger du weißt, desto mehr redest du« hat eine weitere Konsequenz. Statt »Sitz nicht einfach nur da – tu etwas« sollte genau das Gegenteil gelten: »Tu nicht einfach irgendetwas, sondern sitz nur da!« Diese einfache und wirkungsvolle Weisheit hat für mich sowohl persönlich als auch beruflich große Auswirkungen gehabt. Wenn einer meiner Patienten in meiner Praxis offensichtlich unruhig wird, was einfach daraus resultieren kann, dass er mir etwas Geschehenes erzählt oder ein bevorstehendes Ereignis mit mir bespricht, könnte ich mich von seinen Ängsten und Sorgen anstecken lassen: »Oh nein, das ist ernst. Hoffentlich kann ich ihr/ihm helfen.«

Und warum? Wenn ich anfange, wie Alice im Wunderland in den Kaninchenbau hinabzusteigen, in diesem Fall den Bau der Angst des Patienten, und mein präfrontaler Cortex nicht mehr klar denken kann, könnte ich gewohnheitsmäßig auf meine eigene Angst reagieren und versuchen, den Patienten zu »reparieren«, damit meine Angst verschwindet. Das führt natürlich in der Regel dazu, dass sich die Situation noch verschlimmert, weil mein Patient das Gefühl hat, dass ich ihn nicht verstanden habe, oder weil die Lösung nicht wirklich gut ist und wir die Ursache für seine Angst nicht gefunden haben – da wir uns ungewollt stattdessen auf mich konzentriert haben. Die Wendung »Tu nicht einfach irgendetwas, sondern sitz nur da« ist auch eine starke Erinnerung daran, dass das Sein das Tun ist. Mit anderen Worten: Indem ich da bin und meinen Patienten aufmerksam zuhöre, tue ich oft das Beste, was in diesem Moment möglich ist, nämlich Einfühlungsvermögen, Verständnis und Verbundenheit an den Tag zu legen. Der Spruch gefällt mir auch, weil er mich daran erinnert, dass mein Willensinstinkt, etwas zu tun, selbst eine gut gemeinte, aber fehlgeleitete Gewohnheitsschleife ist, die ich ganz einfach beobachten kann: Beobachten ist wirklich die einzige notwendige »Handlung« und darüber hinaus die effektivste.

Sind Sie bereit für eine weitere Frage, über die Sie bei der Bestandsaufnahme Ihrer Ängste und anderer Gewohnheiten nachdenken können? Wenn dies nicht Ihr erster Versuch ist, eine Gewohnheit zu ändern, denken Sie zurück und betrachten Sie all die verschiedenen Strategien zum Abgewöhnen von bestimmten Gewohnheiten, die Sie im Laufe der Jahre ausprobiert haben. Welche davon haben funktioniert? Welche sind gescheitert? Passen Ihre Erfolge und Misserfolge zu dem, was Sie jetzt darüber wissen, wie Ihr Gehirn und insbesondere das Lernen durch Belohnung funktioniert? Wenn Sie neu im Spiel der Gewohnheitsänderung sind, haben Sie eine gute Ausgangsposition, denn dann haben Sie sich noch keine schlechten Gewohnheiten angeeignet, um andere schlechte Gewohnheiten zu ändern, also Strategien, die fehlgeschlagen sind, die Sie aber immer wieder anwenden. Bleiben Sie auf Kurs und machen Sie sich Ihre Gewohnheitsschleifen immer wieder bewusst. Achten Sie auf den Drang, in die Gewohnheiten hineinzugehen und sie zu korrigieren und notieren Sie das als Gewohnheitsschleife. Tragen Sie Wachs auf. Entfernen Sie das Wachs.

KAPITEL 7

Daves Geschichte, Teil 1

DAVE (IN WIRKLICHKEIT heißt er anders), einer meiner Patienten, erzählte mir während unserer ersten Sitzung, es habe ein oder zwei Jahre zuvor angefangen, dass er beim Fahren auf Schnellstraßen Panikattacken bekam. Es war ihm dann jeweils während des Fahrens ganz plötzlich, ohne einen bestimmten Anlass, in den Sinn gekommen, wie überaus gefährlich es eigentlich war, mit hundert Stundenkilometern unterwegs zu sein. »Ich befinde mich in einem Geschoss, das über den Highway rast«, beschrieb er das Gefühl. Die Panikattacken wurden irgendwann so schlimm, dass Dave überhaupt keine Schnellstraßen mehr befuhr.

Leider blieben seine Panikattacken nicht auf das Autofahren beschränkt. Eines Abends, als er mit seiner Freundin in einem Sushi-Restaurant saß, überfiel ihn plötzlich der Gedanke, dass er allergisch gegen Fisch sein könnte. Er wurde extrem nervös, und die beiden verließen das Restaurant dementsprechend schnell wieder. Rational wusste er natürlich, dass er sich etwas einbildete – er war nicht allergisch gegen Fisch und es war mehr als unwahrscheinlich, dass er genau an diesem Abend eine neue Allergie entwickelt hatte. Aber sein denkender Verstand hatte keine Chance gegen die Stimme in seinem Kopf: »Keine Diskussion. Gefahr! Wir gehen JETZT.«

Dave erzählte, dass er sich nicht erinnern könne, jemals im Leben ganz frei von Angstzuständen gewesen zu sein – nicht einmal in seiner Kindheit. Als Twen hatte er versucht, seine Ängste mit Alkohol zu betäuben, wodurch sie eher noch schlimmer wurden; er hatte Medikamente verschrieben bekommen, aber dann zu viel Angst gehabt, sie zu nehmen; er war bei Psychologen, Therapeuten und sogar bei einem Hypnotiseur gewesen, aber, wie er es ausdrückte, »nichts davon hat funktioniert«. Dave sagte außerdem, dass einer seiner wichtigsten Bewältigungsmechanismen bei Angst das Essen war. Die Angst löste bei ihm den Wunsch aus, etwas zu sich zu nehmen, und die Nahrung betäubte ihn dann vorübergehend oder lenkte ihn von seiner Angst ab. Diese Essgewohnheitsschleife hatte letztendlich dazu geführt, dass er enorm an Gewicht zulegte. Infolgedessen litt Dave inzwischen unter Bluthochdruck, einer Fettleber und schwerer Schlafapnoe.

Auslösereiz: Angstzustand
Verhalten: Essen
Resultat: Ein paar Minuten Ablenkung von der Angst

So saß er nun also vor mir, vierzig Jahre alt, mit einer generalisierten Angststörung, einer Panikstörung und starkem Übergewicht. Seine Angstzustände waren so schlimm geworden, dass er an vielen Tagen zu viel Angst hatte, um überhaupt aus dem Bett zu kommen. Als ich ihn kennenlernte, suchte er verzweifelt nach etwas, das ihm helfen würde, einen Weg aus der Dunkelheit zu finden.

Bei unserem ersten Gespräch zog ich ein leeres Blatt Papier hervor und schrieb die Wörter *Auslösereiz, Verhalten* und *Belohnung* in Form eines Dreiecks, mit Pfeilen, die vom Auslöser zum Verhalten zur Belohnung und zurück zum Auslöser zeigten. Ich schob die Skizze über den Schreibtisch und fragte Dave: »Ist dieses Bild richtig? Führt ein furchteinflößender Gedanke (Auslöser) – wie ›Oh, ich könnte allergisch auf Fisch sein‹ – dazu, dass Sie eine Situation verlassen oder vermeiden (Verhalten), was dann wiederum dazu führt, dass Sie sich besser fühlen (Belohnung)?«

»Ja«, antwortete Dave.

»Hat dies zu bestimmten Gewohnheitsschleifen geführt, von denen Ihr Gehirn glaubt, dass sie Sie schützen, die aber in Wirklichkeit Ihre Angst und Panik nur immer weiter verstärken?«

»Ja, genau, das ist es in Kurzform«, sagte er.

In nur wenigen Minuten hatten Dave und ich herausgefunden, wie das Überlebenssystem seines Gehirns gekapert worden war, um sein Leben zu einem sich selbst wiederholenden und nicht enden wollenden Kreislauf der Angst und Sorge zu machen. Angst löste Sorge und Vermeidung aus, was wiederum zu noch mehr Angst und Vermeidung führte. Hinzu kam, dass sein Bewältigungsmechanismus des Essens Fettleibigkeit und Bluthochdruck zur Folge hatte.

Ich gab Dave ein paar Hausaufgaben zu erledigen: »Machen Sie sich ein Bild von Ihren Gewohnheitsschleifen der Angst. Was sind Ihre Angstauslöser? Mit welchem Verhalten reagieren Sie darauf? Worin bestehen Ihre Belohnungen?« Ich wollte, dass er alles auflistet und dann sieht, was er von diesen Verhaltensweisen hat.

Dieser letzte Teil war besonders wichtig. Unser Gehirn baut durch belohnungsbasiertes Lernen Gewohnheitsschleifen auf. Mit anderen Worten: Wenn ein Verhalten eine Belohnung verspricht, werden wir es wiederholen. Mir war klar, dass Dave gelernt hatte, Situationen, die ihm Angst machten, zu vermeiden und außerdem aus Stress zu essen, weil es lohnend war.

Die Belohnungen hielten ihn in diesen Gewohnheitsschleifen gefangen, obwohl sie irrational und auf lange Sicht unbrauchbar waren. Die Art und Weise, wie ein Verhalten belohnt wird, bestimmt das zukünftige Verhalten, nicht das Verhalten selbst. Man kann es auch so ausdrücken, dass das Verhalten selbst weniger wichtig ist als das Ergebnis des Verhaltens. Wenn es für den Therapeuten nur darum ginge, das Verhalten des Patienten zu identifizieren und ihm dann zu sagen, er solle damit aufhören, wären die Therapiesitzungen relativ schnell vorbei. Aber es hat schon seinen Grund, dass es zwar den berühmten Werbeslogan »Just do it« (Tu es einfach) einer bekannten Sportartikelfirma gibt, nicht aber den Slogan »Just stop doing it« (Hör einfach auf damit). Nach jahrelanger Forschung und klinischer Praxis bin ich fest davon überzeugt, dass Willenskraft eher ein Mythos als ein tatsächlicher »mentaler Muskel« ist.

Ich führe Daves Geschichte deshalb hier an, weil sie beispielhaft zeigt, wie einfach und wichtig es ist, Gewohnheitsschleifen zu entschlüsseln. Dafür braucht man nicht viel Zeit oder einen Termin bei einem Psychiater oder Psychoanalytiker. Gewahrsein, das kostenlos ist, genügt.

Wenn Sie beispielsweise in einer wichtigen Besprechung sitzen und vorhaben, aus Gewohnheit außer der Reihe zu sprechen, können Sie sehen, was passieren wird, wenn Sie sich das Ganze im Kopf ausmalen, bevor Sie loslegen.

Auslösereiz: Gedanke »Ich habe eine tolle Idee«
Verhalten: Den Redner unterbrechen und mit der Idee herausplatzen
Resultat: Der Ablauf der Besprechung wird gestört

Wir werden Daves Geschichte im Laufe des Buches immer wieder aufgreifen, damit Sie ein Gefühl dafür bekommen, welche Fortschritte er mittels der Analyse und der Arbeit mit seinem Geist macht. Es soll Ihnen bei Ihrer eigenen Arbeit ein Vorbild sein.

Gewohnheitsschleifen wie Angst und andere kontrollieren Sie, bis Sie sie durchschauen. Der erste Schritt, um die Kontrolle wiederzuerlangen, besteht einfach darin, aufmerksam zu sein und sich ein Bild von der Gewohnheitsschleife zu machen. Je genauer die Kartierung des Geistes, desto weniger sind Sie mit Autopilot unterwegs und haben mehr Kontrolle, weil Sie sehen, wohin Sie sich bewegen.

Aber kann Angst manchmal nicht auch hilfreich sein?

Unser Gehirn ist brillant darin, Zusammenhänge herzustellen. Auf diese Weise lernen wir. Wir assoziieren Kuchen mit etwas Leckerem, und greifen deshalb an der Kaffeetafel gerne und bedenkenlos zu. Wenn wir andererseits aber nach dem Besuch eines Restaurants eine Lebensmittelvergiftung bekommen, werden wir dieses Lokal in Zukunft meiden. Die Verknüpfung zwischen dem Restaurant und Ekel kann in unserem Gehirn sogar so stark sein, dass uns übel wird, wenn wir nur daran vorbeigehen. Die Frage ist, ob solche Verknüpfungen immer objektiv gerechtfertigt sind. Im Falle des Restaurants ist die Wahrscheinlichkeit wohl gering, dass wir noch ein zweites Mal nach einem Essen dort eine Lebensmittelvergiftung erleiden. Unser Gehirn – als die gute Assoziations-Lernmaschine, die es ist – stellt gelegentlich unangemessene Assoziationen her, so wie auch die zwischen Angst und Leistung.

Mein Doktorvater, Dr. Louis Muglia, lehrte mich den Satz »Wahr, wahr und in keinem Zusammenhang stehend.« Damit erinnerte er mich daran, bei Experimenten im Labor Kausalitäten zu überprüfen. Mit anderen Worten: Wenn ich ein Verhalten oder einen Prozess X, bei dem in der Folge Y eintrat, untersuchte, musste ich mir selbst, meinem Mentor und der Welt beweisen, dass X wirklich die Ursache von Y war. X könnte passieren (wahr). Y könnte zur gleichen Zeit oder direkt danach passieren (wahr). Aber das ist noch lange kein Beweis dafür, dass X das Ereignis Y verursacht hat.

Im Geist stellen wir ständig Korrelationen her. Eines meiner Lieblingsbeispiele stammt aus dem Baseball. Wenn sich bei den Profis die Batter zum Schlagen des Balles auf das Schlagmal (home plate) stellen, führen fast alle erst einmal ein bestimmtes Ritual durch – sie berühren ihren Helm an einer bestimmten Stelle, treten dreimal mit dem linken Fuß in den Boden und so weiter. Sie haben diese spezifischen Verhaltensweisen mit Erfolg verknüpft und sind der Meinung, dass wenn sie X, Y und Z tun, die Wahrscheinlichkeit viel größer ist, dass sie den Ball treffen werden. Das fällt aber eher in die Rubrik Aberglaube und hat nichts mit der Realität zu tun: Möglicherweise führen sie das Ritual durch (wahr) und treffen dann den Ball (wahr), aber es gibt keinen Beweis dafür, dass es zwischen diesen beiden Wahrheiten eine kausale Verbindung gibt.

Viele von uns verbinden auf ähnliche Weise Angst mit Erfolg. Wenn ich ein Seminar abhalte, kommt fast immer jemand auf mich zu und sagt mit Überzeugung (ach, wie wir Überzeugungen lieben!), dass er ohne die Angst als Triebfeder nie dorthin gekommen wäre, wo er jetzt ist. Ich erlebe das auch in meinem klinischen Angstprogramm. Eine Person hat es zum Beispiel so beschrieben: »Ich habe irgendwann angefangen, meine Erfolge auf Angst zurückzuführen. Meine Leistungen in der Schule waren sehr gut und ich dachte, dass es die Angst war, der ich das zu verdanken hatte. Dementsprechend hatte ich dann eigentlich Angst davor, die Angst loszulassen.« Ein anderer kommentierte: »Mir ging es genauso. Ich hatte Angst, dass ich, wenn ich mich von meinen Ängsten verabschiedete, die Fähigkeit verlieren würde, mich so anzustrengen, wie ich es tat.«

Bei solchen Diskussionen, ob mit meinen Patienten oder Workshopteilnehmern, hörte ich immer innerlich meinen Mentor. »Ist das nicht vielleicht wahr, wahr und in keinem Zusammenhang stehend?« würde Louis fragen. Ich fing dann jeweils an zu erklären, dass Korrelation nicht gleich Kausalität ist und erörterte mit meinem Gegenüber, wie genau seine Erfahrungen waren, um herauszufinden, ob er seine guten Leistungen nicht fälschlicherweise mit Angst in Verbindung brachte.

Eine faszinierende Beobachtung, die ich gemacht habe, ist, wie sehr die Menschen an der Vorstellung hängen, dass Angst entscheidend für den Erfolg ist. Ich sprach darüber mit Caroline Sutton, meiner Lektorin, und sie machte eine bemerkenswerte, sehr zutreffende Aussage: Die Menschen romantisieren ihre Angst und/oder ihren Stress. Sie tragen ihn wie ein Ehrenabzeichen, ohne das sie ein schlechterer Mensch wären oder, schlimmer noch, ihren Lebensinhalt verlieren würden. Für viele ist Stress gleichbedeutend mit Erfolg. Wie Caroline es ausdrückte: »Wenn man gestresst ist, leistet man etwas. Wenn man nicht gestresst ist, ist man ein Verlierer.«

Diese Vorstellung, dass wir zumindest ein wenig angstbehaftet sein müssen, um gute Leistungen zu erbringen, wurde auch in der Forschungsliteratur romantisiert. Bereits 1908, als die Psychologie noch in den Kinderschuhen steckte, veröffentlichten zwei Tierverhaltensforscher in Harvard, Robert Yerkes und John Dodson, eine Arbeit mit dem Titel »The Relation of Strength of Stimulus to Rapidity of Habit Formation« (Die Beziehung zwischen der Stärke des Reizes und der Geschwindigkeit der Gewohnheitsbildung). Darin beschrieben sie eine interessante Beobachtung: Japanische Tanzmäuse lernten eine Aufgabe am besten, wenn sie als negativen Verstärker *einen ungefährlichen, aber unangenehmen Elektroschock mit einer mittleren Stromstärke erhielten. Schwache sowie starke Elektroschocks hingegen schienen die Leistungsfähigkeit der Mäuse einzuschränken.* Die Forscher schlossen daraus, dass die Tiere ein gewisses Maß an äußerer Belastung (Erregung) brauchen, aber nicht zu viel, um optimal zu lernen. Auf diese Arbeit wurde im Laufe der darauf folgenden rund fünfzig Jahre nur zehnmal in wissenschaftlichen Artikeln Bezug genommen, doch in vier der zehn Artikel wurden diese Erkenntnisse als psychologisches Gesetz beschrieben und inzwischen Yerkes-Dodson-Gesetz genannt, grafisch umgesetzt mit der sogenannten Yerkes-Dodson-Kurve, einer umgekehrten U-förmigen Kurve.*

In einer 1955 veröffentlichten Arbeit behauptete der in Deutschland geborene britische Psychologe Hans Eysenck, dass das Yerkes-Dodson-Gesetz sich möglicherweise auch auf Angstzustände anwenden lässt: Er spekulierte, dass ein hohes Erregungsniveau die Arbeitsleistung einer Person verbessern könnte. Zwei Jahre später (1957) veröffentlichte einer von Eysencks ehemaligen Doktoranden, P. L. Broadhurst, der zu diesem Zeitpunkt als Forscher an der Universität London tätig war, eine Arbeit mit dem kühnen Titel »Emotionalität und das Yerkes-Dodson-Gesetz«. Darin berichtete er, dass das Drücken des Kopfes einer Ratte unter Wasser, das heißt Sauer-

* Der historische Wandel von der Unbekanntheit zum Gesetz wird von Martin Corbett in einem 2015 veröffentlichten Artikel mit dem Titel »From Law to Folklore: Work Stress and the Yerkes-Dodson Law«, fachkundig beschrieben (Journal of Managerial Psychology 30, Nr. 6 (2015): 741-52; DOI: 10.1108/JMP-03-2013-0085).

stoffentzug, für immer längere Zeit – was er als ein Maß für die »Intensität der aufgezwungenen Motivation« bezeichnete – die Schwimmgeschwindigkeit der Ratte bis zu einem bestimmten Punkt erhöhen konnte, nach dem sie dann wieder leicht abfiel. Er verwendete die Begriffe Motivation, Erregung und Angst austauschbar und zog folgende Schlussfolgerung: »Aus diesen Ergebnissen geht eindeutig hervor, dass das Yerkes-Dodson-Gesetz als bestätigt angesehen werden kann.« Ich frage mich, ob er in Betracht gezogen hat, dass die Ratten, deren Kopf am längsten unter Wasser gehalten wurde, nicht einfach vor dem Losschwimmen erst noch einmal Luft holten und dementsprechend etwas später ans Ziel kamen. Aus Studien mit Tanzmäusen und ertrinkenden Ratten wurde also die glockenförmige Angst-Leistungs-Kurve psychologisiert: Ein wenig Angst ist gut für die Leistung, viel Angst nicht so sehr.

Ein halbes Jahrhundert später ergab eine Überprüfung der psychologischen Literatur über Stress und Arbeitsleistung, dass nur 4 Prozent der Arbeiten die erwähnte Kurve stützten, während 46 Prozent eine negative lineare Beziehung feststellten, was im Grunde bedeutet, dass jedes Maß an Stress die Leistung beeinträchtigt. Trotz dieser eindeutigen Unterschiede ist das übergeneralisierte Yerkes-Dodson-»Gesetz« in bestimmten Kreisen Allgemeingut geworden, nach dem Motto »Was kümmern uns Daten«. Das Gesetz hat fast schon den Status eines Mythos erreicht, was sich auch an einem scheinbar exponentiellen Wachstum der Zahl der Erwähnungen zeigt: weniger als zehn im Jahr 1990, knapp hundert im Jahr 2000 und mehr als tausend ein Jahrzehnt später.

Angstzustände als Ehrenzeichen, als wichtiger Bestandteil der beruflichen Kompetenz, als übernommene Identität (»Gott sei Dank habe ich Ängste, wo wäre ich ohne sie?«), vielleicht in Verbindung mit der Ästhetik eines pseudowissenschaftlichen Erklärungsmodells (Glockenkurven sind der letzte Schrei): Dieser Mythos hat dazu geführt, dass nicht nur Therapeuten, von denen einige ganze Bücher auf der Grundlage dieser Prämisse geschrieben haben, sondern auch Patienten und die breite Öffentlichkeit zögern, diese Theorie kritisch und neu zu bewerten.

Sollte eine Stimme im Hinterkopf Ihnen sagen, dass Angst etwas Gutes ist, ist es jetzt an der Zeit zu hinterfragen, ob diese Ursache-Wirkung-Beziehung wirklich besteht. Treibt Angst Sie zu guten Leistungen an? Haben Sie nicht auch etwas erreicht, als Sie ganz angstfrei waren? Vielleicht sind Sie für diese Frage noch nicht bereit, aber ich werde sie trotzdem stellen: Raubt die Angst nicht vielmehr Energie, erschwert das Denken oder steht manchmal einer guten Leistung im Wege? (Huch!) Wenn Olympioniken oder Profimusiker in Höchstform sind, machen sie dann einen nervösen, ängstlichen Eindruck auf Sie? Tipp: Schauen Sie sich ein paar alte Sport-Videoclips an, wie die von einem 60-Punkte-Spiel von Michael Jordan – achten Sie darauf, wo seine Zunge ist – oder von Chloe Kims Goldmedaillen-Snowboard-Tricks in der Halfpipe bei den Winterspielen 2018 oder riskieren Sie einen Blick auf Usain Bolts breitestmögliches Grinsen, während er die Konkurrenz im 100-Meter-Lauf wegbläst.

Wenn Sie sich daran machen, eine Gewohnheit, sei es eine Angstgewohnheit oder eine andere, zu ändern, ist es erst einmal nicht so relevant, alle Auslöser zu finden. Bei der Bestandsaufnahme von Gewohnheitsschleifen kann es passieren, dass man sich zu sehr auf die Auslösereize konzentriert und aus den Augen verliert, was einem eigentlich hilft, die Gewohnheiten zu überwinden. Das passiert normalerweise, weil man sich darauf versteift, herauszubekommen, warum man überhaupt in diese oder jene Gewohnheitsschleife geraten ist. Das ist, als ob man sein »Kuchen sehen, Kuchen essen«-Problem auf magische Weise lösen könnte, wenn man alle Geburtstagsfeiern gedanklich durchgeht, um ausfindig zu machen, wann genau es mit den Kuchengelüsten angefangen hat. Zu wissen, warum etwas zur Gewohnheit geworden ist, führt nicht automatisch dazu, dass sich man davon wieder befreien kann. Genau genommen ist der Auslösereiz der unwichtigste Teil der Gewohnheitsschleife. Belohnungsbasiertes Lernen basiert auf Belohnungen, nicht auf den Auslösern, daher der Name. Und genau da liegt das Problem, auf das wir in Teil 2 noch näher eingehen werden. Für den Moment ist es für Sie vor allem wichtig, dass Sie sich ein Bild von Ihren Gewohnheitsschleifen machen.

KAPITEL 8

Ein kurzes Wort zum Thema Achtsamkeit

LESEN SIE NACHSTEHEND NOCH EINMAL Jon Kabat-Zinns Definition von Achtsamkeit:

Achtsamkeit bedeutet, auf eine bestimmte Weise aufmerksam zu sein: bewusst, im gegenwärtigen Augenblick und ohne zu urteilen.

Wie Sie sich vielleicht erinnern, reagiert unser altes Gehirn auf positive und negative Verstärkung, um zu entscheiden, was jeweils zu tun ist, und ist dann gut darin, dieses Verhalten in Gewohnheiten umzuwandeln. Das meiste davon geschieht unbewusst. Wenn wir uns nicht bewusst sind, dass wir etwas gewohnheitsmäßig tun, werden wir diese Gewohnheit beibehalten – das ist der Autopilot, der ein Thema in Kapitel 6 war.

Aber wir können uns dieser Gewohnheitsmuster bewusster werden. Dabei hilft uns die Achtsamkeit: ein Gewahrsein zu entwickeln, mit dem wir unser Höhlenmenschengehirn im Einsatz beobachten können.

Manche Menschen sind sich unsicher, wie sich Achtsamkeit und Meditation zueinander verhalten, ob denn beides ungefähr das Gleiche ist und wenn nicht, worin der Unterschied besteht. Eine einfache Möglichkeit, sich das vorzustellen, ist ein Mengendiagramm, in dem Achtsamkeit ein großer Kreis und Meditation der kleinere Kreis darin ist.

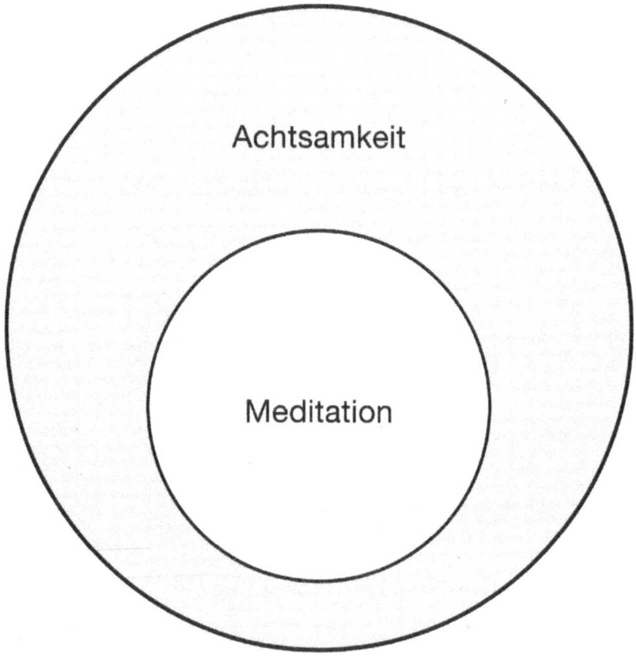

Mit anderen Worten: Meditation ist eine der Möglichkeiten, Achtsamkeit zu trainieren. Sie müssen nicht meditieren, um achtsam zu sein, aber Meditation hilft Ihnen, mehr und mehr gewahr zu werden, was in einem bestimmten Moment geschieht. Meditation ist wie ein Fitnesstraining für Ihr Gehirn, mit dem Sie Ihren Achtsamkeitsmuskel aufbauen und stärken können.

Das Gewahrsein hilft Ihnen auch, auf Auslösereize und automatische Reaktionen zu achten. Dies gilt nicht nur für Angst- und Sorgenschleifen, sondern für alles, worauf wir reagieren. Allerdings möchte ich auch noch darauf hinweisen, dass eine Menge Fehlinformationen kursieren, laut denen Achtsamkeit ein besonderer, angstloser Bewusstseinszustand oder aber lediglich eine Entspannungstechnik sei. Ich erlebe das häufig bei meinen Klinikpatienten: Je mehr sie versuchen, ihre angstvollen Gedanken loszuwerden oder sich die Angst wegzudenken, desto ängstlicher werden sie. Die häufigste Fehleinschätzung lässt sich mit einer Frage zusammenfassen, die mir oft gestellt wird, wenn ich bei Retreats unterrichte oder meine Patienten in die Idee der Achtsamkeit einführe: »Wie befreie ich meinen Geist von Gedanken?« Dies suggeriert fälschlicherweise, dass das Ziel der Meditation darin besteht, »den Geist zu leeren«.

Viel Glück dabei – ich habe es zehn Jahre lang versucht, indem ich bei langen Meditationsklausuren meine T-Shirts durchgeschwitzt habe, und es hat nicht funktioniert. Und außerdem: Während meines Medizinstudiums und meiner Facharztausbildung habe ich viel Zeit damit verbracht, mein Gehirn mit so vielen Informationen wie möglich zu füllen. Warum sollte ich es nun wieder leeren wollen?

Das Thema der Achtsamkeit ist nicht, etwas zu stoppen, zu leeren oder loszuwerden. Gedanken, Gefühle und körperliche Empfindungen gehören unabdingbar zum Menschsein. Und denken und planen zu können ist wirklich etwas Wichtiges. Ohne die Hilfe meines denkenden Gehirns wäre ich wohl kaum in der Lage, bei meinen Patienten eine sorgfältige Anamnese zu erheben und eine solide Diagnose zu stellen.

Bei der Achtsamkeit geht es also nicht darum, die Gedanken und Gefühle, die unsere Lebenswelt ausmachen, zu verändern oder nicht zu haben, sondern vielmehr darum, unsere Beziehung zu ihnen zu verbessern.

Aber das ist gar nicht so einfach. Eine Harvard-Studie aus dem Jahr 2010 hat gezeigt, dass wir etwa 50 Prozent unseres wachen Lebens tagträumen und an etwas anderes denken als an das, womit wir gerade beschäftigt sind. Knapp 50 Prozent unserer Wachzeit sind wir also gedanklich nicht voll bei der Sache. Das ist eine Menge Zeit, in der wir auf Autopilot laufen.

Dieser so häufig auftretende Geisteszustand kann im Gehirn gemessen werden. Es gibt eine ganze Gruppe von Gehirnregionen, das sogenannte Default Mode Network (DMN), die beim Nichtstun aktiv werden. Das DMN (wörtlich übersetzt »Standardmodus-Netzwerk«, im Deutschen auch als »Ruhezustandsnetzwerk« bezeichnet) wurde von Marcus Raichle und seinem Team an der Washington University in St. Louis entdeckt. Die Bezeichnung Standardmodus-Netzwerk wurde gewählt, weil es sich immer dann einschaltet, wenn unser Gehirn nicht mit einer bestimmten Aufgabe beschäftigt ist.

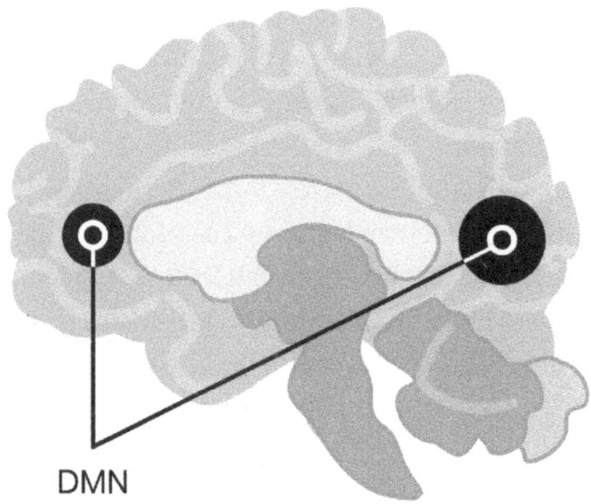

Das DMN wird aktiviert, wenn wir tagträumen, Zukunftspläne machen, über die Vergangenheit nachdenken oder sonst in Gedankenkarussellen, wie zum Beispiel Grübeln, Angst oder anderen starken emotionalen Zuständen, gefangen sind. Und auch, wenn wir ein Verlangen nach Suchtmitteln haben, ist das DMN aktiv. Im Guten wie im Schlechten schweifen wir im Standardmodus gedanklich ab. Wir bedauern Dinge, die wir in der Vergangenheit getan haben, machen uns Sorgen über Ereignisse, die in der Zukunft anstehen, und so weiter.

Ein Knotenpunkt des DMN, der sogenannte posteriore cinguläre Cortex (PCC), verbindet eine ganze Reihe anderer Hirnregionen miteinander. Der PCC ist interessant, weil er aktiviert wird, wenn Menschen Bilder gezeigt werden, die sie an ihre Süchte erinnern oder Auslösereize dafür sind. Beispielsweise leuchtet bei einem fMRT-Scan der PCC von kokainsüchtigen Personen auf, die ein Foto von ein paar Linien Kokain auf einem Spiegel gezeigt bekommen, und bei

Nikotinsüchtigen, die ein Bild von einer Person sehen, die raucht. Bei Spielsüchtigen wiederum erhöht sich die PCC-Aktivität, wenn ihnen ein Bild von einem Roulettespiel gezeigt wird. Ganz grundsätzlich gerät der PCC in Wallung, sobald wir uns in den immer gleichen Gedankenschleifen verheddern und grübeln, also uns auf die eigene Notlage konzentrieren und wiederholt darüber nachdenken, ein Kennzeichen von Depressionen. Sorgen sind ein weiteres Paradebeispiel für ein Sich-in-Gedanken-Verstricken. Die entsprechenden Gewohnheitsschleifen sehen in etwa so aus:

Gewohnheitsschleife des Verlangens

Auslösereiz: Kuchen sehen
Verhalten: Kuchen essen
Resultat: Sich gut fühlen

Gewohnheitsschleife des Grübelns

Auslösereiz: Sich energielos fühlen
Verhalten: Darüber nachdenken, wie deprimiert man ist, dass man nie etwas erreichen wird usw.
Resultat: Sich (noch) deprimiert(er) fühlen

Gewohnheitsschleife der Sorgen

Auslösereiz: Die Liste der unerledigten Aufgaben betrachten
Verhalten: Sich Sorgen machen, es nicht zu schaffen
Resultat: Sich beklommen fühlen

Nebenbei bemerkt, scheinen depressive Menschen so gut in hartnäckigen (perseverativen) Denkgewohnheitsschleifen zu sein, dass zwei Drittel von ihnen auch die psychiatrischen Diagnosekriterien für

Angststörungen erfüllen. Diese Gemeinsamkeit zwischen Depressionen und Angstzuständen ist ein Beispiel für ständig wiederkehrende Denkgewohnheitsschleifen, die im Grunde außer Kontrolle geraten sind – sie nähren sich selbst. Warum ist das so? Eine Forschungsstudie von Yael Millgram und ihren Kollegen an der Hebrew University legt nahe, dass die Vertrautheit mit einer bestimmten Stimmung die Betroffenen darin bestärkt, in dieser Stimmung zu bleiben. Wenn jemand ständig traurig oder ängstlich ist, wird die Traurigkeit oder Angst zu einem vertrauten Ort, zu dem er oder sie sich hingezogen fühlt, so etwas wie eine morgendliche Routine oder ein regelmäßiger Weg zur Arbeit. Jede Abweichung fühlt sich ungewohnt, vielleicht sogar beängstigend oder angstauslösend an. Aus der Sicht des Überlebens ergibt dies Sinn: Wenn wir in unbekanntem Terrain unterwegs sind, müssen wir auf der Hut sein, weil wir noch nicht wissen, ob es wirklich sicher ist. Nicht alle Gewohnheiten sind ja schlecht. Sie werden es erst dann, wenn sie uns behindern oder ausbremsen, anstatt uns voranzubringen.

Wir können uns so sehr mit mentalen Gewohnheitsschleifen identifizieren, dass sie zu unserer Identität werden, zu dem, was wir glauben zu sein. So schrieb mir zum Beispiel eine der ersten Probandinnen meines »Unwinding Anxiety«- Programms die folgende E-Mail:

Gibt es einen Unterschied zwischen der Vorgehensweise bei »Ich habe einen unruhigen Gedanken« und »Ich bin unruhig …«? Ich lerne, die Techniken gut genug anzuwenden, um mit reflexartigen Ereignissen zu arbeiten – Angst, die durch einen anstrengenden Tag, den Stress einer verpassten Frist oder ein bevorstehendes Ereignis entsteht. Womit ich zu kämpfen habe, ist die Art von Angst, die daher rührt, wie ich mich selbst wahrnehme, und die scheinbar undurchlässige Decke des Nicht-gut-genug-Seins, in die sie eingewickelt ist. Eine tief in den Knochen steckende Angst.

Die Angst fühlte sich an, als sei sie ein Teil von ihr; sie war so tief bei ihr eingegraben, dass sie sie nicht mehr von sich selbst unterscheiden konnte.

Wenn es Forschern und Klinikern gelingt, Zusammenhänge zwischen dem Verhalten von Menschen und den Vorgängen im Gehirn zu erkennen und zu verstehen, können wir Wege finden, die zugrunde liegenden Mechanismen genau und präzise anzugehen, und haben eine bessere Chance, Menschen zu echten und dauerhaften Veränderungen zu verhelfen. Als Klinikarzt sehe ich, dass anhaltendes Grübeln möglicherweise das Hauptproblem ist, das meinen Patienten zu schaffen macht. In den meisten Fällen ist diese Art des Denkens bei ihnen so tief im Gehirn verankert, dass sie sich mit ihren Gewohnheiten identifiziert haben: »Ich bin Raucher.« »Ich bin ängstlich.« Da die Gewohnheitsschleifen der Gedankenkarusselle eine eindeutige und gegenwärtige Gefahr für meine Patienten zu sein scheinen und Achtsamkeit helfen könnte, war ich als Forscher motiviert, der Sache auf den Grund zu gehen.

Theoretisch helfen uns Achtsamkeit und Meditation dabei, uns unserer Gedankenschleifen bewusst zu werden. Anstatt in einem Trott der Wiederholung von Denkmustern stecken zu bleiben, können wir erkennen, dass wir feststecken, und uns daraus befreien, indem wir neue und positivere Gewohnheiten schaffen. Ich werde in den folgenden Kapiteln näher auf die Einzelheiten eingehen, wie Sie dies in die Tat umsetzen.

Das DMN wird aktiviert, wenn wir in Gedankenschleifen und Süchten gefangen sind. Da Achtsamkeit den Menschen theoretisch helfen soll, sich nicht in solchen Schleifen zu verfangen, und sie in die Lage versetzt, sich weniger mit ihren Gedanken zu identifizieren, war unsere Hypothese, dass Achtsamkeit eine positive Wirkung auf dieses Gehirnnetzwerk haben könnte.

In unserer ersten Studie verglichen wir mit einem MRT-Scanner die Gehirnaktivität von Menschen ohne Meditationspraxis mit der von erfahrenen Meditierenden. Wir gaben den Anfängern zuerst ein paar Anleitungen und baten dann beide Gruppen, zu meditieren, während ihr Gehirn gescannt wurde. Und siehe da, bei nur vier Hirnregionen zeigten sich Unterschiede zwischen den Anfängern und Fortgeschrittenen – zwei davon waren die wichtigsten Knotenpunkte des DMN. Und tatsächlich, das DMN war bei den erfahrenen Meditierenden viel ruhiger.

Dies war eine neue Erkenntnis auf dem Gebiet, also wiederholten wir das Experiment, um zu überprüfen, ob die Ergebnisse zuverlässig waren. Wir führten sogar mehrere Echtzeit-Neurofeedback-Experimente durch, denn wir wollten sicher sein, dass die von uns erfasste Deaktivierung im DMN mit dem subjektiven Erleben der Teilnehmer übereinstimmte, die ihre Gedanken, Emotionen und Verlangen nur beobachteten, anstatt darin gefangen zu sein.

Ein tatsächlicher Beweis dafür, dass wir bestimmte neuronale Netzwerke identifizieren und ansprechen, ergibt sich jedoch erst, wenn wir sie mit realen Verhaltensänderungen in Verbindung bringen können. Mein Labor untersuchte, ob wir ein App-basiertes Achtsamkeitstraining nutzen könnten, um Menschen bei der Raucherentwöhnung zu helfen, und ob es die Hirnaktivität im DMN verändern würde. In dieser Studie konzentrierten wir uns speziell auf den PCC. Wir erhielten einen Zuschuss von der amerikanischen Gesundheitsbehörde »National Institutes of Health« für eine Studie, in der wir unsere App (*Craving to Quit*) mit der App *QuitGuide* des Krebsforschungszentrums »National Cancer Institute« verglichen, die sich anderer Strategien bedient, wie Gesundheitsinformationen. Im Rahmen der Studie scannten wir die Gehirne der Teilnehmer vor dem App-Training und einen Monat danach, um herauszufinden, ob die Veränderungen der Gehirnaktivität im PCC eine Vorhersage ermöglichten, wie gut es den Teilnehmern gelingen würde, das Rauchen einzuschränken. In der Gruppe, die unsere App nutzte, registrierten wir eine starke Verringerung der PCC-Aktivität und damit einhergehend einen geringeren Tabakkonsum. Bei den Teilnehmern der Gruppe der App des National Cancer Institute dagegen ließ sich dies nicht feststellen.

Wir fanden heraus, dass unsere Theorie – dass Achtsamkeit die Gehirnaktivität verändert und mit den klinischen Ergebnissen korreliert – zutreffend war. Dies ist ein großartiges Beispiel für die Translationale Medizin, also die Umsetzung von Forschungsergebnissen in der Gesundheitsversorgung. Dabei geht es darum, Ideen und Konzepte sowie Fragen der Grundlagenforschung auf Therapien zu übertragen, die eine Verhaltensänderung in der realen Welt bewirken können. Hier muss noch mehr getan werden; insbesondere sind groß angelegte Studien mit langfristigen Ergebnissen erforderlich. Aber wir können diese Art von Studien jetzt durchführen, da wir ein besseres mechanistisches Verständnis davon haben, wie Achtsamkeit funktioniert. Dieses Verständnis könnte bereits erklären, warum Achtsamkeitstraining bei Depressionen und Ängsten am besten funktioniert: Es zielt auf das gemeinsame Element des Verhedderns in Gedankenschleifen. Menschen, die depressiv sind, grübeln andauernd über die Vergangenheit nach. Menschen mit Angstzuständen machen sich ständig Sorgen über die Zukunft. Unabhängig davon, ob sich die Gedanken auf die Vergangenheit oder die Zukunft beziehen, hilft Achtsamkeit, den Prozess des Grübelns zu unterbrechen. Auf der Grundlage dieser Erkenntnisse hat der britische National Health Service eine Form des Achtsamkeitstrainings, die sogenannte achtsamkeitsbasierte kognitive Therapie, als Erstbehandlung für Depressionen zugelassen.

Ich hoffe, dieses Kapitel hat Ihnen geholfen, besser zu verstehen, was Achtsamkeit ist und wie sie gezielt auf Gewohnheitsschleifen in Ihrem Gehirn einwirken kann. Noch wichtiger ist, dass Sie diese Informationen nutzen können, um aktiv zu werden. Sobald Sie eine Bestandsaufnahme Ihrer wichtigsten Gewohnheitsschleifen gemacht haben, schauen Sie, wie weit Sie im Laufe des Tages heranzoomen können, und zählen Sie, wie oft diese Schleifen in der »Wiedergabeliste« Ihres Gehirns ganz oben stehen. Gibt es immer wiederkehrende Schleifen? Können Sie zählen, wie oft sie ablaufen? Welche schaffen es an die Spitze der Charts?

KAPITEL 9

Welcher Achtsamkeits-Persönlichkeitstyp sind Sie?

EINZELLER WIE Protozoen verfügen über einfache binäre Mechanismen zum Überleben: Sie bewegen sich in Richtung Nährstoffe und weg von Toxinen. Die Meeresschnecke hat ein etwas komplizierteres Nervensystem, lernt aber im Grunde auf dieselbe Weise.

Könnte es sein, dass ein Großteil der menschlichen Verhaltensweisen auf eine ähnliche Überlebensstrategie der »Annäherung und Vermeidung« zurückzuführen ist? Im Angesicht einer Gefahr oder Bedrohung können Sie sich der Gefahr zuwenden und kämpfen, sich von ihr abwenden und weglaufen oder sich einfach nicht bewegen, in der Hoffnung, dass das, was Sie bedroht, Sie nicht sieht oder riecht. Die Kampf-Flucht-Erstarrungs-Reaktion ist eine automatisch ablaufende Reaktion im Falle einer Gefahr. Erinnern Sie sich an das letzte Mal, als jemand »Vorsicht!« schrie oder Sie einen lauten Knall hörten? Vielleicht waren Sie selbst überrascht, wie schnell Sie einem entgegenkommenden Auto ausgewichen sind oder sich bei einem lauten Geräusch geduckt haben oder dass Sie wie erstarrt waren, als plötzlich die Lichter ausgingen – und das alles, ohne dass Sie Zeit zum Nachdenken brauchten oder hatten. Im Interesse Ihrer Sicherheit erledigen die primitiven Teile Ihres Gehirns und Nervensystems alles für Sie, zum Glück! So wie der Versuch, sich schlechte Angewohnheiten abzugewöhnen, oftmals nicht funktioniert, ist es riskant, sich aus einer Gefahr herauszudenken, wenn man schnell handeln muss. Bei Gefahr im Verzug ist das Denken ein viel zu langsamer Prozess – die Reaktion muss auf Reflexebene erfolgen. Könnten diese Instinkte einige unserer Persönlichkeitsmerkmale erklären?

Vor ein paar Jahren stieß unser Forschungsteam auf ein buddhistisches Meditationshandbuch aus dem fünften Jahrhundert mit dem Titel *Der Weg zur Reinheit*. Darin heißt es, dass sich die meisten, wenn nicht sogar alle unserer Neigungen, Gewohnheiten und Persönlichkeitseigenschaften in eine der drei Gruppen Kampf, Flucht oder Erstarren einordnen lassen. Warum hat sich der Verfasser dieser Abhandlung, ein Gelehrtenmönch, die Mühe gemacht, eine solche Typologie zu erstellen? Damit er Menschen, die meditieren lernten und Verhaltensmuster ändern wollten, individuell abgestimmte Empfehlungen geben konnte. Dieses Handbuch könnte einer der ersten Vorläufer dessen sein, was wir heute unter personalisierter Medizin verstehen – die Anpassung einer Behandlung an den Phänotyp eines Individuums.

Der Verfasser von *Der Weg zur Reinheit* wusste noch nichts von modernen Geräten wie Herzfrequenz- und Blutdruckmessgeräten oder funktionellen MRT- und EEG-Geräten zur Messung der Physiologie und der Gehirnaktivität. Er verließ sich auf das, was er sehen konnte, wie zum Beispiel, welche Art von Speisen jemand bevorzugt, wie er geht oder sich kleidet, und so weiter. Er beschrieb seine Methode wie folgt:

An Körperhaltungen, Verrichtungen,
Am Essen, Schauen und so weiter,
Am Auftreten von Eigenschaften:
Daran erkennt man die Naturen.

Seine Beobachtungen unterteilten die Verhaltenstendenzen in drei allgemeine Kategorien oder Bereiche, die sich erstaunlich gut mit der heutigen Wissenschaft decken:

Kategorie 1: Annäherung/Kampf
Kategorie 2: Vermeidung/Flucht
Kategorie 3: Weder Annäherung noch Vermeidung (Erstarren)

Was könnte das im alltäglichen Leben heißen?

Stellen Sie sich vor, Sie gehen zu einer Party. Wenn Sie zu Kategorie 1 (Annäherung) gehören, staunen Sie über das herrliche Buffet mit all den feinen Sachen und gesellen sich vergnügt zu einer Gruppe von Freunden, die Sie erspäht haben. Als Typ der Kategorie 2 (Vermeidung) fällen Sie tendenziell kritische Urteile über das Essen oder die eingeladenen Personen und werden sich vielleicht später am Abend mit jemandem über seine Ansichten streiten. Fallen Sie hingegen in die Kategorie 3 (weder Annäherung noch Vermeidung), harren Sie entspannt der Dinge, die da kommen, und überlegen nicht groß, Sie machen einfach mit.

Unsere Forschungsgruppe hat dieses Klassifikationsschema vor Kurzem noch einen Schritt weitergeführt. Wir haben festgestellt, dass die im Handbuch beschriebenen Verhaltenstendenzen sich ziemlich gut mit den modernen Mechanismen von Lernen durch Belohnung decken – Annäherung/Kampf, Vermeidung/Flucht, Erstarren. Menschen der Kategorie Annäherung (1) tendieren dazu, sich durch Verhaltensweisen zu motivieren, die sie positiv verstärken. Menschen der Kategorie Vermeidung (2) sind eher durch negativ verstärkende Verhaltensweisen motiviert. Wer zu keiner der beiden Gruppen gehört (3), wird durch angenehme oder unangenehme Situationen nicht so stark in eine positiv oder negativ verstärkende Bahn gezogen oder gedrängt wie die anderen.

Diese Kategorien decken sich so gut mit dem aktuellen Stand der Wissenschaft, dass wir mithilfe psychometrischer Forschungsmethoden einen auf heutige Verhältnisse zugeschnittenen Fragebogen zu Verhaltenstendenzen (BTQ, steht für »Behavioral Tendencies

Questionnaire«) erstellt haben, den ich auch Ihnen zum Beantworten empfehle. Er umfasst lediglich dreizehn Fragen.

FRAGEBOGEN ZU VERHALTENSTENDENZEN

Bitte ordnen Sie den Antworten auf die folgenden Fragen die Rangfolge zu, die am ehesten dem entspricht, wie Sie sich im Allgemeinen verhalten – nicht Ihrer Vorstellung davon, wie Sie sich verhalten sollten, und nicht Ihrem Verhalten in einer ganz bestimmten Situation. Sie sollten die Fragen spontan beantworten, ohne viel nachzudenken, und bei Ihrer ersten Antwort bleiben. Geben Sie der Antwort, die am besten zu Ihnen passt, eine 1, gefolgt von einer 2 für die zweitbeste Antwort und einer 3 für die Antwort, die am wenigsten zu Ihnen passt.

1. Wenn ich eine Party planen würde,
   A: hätte ich sie gerne voller Energie und mit einer Menge Leute.
   B: wollte ich nur bestimmte Leute dabeihaben.
   C: würde ich sie in letzter Minute ansetzen und alles sollte spontan sein.

2. Wenn es um Sauberkeit in meinem Zimmer geht,
   A: bin ich stolz darauf, wenn alles tipptopp aussieht.
   B: sehe ich Problemstellen, Störendes oder Unordnung auf den ersten Blick.
   C: übersehe ich Krempel gerne oder er stört mich nicht.

3. In meiner Wohnung habe ich die Dinge gern
   A: schön.
   B: organisiert.
   C: kreativ chaotisch.

4. Wenn ich meine Arbeit mache, will ich gern
   A: leidenschaftlich und tatkräftig bei der Sache sein.
   B: dafür sorgen, dass alles stimmt und sorgfältig erledigt wird.
   C: künftige Möglichkeiten bedenken/über den besten weiteren Weg nachdenken.

5. Wenn ich mit anderen spreche, wirke ich wahrscheinlich
   A: herzlich.
   B: realistisch.
   C: philosophisch.

6. Der Nachteil bei meinem Kleidungsstil könnte sein, dass
   A: er zu auffällig und dekadent wirkt.
   B: er fantasielos ist.
   C: die Dinge nicht optimal zusammenpassen und schlecht aufeinander abgestimmt sind.

7. Im Allgemeinen bewege ich mich eher
   A: heiter-beschwingt.
   B: schnell.
   C: ziellos.

8. Mein Zimmer ist
   A: üppig dekoriert.
   B: sauber aufgeräumt.
   C: unordentlich.

9. Im Allgemeinen neige ich dazu
   A: Dinge unbedingt zu wollen.
   B: kritisch zu sein, aber einen klaren Kopf zu haben.
   C: in meiner eigenen Welt zu leben.

10. In der Schule war ich dafür bekannt, dass ich
    A: viele Freunde/Freundinnen hatte.

B: als intellektuell eingeschätzt wurde.
C: mich in Tagträumen verlor.

11. Normalerweise trage ich Kleidung so, dass sie
A: schick und attraktiv wirkt.
B: gepflegt und ordentlich wirkt.
C: locker wirkt.

12. Ich wirke auf andere
A: liebevoll.
B: nachdenklich.
C: zerstreut.

13. Wenn andere von etwas begeistert sind, dann
A: springe ich auf den Zug auf und will auch mitmachen.
B: bin ich eher skeptisch.
C: wechsle ich gerne das Thema.

Jetzt zählen Sie bitte die Punkte für jede Kategorie (A, B, C) zusammen. Die Kategorie mit der niedrigsten Punktzahl zeigt Ihre stärkste Tendenz.
A = Annäherungstyp, B = Vermeidungstyp, C = Mitmachtyp. Wenn Sie beispielshalber 18 Punkte für Option A, 25 Punkte für Option B und 35 Punkte für Option C errechnet haben, sind Sie tendenziell ein Annäherungstyp.

Stellen Sie sich den BTQ als ein Persönlichkeitsquiz zur Achtsamkeit vor, das Ihnen auch für Ihr normales Alltagsleben von Nutzen sein kann. Wenn Sie Ihre Verhaltenstendenzen deutlicher sehen und verstehen, erfahren Sie etwas über sich und Ihre gewohnheitsmäßigen Reaktionen auf Ihre Innen- und Außenwelt. Darüber hinaus können Sie mithilfe des Fragebogens auch den Persönlichkeitstyp von Familienmitgliedern, Freunden und Arbeitskollegen erkennen und somit ein harmonischeres Miteinander mit ihnen erreichen.

Wenn Sie mit Ihrem Typus besser in Einklang sind, können Sie an die Stärken Ihrer gewohnheitsmäßigen Verhaltenstendenzen anknüpfen. So kommt ein Typ, der vorwiegend zur Annäherung neigt, wahrscheinlich gut im Marketing oder Vertrieb zurecht. Einem Vermeidungs-Typ gibt man eher ein Projekt, das ein hohes Maß an Präzision und Aufmerksamkeit für Details erfordert, denn ein solcher Mensch liebt es, zu tüfteln und blüht bei solchen Aufgaben förmlich auf. Und ein nachdenklicher, vielleicht etwas versponnener Typ 3 ist der Beste, wenn es bei einem Brainstorming oder dem Beginn eines großen Projekts um kreative Einfälle geht.

Indem Sie Ihre Gewohnheitstendenzen verstehen, können Sie auch als Mensch wachsen und unnötigen Kummer vermeiden. Als Annäherungs-Typ sollten Sie einmal alle Gewohnheiten in Ihrem Leben auflisten, bei denen Sie dazu neigen, über die Stränge zu schlagen, und der Wunsch nach zu viel des Guten Ihnen eher schadet (wie Essattacken, Eifersucht usw.). Wenn Sie der vermeidende Typ sind, können Sie auf damit zusammenhängende Verhaltensweisen achten, wie übertriebene Selbstkritik, Voreingenommenheit gegenüber anderen oder übermäßige Konzentration auf Details zum Nachteil des größeren Zusammenhangs. Und die Mitmachtypen sollten sich darauf konzentrieren, sich der Situationen gewahr zu werden, in denen sie vielleicht vor Entscheidungen zurückschrecken und zur Vermeidung von Konflikten anderen zustimmen.

Im Folgenden finden Sie allgemeine Zusammenfassungen für jeden Persönlichkeitstyp. Denken Sie daran, dass es sich um Dispositionen und nicht um Festlegungen handelt. Meistens haben die Menschen eine vorherrschende Neigung, und je nach Situation kann die eine oder die andere stärker ausgeprägt sein. Meine Frau und ich fallen zum Beispiel eindeutig beide in die Kategorie »Vermeidung«. Das mag erklären, warum wir beide Akademiker sind: Wir lieben es, unsere Zeit damit zu verbringen, Prämissen und Theorien zu hinterfragen, zu forschen und Dinge herauszufinden. Eine zweite Tendenz ist, dass wir beide eher zur Kategorie »Annäherung« als zur Kategorie »Mitmachen« gehören. Wenn also einer von uns gestresst ist oder einen schlechten Tag hat, wird der andere tendenziell optimistisch und unterstützend sein, anstatt das Feuer des Unheils noch zu schüren.

Die Kenntnis unserer Verhaltenstendenzen hat meiner Frau und mir geholfen, unsere Gewohnheitsmuster klarer zu erkennen. Wenn meine Frau mir von einem Vorfall mit einem Arbeitskollegen erzählt und ich diese Person dann sehr schnell verurteile, weist sie mich sanft auf meine Urteilsgewohnheitsschleife hin, sodass ich innerlich einen Schritt zurücktreten kann, um die Situation klarer zu sehen.

Annäherung: Sie sind tendenziell optimistisch, liebevoll und vielleicht sogar sehr beliebt. Bei Alltagsaufgaben sind Sie beherrscht und denken schnell. Sie fühlen sich eher zu sinnlichen Genüssen hingezogen. Sie stehen fest hinter Ihren Überzeugungen, und Ihre leidenschaftliche Natur sorgt dafür, dass Sie von anderen Menschen geschätzt werden. Sie haben eine Körperhaltung, die Selbstvertrauen ausstrahlt. Gelegentlich sind Sie sehr erfolgshungrig. Sie lieben angenehme Erfahrungen und gute Gesellschaft.

Vermeidung: Sie haben in der Regel einen klaren Kopf und sind scharfsinnig. Ihr Intellekt ermöglicht es Ihnen, Dinge logisch zu sehen und Fehler rasch wahrzunehmen. Sie haben eine schnelle Auffassungsgabe, sind gut organisiert und ordentlich und erledigen Ihre Aufgaben zügig. Sie achten auf Details. Eventuell wirkt Ihre Haltung etwas steif. Sie neigen zu wertenden Urteilen und Kritik und wirken möglicherweise mürrisch oder perfektionistisch.

Mitmachen: Sie sind umgänglich und tolerant. Sie denken tiefgründig und philosophisch über die Zukunft (und anderes) nach und können sich vorstellen, was künftig kommen mag. Sie verlieren sich auch schnell einmal in Ihren Gedanken und Fantasien. Bei Ihren Tagträumen kommen Ihnen gelegentlich Zweifel und Sie machen sich dann Sorgen. In Ihre Gedanken versunken, schließen Sie sich gerne dem an, was andere vorschlagen, und sind tendenziell leicht zu überreden. Im schlechtesten Fall sind Sie unorganisiert, ruhelos und zerstreut.

Je mehr Sie verstehen, wie Ihr Geist funktioniert, desto besser können Sie mit ihm arbeiten. Je mehr Sie Ihre eigenen Verhaltenstendenzen ausloten, desto besser werden Sie in der Lage sein, Ihre Stärken zu nutzen und an den Momenten zu wachsen und zu lernen, in denen Ihr Naturell Sie aus dem Konzept bringt.

Sie können sich diese Tendenzen so vorstellen, dass sie Ihnen helfen, die Gewohnheiten zu erkennen, die Sie mit einer größeren Wahrscheinlichkeit annehmen werden. Das Bewusstsein dafür kann sehr hilfreich sein, denn nur wenn Sie dieser grundlegenden Verhaltenstendenzen gewahr werden, können Sie sie verändern, gegebenenfalls loslassen und aber auch die Vorzüge bestimmter Tendenzen nutzen. Eine meiner Patientinnen hat es sehr schön ausgedrückt: Wenn sie in einer Gewohnheitsschleife der Selbstverurteilung feststeckte (»Das war dumm, warum habe ich das getan?«), sagte sie sich einfach: »Oh, das ist nur mein Gehirn«, und das half ihr, die Dinge nicht so persönlich zu nehmen.

Behalten Sie also Ihre Verhaltenstendenz (oder -tendenzen) im Hinterkopf, wenn Sie den Rest dieses Buches lesen, und prüfen Sie, ob Sie Ihre Stärken nutzen können, um Ängste zu bekämpfen und mit der Änderung von Gewohnheiten im Allgemeinen zu beginnen. Vielleicht können Sie auf diese Weise sogar einige lästige Gewohnheiten ablegen. Sind Sie bereit, haben Sie das Gefühl, dass Sie Ihren Geist schon ziemlich gut entschlüsseln und nun den nächsten Schritt wagen können? Dann lassen Sie uns mit Teil 2 fortfahren.

TEIL 2

Update für Ihr Belohnungssystem: In den zweiten Gang schalten

1. *Du musst den Schmerz kommen lassen.*
2. *Du musst ihm erlauben, dich zu lehren.*
3. *Du darfst nicht zulassen, dass er zu lange bleibt.*

IJEOMA UMEBINYUO

KAPITEL 10

Wie das Gehirn Entscheidungen trifft (Warum wir Kuchen lieber mögen als Brokkoli)

Eine der frustrierendsten Gewohnheitsschleifen, mit denen Menschen zu kämpfen haben, ist vielleicht das Aufschieben von anstehenden Tätigkeiten (Prokrastination). Warum halten sich solche Angstgewohnheitsschleifen so lange? Oft ist es die Furcht vor Versagen oder Unzulänglichkeit, die jemanden dazu bringt, etwas immer wieder hinauszuschieben. Eine Person in meinem Angstprogramm formulierte es so:

> *Ich habe insofern sehr mit der »Sorgenschleife« zu kämpfen, als dass sich meine Ängste aus einer Kombination aus Befürchtungen und Selbstkritik nähren. Eine der unangenehmsten Folgen dieses Teufelskreises ist für mich das AUFSCHIEBEN. Auch jetzt gerade schiebe ich wieder etwas vor mir her …*

Eine andere Teilnehmerin beschrieb mir ihre Gewohnheitsschleife wie folgt:

Ich habe den ganzen Morgen damit verbracht, wieder in der Vermeidungsschleife gefangen zu sein. Ich öffne das Projekt am PC und schaue dann aber erst einmal nach, was es in den sozialen Medien Neues für mich gibt. Dadurch verliere ich eine halbe Stunde. Ich kehre zum Projekt zurück, nehme das Smartphone für »nur eine Runde« eines Games in die Hand, und wieder ist eine Stunde vorbei. Die »Belohnung« für das Vermeiden besteht darin, dass ich mich nicht mit dem unangenehmen Gefühl auseinandersetzen muss, im Rückstand zu sein. Durch das Game oder die sozialen Medien kann ich die Realität der vielen Arbeit für eine Weile ausblenden.

Auslösereiz: Arbeit an einem Projekt
Verhalten: Auf dem Smartphone spielen (und damit Arbeitsbeginn hinauszögern)
Resultat: Vermeidung; eine Stunde Arbeitszeit verlieren

Die Ironie an der Sache ist, dass die vorübergehende Vermeidung des »unangenehmen Gefühls, im Rückstand zu sein« sie letztendlich noch weiter zurückwirft. Die Betroffene schrieb weiter:

In den letzten fünfzehn Jahren habe ich mit verschiedenen Werkzeugen und Techniken experimentiert. Ich habe fünf verschiedene Apps und Abo-Dienste, die ich täglich nutze und die mir helfen, meine Zeit zu überwachen und verschiedene Websites und Apps während bestimmter Stunden zu blockieren; ich stelle mein Telefon fast rund um die Uhr auf »Bitte nicht stören« usw. Was ich suche, ist eine Anleitung, wie ich mit der emotionalen Reaktion auf dieses Thema umgehen kann. Denn im Grunde ist es egal, welche Hilfsmittel und Taktiken ich anwende – wenn ich wirklich bummeln will, werde ich es tun. Irgendeine Möglichkeit finde ich immer.

Ich versuche herauszufinden, wie ich mit dem zugrunde liegenden Wunsch – oder genauer gesagt, den zugrunde liegenden Ängsten – umgehen kann. Die Ursache für den Angstzustand. Ich habe jahrelang daran gearbeitet, sowohl allein als auch mit meinem Therapeuten, um sicherzustellen, dass ich wirklich nur das mache, was ich auch selbst möchte. Das Problem ist, dass ich seit Jahrzehnten und bis heute immer noch schreckliche, tiefe Ängste davor habe, nicht gut genug zu sein, abgelehnt zu werden usw. Sie sind nicht gänzlich unbegründet, denn all dies ist mir schon tatsächlich passiert. Und nun ist es so, dass ich, egal wie sehr ich etwas tun möchte, von der Angst überwältigt werde und stattdessen jeweils in meine Vermeidungsschleife falle, um kurzfristig Erleichterung zu finden. Wenn Taktiken und Hilfsmittel die Antwort wären, hätte ich das Problem schon längst gelöst, denn ich habe sie alle ausprobiert … Unzählige Menschen haben mir im Laufe der Jahre Ratschläge gegeben wie »Du musst einfach nur willensstark genug sein!« Ich würde gerne wissen, ob sie jeweils meinten, dass ich diese Idee einfach noch nicht selbst gehabt hatte oder dass ich zwar daran gedacht hatte, aber nicht die nötige Charakterstärke dafür besitze. Beides ist kein schöner Gedanke.

Nicht nur, dass sie nicht in den äußerst exklusiven Club der Willenskraft aufgenommen würde – in dem meine Freundin Emily und Mr Spock aus Star Trek wahrscheinlich zwei von nur einer Handvoll Mitgliedern sind –, sondern in den letzten Jahrzehnten hat ihr auch niemand beigebracht, was der Schlüssel zur Verhaltensänderung ist (der Belohnungswert) und wie er in ihrem Gehirn funktioniert.

Warum favorisiert Ihr Gehirn Kuchen anstatt Brokkoli?

Nein, nicht einfach nur, weil »Kuchen besser schmeckt«. Die wirkliche Antwort gibt uns Aufschluss darüber, warum wir uns auf bestimmte Weise verhalten und wie wir eine ganze Reihe schlechter Angewohnheiten ablegen könnten – vom Stressessen bis hin zur notorischen Aufschieberei.

Beginnen wir damit, warum und wie unser Gehirn Gewohnheiten bildet. Dazu werden wir ein paar Dinge aus Kapitel 3 wiederholen, die in diesem Zusammenhang wichtig sind. Das Warum ist relativ einfach: Gewohnheiten machen unser Gehirn frei, damit es Neues lernen kann. Aber nicht jede Handlung wird zu einer Gewohnheit.

Ihr Gehirn muss sich entscheiden, was es als Gewohnheit speichern und was es nicht mehr tun will. Wie schon erwähnt, erlernen Sie eine Gewohnheit in Abhängigkeit davon, wie belohnend das Verhalten ist. Je lohnender es ist, desto stärker ausgeprägt wird die Gewohnheit.

Weil es so wichtig ist, wiederhole ich es: *Je belohnender ein Verhalten ist, desto stärker ist die Gewohnheit.*

Genau genommen erstellt unser Gehirn eine Hierarchie von Verhaltensweisen, die auf den Belohnungswerten basiert. Das Gehirn wählt jeweils das Verhalten mit der größeren Belohnung aus und wir setzen diese Auswahl in die Tat um. Aus neurobiologischer Sicht hat dies wahrscheinlich mit der Menge des »Glückshormons« Dopamin zu tun, die im Gehirn ausgeschüttet wird, wenn wir etwas zum ersten Mal tun oder erlernen. Das geht auf unser Höhlenmenschengehirn zurück, das darauf ausgerichtet ist, uns so viele Kalorien wie möglich zuzuführen, damit wir überleben können. Zucker und Fett beispielsweise haben viele Kalorien. Wenn wir also Kuchen essen, denkt ein Teil unseres Gehirns: Kalorien – Überleben! Daher ziehen wir Kuchen dem Brokkoli vor. Eine Studie des Max-Planck-Instituts hat kürzlich ergeben, dass das Gehirn beim Essen zwei Dopaminschübe erhält: den ersten, wenn wir das Essen schmecken, und den zweiten, wenn es in unseren Magen gelangt. Je nach Kalorienversprechen merkt sich unser Gehirn, welche Lebensmittel lohnender sind (mehr Kalorien = mehr Belohnung). Es hatte schon seinen Grund, warum unsere Eltern den Nachtisch immer erst nach der Hauptmahlzeit auf den Tisch stellten, denn sonst hätten wir uns als Kinder mit Kuchen vollgestopft und das Gemüse links liegen gelassen.

Aber es sind nicht nur die Kalorien, die zählen. Unser Gehirn lernt und berechnet auch den Belohnungswert von Menschen, Orten und Dingen. Denken Sie nur an all die Kindergeburtstage, zu denen Sie früher eingeladen waren. Ihr Gehirn kombiniert diese Informationen – den Geschmack des Kuchens ebenso wie den Spaß, den Sie mit Ihren Freunden hatten – zu einem einzigen zusammengesetzten Belohnungswert.

Der Belohnungswert ist einem bestimmten Teil des Gehirns, dem Orbitofrontalcortex (OFC), zugeordnet. Der OFC (ein Teil des präfrontalen Cortex) spielt eine wichtige Rolle bei der Entscheidungsfindung. Er ist ein Kreuzungspunkt, an dem emotionale und sensorische Informationen ebenso wie Informationen bezüglich früheren Verhaltens zusammenlaufen. Der OFC sammelt sie alle und verwendet sie dann, um den zusammengesetzten Belohnungswert eines Verhaltens festzulegen, sodass wir ihn in der Zukunft schnell abrufen können.

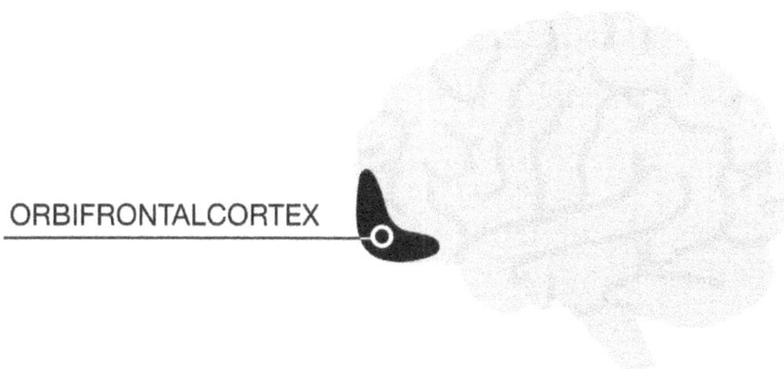

Wenn Sie als Erwachsener ein Stück Kuchen sehen, müssen Sie nicht neu lernen, wie er schmeckt, oder sich an den Spaß erinnern, den Sie beim Essen hatten; stattdessen setzt die Assoziation aus der Kindheit ein. Der Verzehr von Kuchen gibt Ihnen ein gutes Gefühl und löst eine automatische und gewohnheitsmäßige Reaktion aus. Das Erlernen einer Gewohnheit ist eine Art »Einmal einrichten und dann vergessen« – der Belohnungswert wird festgelegt und die Details dazu werden aus dem Gedächtnis gelöscht.

Das ist auch der Grund, warum es so schwer ist, Gewohnheiten abzulegen.

Wenn Sie versuchen wollen, nicht mehr automatisch jedes Stück Kuchen zu essen, das Sie sehen, wird Ihnen wahrscheinlich jemand sagen, dass Sie halt einfach Ihre Willensstärke einsetzen und dann den Kuchen nicht essen sollen. Aber es ist eben leider kein Kinderspiel, sich bewusst umzuorientieren. Diese Vorgehensweise mag manchmal zum Ziel führen, aber auf lange Sicht scheitert sie meistens. Und das liegt daran, dass Ihr Gehirn nicht so funktioniert.

Um ein Verhalten zu ändern, sollte man sich nicht nur auf das Verhalten selbst konzentrieren. Stattdessen gilt es, sich mit *der gefühlten*

Erfahrung der Belohnung dafür zu befassen. Wenn es möglich wäre, eine lästige Gewohnheit ohne Weiteres mit der Kraft der Gedanken loszuwerden, so könnten wir uns einfach sagen, dass wir aufhören sollen zu rauchen, Süßigkeiten zu essen, ängstlich zu sein oder unsere Kinder anzuschreien, und schwupps, schon wäre das Problem gelöst. Leider aber funktioniert das so nicht. Der einzige nachhaltige Weg, sich etwas abzugewöhnen, besteht darin, den Belohnungswert des Verhaltens zu verändern. Wie wir ja bereits wissen, sind Belohnung und Lernen eng verzahnt.

Gewahrsein: Erneuern Sie Ihr Wertesystem für Belohnungen

Wie können wir also Belohnungswerte anpassen und Sorgen, Aufschieberitis und andere schlechte Gewohnheiten überwinden? Ganz einfach, mithilfe von Gewahrsein.

Wir müssen unserem Gehirn neue Informationen geben, damit es merken kann, dass der Wert, den es in der Vergangenheit gelernt hat, überholt ist. Indem Sie auf die Ergebnisse Ihres Verhaltens in der Gegenwart achten, können Sie Ihr Gehirn aus dem Autopiloten der Gewohnheit herausholen und genau sehen und fühlen, wie lohnend oder nicht lohnend eine Gewohnheit für Sie in diesem Moment ist. Diese neuen Informationen korrigieren den Belohnungswert der alten Gewohnheit. Dadurch gelangen lohnenswertere Verhaltensweisen in der Hierarchie der Belohnungswerte nach oben und schließlich in den Automatikmodus. Mehr dazu in Teil 3 der Trilogie der Gewohnheitsschleifen.

Hier ein Beispiel: Ich muss meinen Patienten nicht sagen, dass Rauchen schlecht für sie ist und sie unbedingt damit aufhören sollten. Das wissen sie schon, spätestens, nachdem sie gelesen haben, dass ihr geliebter *Marlboro Man* an einem Lungenemphysem leidet – seit Beginn der Werbekampagne sind vier Darsteller des Marlboro-Manns an einer Lungenerkrankung gestorben. Keiner meiner Patienten ist jemals in mein Büro marschiert und hat mich gefragt, wie ich ihm helfen kann, mehr zu rauchen. Ich setze vielmehr bei der direkten Erfahrung meiner Patienten an und versuche ihnen beizubringen, beim Rauchen aufmerksam zu sein.

Die meisten Menschen haben im Teenageralter mit dem Rauchen angefangen und dementsprechend einen starken Belohnungswert für Zigaretten entwickelt: jung und cool in der Schule sein, gegen die Eltern rebellieren, all das. Ich lasse sie aufpassen, bei welchen Gelegenheiten sie rauchen, damit sie erkennen, ob das Rauchen für sie in bestimmten Situationen lohnend ist. Eine Frau, die auf diese Weise anfing, ihr Verhalten zu beobachten, nahm erstmals richtig wahr, dass Rauchen »wie stinkender Käse riecht und nach Chemikalien schmeckt, igitt«.

Ist Ihnen aufgefallen, worauf sie ihre Aufmerksamkeit gerichtet hat? Sie hat nicht gedacht: »Rauchen ist schlecht für mich.«, sondern stattdessen ihre Neugier und ihr Gewahrsein auf die Erfahrung des Rauchens gerichtet, den Geruch wahrgenommen und die Chemikalien in den Zigaretten geschmeckt. Rauchen schmeckt scheußlich, wenn man bewusst darauf achtet. Beim Thema Angst ist die Sache ziemlich klar: Kein Patient kommt in meine Praxis, um mir zu sagen, dass er nicht genug Angst hat, oder bittet mich um eine Pille, die die Angst noch verstärkt. Ängste sind schlicht und einfach Mist.

Diese Art des Gewahrseins ist entscheidend, um den Belohnungswert in Ihrem Gehirn umzustellen, was Ihnen wiederum hilft, die Gewohnheit abzulegen.

Das ist die Kernfunktion des zweiten Gangs.

Vielleicht kommt Ihnen Folgendes irgendwie bekannt vor:

Sie kommen von einem langen Tag in der Schule oder bei der Arbeit nach Hause. Vielleicht war es ein besonders harter Tag, Sie fühlen sich gestresst oder sind einfach nur müde. Es ist noch nicht ganz Abendessenszeit, und Sie gehen erst mal in die Küche, um einen Snack zu essen. Sie schnappen sich eine Tüte Kartoffelchips oder einen Schokoriegel und fangen an, gedankenlos zu essen, während Sie fernsehen, Ihre E-Mails lesen oder telefonieren.

Ehe Sie sich versehen, ist die Tüte Chips mindestens halb leer und Sie verspüren ein unangenehmes Völlegefühl im Magen.

Das Ganze lässt sich in etwa so zusammenfassen:

Auslösereiz: Tageszeit, Stress, Hunger, etc.
Verhalten: Unbedacht einen Snack essen
Resultat: Hm, wie haben diese Chips eigentlich geschmeckt? Ich habe das gar nicht richtig wahrgenommen.

Genau deshalb ist es so schwierig, sich von alten, lästigen Gewohnheiten zu lösen. Erinnern Sie sich an das »Einmal einrichten und dann vergessen« von vorhin? Ihr Gehirn hat alle Abende, an denen Sie entspannt Chips gegessen und dabei ferngesehen haben, in einen Topf geworfen und zu einem einzigen Belohnungswert von Chips + Fernsehen = Entspannung zusammengefasst. Ihr zombiehaftes Verhalten des gedankenlosen Essens wird in dem Moment ausgelöst, in dem Sie die Wohnungstür öffnen. Der Belohnungswert für den Stressabbau wird erst dann aktualisiert, wenn Sie in diesem Moment anfangen, aufmerksam zu sein. Ansonsten werden Sie dieses Verhalten ständig wiederholen und sich fragen, warum Sie nicht damit aufhören können.

Wie wir gesehen haben, gründet das belohnungsbasierte Lernen auf Belohnungen, daher der Name. Das Verhalten führt zu einem Ergebnis, und dieses Ergebnis steuert das zukünftige Verhalten. Wenn das Verhalten belohnend ist, tun Sie es wieder; wenn nicht, hören Sie damit auf. Buddhisten bezeichnen dies als das Prinzip von Ursache und Wirkung; Tierverhaltensforscher nennen es positive und negative Verstärkung oder Konditionierung.

Egal, wie Sie es nennen, wenn Sie es ändern wollen, müssen Sie die Nase Ihres kleinen orbitofrontalen Cortex in seine eigene Mistkugel tunken, damit er deutlich riecht, dass sie stinkt. Auf diese Weise lernt Ihr Gehirn. Das Verhalten bleibt gleich, wenn der einmal eingerichtete Belohnungswert für das Verhalten gleich bleibt. Und der Belohnungswert wiederum lässt sich nur verändern, wenn Sie Ihr Gewahrsein schärfen und den tatsächlichen Wert erkennen. Das ist NICHT mehr der Belohnungswert, der festgelegt wurde, als Sie fünf oder dreizehn Jahre alt waren und eine ganze Tüte Chips auf einmal verdrücken und dann direkt schwimmen gehen konnten, ohne Bauchkrämpfe zu bekommen. Sie sind jetzt erwachsen und dementsprechend sollten Sie Ihren Belohnungswert anpassen.

Es passiert etwas Magisches, wenn Sie Ihrem Gehirn Ihre Gewohnheit unter die sprichwörtliche Nase reiben: Sie fangen an, sich von dem Verhalten zu verabschieden. Ich möchte nicht, dass Sie das überlesen, also wiederhole ich es in leicht veränderter Form und hebe es für Sie kursiv hervor. *Wenn Sie wirklich aufmerksam sind – ohne irgendwelche Mutmaßungen anzustellen oder sich auf frühere Erfahrungen zu verlassen – und erkennen, dass ein Verhalten im Augenblick nicht lohnend ist, verspreche ich Ihnen, dass Ihnen die Lust darauf allmählich vergehen wird.*

Das liegt daran, dass Ihr Gehirn die Belohnungswerte auf der Grundlage der jeweils neuesten Informationen aktualisiert, die es von Ihnen erhält. Ändert sich der Wert, ordnet Ihr OFC die Belohnungshierarchie neu und verschiebt das weniger lohnende Verhalten auf der Liste »Muss-Verhalten nach Auslösereiz« nach unten. Durch Ihr achtsames Beobachten bemerken Sie, dass Ihnen vielleicht ein Verhalten nicht mehr so einen Gewinn bringt wie früher und werden von da an mehr und mehr davon Abstand nehmen.

Glauben Sie noch an den Weihnachtsmann?

Genau wie ein Kind, das am Bart eines Weihnachtsmanns zupft und erkennt, dass er nur ein Typ in einem roten Anzug mit einem falschen Bart ist, können Sie nicht mehr zurück und so tun, als hätten Sie die Veränderung nicht bemerkt, wenn Sie die Ergebnisse Ihres Verhaltens sorgfältig beobachten und der Belohnungswert in Ihrem OFC aktualisiert wird. Sobald Sie die Wahrheit erkannt haben, werden Sie nicht mehr an den Weihnachtsmann glauben.

Wenn man sich erst einmal darüber im Klaren ist, dass Verschleppungstaktiken das Projekt noch mehr in Verzug bringen oder das Verschlingen einer Tüte der Lieblingschips den Magen aufbläht und somit zu einem schlechten Gefühl führt, kann man diese neue Erkenntnis nicht mehr ignorieren.

Immer wenn Sie Ihren Handlungen Aufmerksamkeit schenken, werden Sie sich bewusster, was Sie eigentlich davon haben. Wenn

Sie merken, dass Sie sich nach dem Verzehr von zu vielen Kartoffelchips richtig mies fühlen, werden Sie künftig weniger davon essen. Nicht, weil Sie sich dazu zwingen müssen, sondern einfach, weil Sie sich daran erinnern, was das letzte Mal passiert ist, und das Mal davor, und das Mal davor, und das Mal davor ... Selbiges gilt natürlich auch für Sorgen, extremes Aufschieben oder andere Angstgewohnheitsschleifen.

Dies ist ein ziemlich raffinierter Schachzug des belohnungsbasierten Lernsystems Ihres Gehirns. Und es hat nichts mit Willenskraft zu tun. Sie wissen jetzt, wie Ihr Gehirn funktioniert, sodass Sie mit ihm arbeiten können, anstatt dass es mit Ihnen arbeitet.

Der zweite Gang definiert: Die Abkehr von alten Verhaltensweisen

Im zweiten Gang achten Sie auf die Ergebnisse Ihrer Handlungen.

Das ist Lernen durch Belohnung oder die gute alte Ursache und Wirkung.

Wenn Sie Ihre Gewohnheitsschleifen identifiziert und aufgezeichnet haben (erster Gang) und bereit sind, das Fahren im zweiten Gang zu üben, stellen Sie sich eine einfache Frage: Was habe ich von dem Verhalten?

Um diese Frage zu beantworten, müssen Sie genau auf die körperlichen Empfindungen, die Emotionen und Gedanken achten, die durch das Verhalten ausgelöst werden.

ACHTUNG: Dies ist kein Gedankentraining. Tappen Sie nicht in die Falle zu verstehen, wie die Belohnungsbewertung im Gehirn funktioniert, und dann zu versuchen, die schlechten Gewohnheiten durch Gedankenkraft abzulegen und durch bessere zu ersetzen. Wenn Sie jemals versucht haben, Ihre Naschgewohnheiten zu ändern, wissen Sie, was ich meine.

Auslösereiz: Tageszeit, Sorgen, Stress, Hunger, etc.

Verhalten: Sie sagen sich, dass Sie nichts zwischendurch essen sollten. Fünf Minuten später werden Sie abgelenkt oder Ihre

Willensstärke bricht zusammen und Sie essen den Snack trotzdem, gedankenlos

Resultat: Sie fühlen sich schlecht und sagen sich, dass Sie das nicht hätten tun sollen

Das Denken ist für Entscheidungsfindungen und Planungen natürlich hilfreich, aber wir geben dem denkenden Teil unseres Gehirns trotzdem oft zu viel Bedeutung. Im Grunde genommen ist dies nämlich der schwächste Teil des Gehirns. Überlassen Sie ihm deshalb nicht die schwere Arbeit, sondern vielmehr das spielerische, kreative Denken. Wenn es darum geht, Verhalten zu ändern, greifen Sie besser auf die gewichtigeren Gehirnregionen zurück (das OFC und andere belohnungsbasierte Lernbereiche Ihres Gehirns). Wie bringen Sie diese Muskelprotze dazu, Ihre Wünsche zu erfüllen? Sie engagieren einen Trainer. Der Trainer vermittelt den Schwergewichten, dass das Heben von Lasten ihnen hilft, noch stärker zu werden. Der beste Trainer für diese Aufgabe ist Ihr Gewahrsein.

Wenn Ihr Verstand also anfängt, dies in eine reine Denkübung zu verwandeln, indem Sie versuchen, sich durch die Kraft Ihrer Gedanken von Sorgen, übermäßigem Essen oder einer anderen schlechten Angewohnheit zu befreien, machen Sie sich das bewusst und stellen Sie es vielleicht wie im Beispiel oben als Gewohnheitsschleife dar. Fragen Sie sich: »Was habe ich davon?«

Lassen Sie bei dieser Frage Ihren denkenden Verstand beiseite und versetzen Sie Ihr Gewahrsein in den Beobachtungsmodus. Nehmen Sie wahr, was in Ihrem Körper geschieht. An diesem Punkt ist es für das Gewahrsein ziemlich einfach, Ihr Gehirn zu trainieren. Es merkt schnell, dass es wenig hilfreich für Sie ist, eine ganze Tüte Kartoffelchips zu essen, wenn Sie sich auf einen Marathonlauf vorbereiten oder Ihren Blutdruck senken wollen. Und wenn Sie die Arbeit immer weiter hinauszögern, werden Sie das Projekt nicht fertig bekommen – ganz im Gegenteil, vor allem, wenn dadurch der Zeitdruck des Abgabetermins noch größer wird. Gewahrsein. Unter diesem Baum liegen die Geschenke der Abkehr von alten Verhaltensweisen, die darauf warten, von Ihnen geöffnet zu werden.

Sind Sie bereit, sich neu zu erfinden? Dann nichts wie los.

Da Sie nun wissen, wie Sie Ihr Gehirn trainieren können, probieren Sie es aus und sehen Sie, ob Sie den Dreh raushaben und den zweiten Gang einlegen können: Analysieren Sie eine Gewohnheitsschleife wie Angst oder anderes und schalten Sie dann in den zweiten Gang, indem Sie sich auf die Ergebnisse des Verhaltens konzentrieren. Bringen Sie Ihr Gewahrsein in Ihre Erfahrung und konzentrieren Sie sich auf die Frage: Was habe ich davon? Wie fühlt sich das Resultat dieses Verhaltens an, wenn Sie sich es sich konkret vor Augen führen?

KAPITEL 11

Daves Geschichte, Teil 2

BEI SEINEM ERSTEN KLINIKBESUCH hatte ich Dave die Anweisung gegeben, seine Gewohnheitsschleifen rund um die Angst aufzuzeichnen. Unsere Achtsamkeits-App »Unwinding Anxiety« sollte ihm dabei helfen. Die Hausaufgabe für Dave bestand insbesondere auch darin, sich auf die Ursache-Wirkungs-Beziehung zwischen Verhalten und Belohnung zu konzentrieren. Er musste selbst erkennen, wie wenig lohnend seine gewohnten Verhaltensweisen tatsächlich waren. Nur so würde er in der Lage sein, deutliche Fortschritte zu machen. Mithilfe der App und meiner Anleitungen würde er lernen, im ersten und zweiten Gang zu fahren.

Das Lernen durch Belohnung ist nachweislich der wirksamste Lernmechanismus, den die Wissenschaft kennt. Warum ist es also nicht einfacher, diese Kraft zu nutzen, um alte Gewohnheiten auf dieselbe Weise zu verlernen, wie man sie erlernt? Man konzentriert sich darauf, wie lohnend ein Verhalten ist, und wenn es lohnend ist, wiederholt man es, oder? Und wenn es sich nicht mehr lohnt, lässt man es eben sein. In der Theorie klingt das einfach und ist es eigentlich auch. Allerdings tappt man dabei leicht in die Denkfalle, die ich im letzten Kapitel erwähnt habe: Man kann durchaus wissen, dass etwas schlecht für einen ist, ohne das Verhalten durch Denken allein ändern zu können. Es ist nicht stark genug. Erst die Änderung eines Belohnungswerts holt die Muskelpakete an Bord, die die Schwerarbeit für Sie erledigen. Der Belohnungswert ändert sich aber nicht, ohne dass sein Trainer, das Gewahrsein, ihm hilft, klar zu erkennen, welche Gewohnheit es nicht verdient, angenommen zu werden, und welche schon. Alte Gewohnheiten können sich mit dem richtigen Gehirntraining zwar ziemlich schnell ändern, aber immer gerade sofort funktioniert es dann doch nicht – dazu später mehr.

Ein paar Wochen später nach seinem ersten Besuch kam Dave wieder zu einem Termin in die Klinik, sichtlich verändert. Bevor er sich überhaupt hingesetzt hatte, fing er schon ganz aufgeregt an zu erzählen, was der Prozess bei ihm bewirkt hatte.

»Ich habe meine Angstgewohnheitsschleifen aufgezeichnet«, sagte er, »und ich fühle mich viel besser, seitdem ich weiß, wie die Angst sich selbst antreibt. Die App hilft mir zu lernen, mit meiner Angst umzugehen.«

Oh, gut, dachte ich. Er fährt voller Zuversicht im ersten Gang.

Dann lächelte er und sagte: »Oh, und nebenbei habe ich übrigens sieben Kilo abgenommen.«

»Wie bitte?«, staunte ich.

»Ich habe schnell ziemlich deutlich gesehen, dass das Trost-Essen die Angst gar nicht lindert. Im Gegenteil, es ging mir dadurch sogar noch mieser, weil ich mich wegen meines Gewichts schlecht fühlte«, so Dave. »Als ich das einmal eingesehen hatte, war es ziemlich einfach, die alten Essgewohnheiten aufzugeben.«

Dies war ein großartiges Beispiel für die Anwendung der wissenschaftlichen Theorie in der Praxis. Dave lernte, sein Gewahrsein einzusetzen, um nicht nur seine alten Gewohnheitsschleifen zu analysieren, sondern – was noch wichtiger war – aus eigener Erfahrung zu sehen und zu spüren, wie wenig lohnend seine Gewohnheit war, zur Bewältigung von Angst zu essen. Sein OFC hatte ihm kommuniziert,

Essen habe einen hohen Belohnungswert hinsichtlich der Angst, aber als er sich die »Belohnung« genau ansah, konnte er deutlich erkennen, dass sie überhaupt keinen Nutzen hatte. Mit diesem neuen Gewahrsein erhielt sein OFC nicht nur aktualisierte Informationen, sondern reagierte auch entsprechend. Dave hatte auf den zweiten Gang hochgeschaltet! Das Gewahrsein lenkte ihn und seinen OFC in die richtige Richtung.

In den nächsten Monaten sah ich Dave alle paar Wochen, um seine Fortschritte mit ihm zu besprechen und ihm Tipps für Bereiche zu geben, auf die er sich für die Angstbekämpfung konzentrieren sollte. Zum Zeitpunkt, an dem ich dies schreibe, etwa sechs Monate nach Beginn von Daves Therapie, hat Dave knapp fünfzig Kilo abgenommen, seine Leber ist keine Pastete mehr, seine Schlafapnoe hat sich in Luft aufgelöst und sein Blutdruck hat sich normalisiert.

UND ES KOMMT noch besser.

Kürzlich verließ ich die School of Public Health der Brown University, wo ich gerade eine Vorlesung über Gewohnheitsänderung gehalten hatte, meine Lieblingsvorlesung. Das Gebäude befindet sich in der South Main Street in Providence, Rhode Island. Ich ging den Bürgersteig entlang, als plötzlich ein Auto langsamer wurde und neben mir anhielt. Der Fahrer ließ das Seitenfenster herunter.

»Hey, Dr. Brewer!«, rief Dave mit einem breiten Grinsen.

Wahrscheinlich machte ich ein ziemlich verdutztes Gesicht. Dave am Lenkrad eines Autos, auf einer Hauptstraße? Der hasst doch Schnellstraßen!

»Ich arbeite jetzt als Fahrer für Uber«, sagte er. »Bin auf dem Weg zum Flughafen.« Und fuhr fröhlich davon.

Allein schon dadurch, dass er sich durchschaute und seine Gewohnheitsschleifen systematisch beobachtete (erster Gang), hatte Dave es geschafft, eine erstaunliche Veränderung für sich selbst herbeizuführen. Er hatte die belohnungsbasierten Lernprozesse überlistet und nutzte diesen Kniff, um buchstäblich das Lenkrad in die Hand zu nehmen (zweiter Gang).

Daves Geschichte ist außergewöhnlich. Aber der zweite Gang lässt sich nicht immer so einfach einlegen. Oft ist es geradezu schmerzhaft, den Ergebnissen unserer alten Gewohnheiten so viel Aufmerksamkeit zu schenken. Es kann passieren, dass wir vom Prozess der Abkehr von alten Verhaltensweisen (zweiter Gang) enttäuscht sind, und vom zweiten Gang in den Rückwärtsgang schalten. Und warum?

Unser Gehirn hat sich so entwickelt, dass es versucht, uns Schmerzen so weit wie möglich zu ersparen. Das ist aus einer Überlebensperspektive sinnvoll. Wenn Sie eine heiße Herdplatte berühren, spüren Sie die Hitze und ziehen reflexartig die Hand weg, was wiederum verhindert, dass Sie sich verbrennen.

Die Welt ist voll von Wundermitteln, die Ihnen verkauft werden, damit Sie Schmerzen vermeiden und sich gut fühlen. Kleidung, Autos, Pillen, Erlebnisse – alles wird mit hübschen kleinen Schleifen verpackt und verschnürt, auf denen steht: »Das wird Ihre Schmerzen lindern« oder »Das wird Ihnen helfen, Ihre Sorgen zu vergessen«. Aber wenn Sie immer in Ihrer Komfortzone bleiben, werden Sie niemals wachsen. Das Leben wird Sie mit allem Möglichen konfrontieren. Entweder Sie lassen sich dazu hinreißen, Gewohnheiten des Genusses, der Ablenkung und der Betäubung zu entwickeln, oder Sie können lernen, mit den Herausforderungen umzugehen und sich sogar darauf einzulassen, um zu wachsen – mehr dazu im nächsten Kapitel.

Auch kann sich der zweite Gang wie eine Ewigkeit anfühlen. Sie sehen die alte Gewohnheit klar und erkennen schnell, dass Sie nichts davon haben. Dann fragen Sie sich, warum sich nichts ändert, wo Sie doch alles so klar durchschauen. Ich erlebe das immer wieder in meiner Klinik und bei meinen Programmen zur Änderung von Gewohnheiten, insbesondere bei Menschen, die Probleme mit Ängsten und Sorgen haben. Solche Gewohnheitsschleifen sind eindeutig nicht lohnend. Sie analysieren ihre Gewohnheitsschleife und berichten mir, dass die Sorgen ihnen nichts bringen, außer noch mehr Angst. Sie haben also erkannt, dass das, was sie tun, nicht lohnend ist, und wundern sich dann aber, warum diese Erkenntnis nicht unmittelbar dazu führt, dass sie aufhören, sich zu sorgen. Ich frage sie dann, wie lange sie schon in der Gewohnheitsschleife der Sorgen oder des Stressessens oder was auch immer leben. Vielfach antworten sie: »So lange ich denken kann, mein ganzes Leben lang.« Dann frage ich, wie lange sie schon an dem Programm teilnehmen. Die übliche Antwort lautet »zwei Wochen« oder »drei Wochen«, und wenn sie sich das sagen hören, reicht das in der Regel schon aus, um ihnen zu mehr Geduld zu verhelfen.

In unserer modernen Welt der sofortigen Wunscherfüllungen passiert es schnell, dass man in eine Gewohnheitsschleife der Ungeduld gerät:

Auslösereiz: Lösung suchen (für Angst, Gewohnheit, Problem)
Verhalten: Wollen, dass das Problem sofort verschwindet
Resultat: Frustration darüber, dass es nicht so schnell geht

Nur einfach durch eine Bestandsaufnahme der Gewohnheitsschleifen und das Erkennen ihres fehlenden Wertes lassen sich jahrelange Verwurzelungen nicht auf magische Weise lösen. Hier ist Geduld gefragt. Einige Gewohnheiten lassen sich schneller abstellen als andere. Bei Dave dauerte es drei Monate, bis er anfing, ernsthafte Fortschritte bei der Behebung seiner Angstzustände zu machen. Bei einer sehr tief verwurzelten Gewohnheit muss das Gehirn jedoch erst immer wieder merken, dass sie nicht belohnt wird, bevor es sie aufgibt. Mit anderen Worten: Der neu angelegte neuronale Pfad, der bei dem alten Verhalten »nicht lohnenswert« signalisiert, muss sich über einen längeren Zeitraum hinweg eingraben, damit das neue Verhalten automatisch ablaufen kann.

Das ist wie bei jedem wissenschaftlichen Experiment. Ein einzelner Datenpunkt, der sich von tausend anderen, untereinander sehr ähnlichen Datenpunkten unterscheidet, ist eine Anomalie, bis Sie noch viel mehr Daten gesammelt haben und merken, dass der scheinbare Ausreißer in Wirklichkeit gar keiner ist. Das Gewahrsein hilft Ihnen, aktuelle und genaue Informationen zu erhalten, sodass Sie neu festgestellten Daten vertrauen können, anstatt sie als fehlerhaft abzutun. Sie erkennen wahrscheinlich die Ironie an dieser Stelle – alte, gewohnte Verhaltensweisen beruhen auf veralteten Daten, doch weil sie alt sind, sind sie uns vertraut, und weil sie uns vertraut sind, vertrauen wir ihnen. Veränderungen können Angst machen. Stellen Sie sich am besten vor, dass der Wert einer Belohnung ein Verfallsdatum hat, das irgendwann abläuft. Es ist wichtig, alte Gewohnheiten immer mal wieder auf den Prüfstand zu stellen, um zu sehen, ob sie noch einen Nutzen haben. Darum geht es beim Einlegen des zweiten Ganges.

Wie Dave steigen Menschen aus Gewohnheitsschleifen aus, wenn sie enttäuscht davon sind, aber dazu müssen sie sich des Ablaufs (erster Gang) und des aktuellen Belohnungswerts des Verhaltens (zweiter Gang) bewusst sein. Je öfter sie ihrer Ernüchterung gewahr werden, desto mehr gräbt sich der Desillusionierungspfad im Gehirn ein. Wiederholung funktioniert, wenn Sie Gewichte stemmen und Ihren Bizeps aufbauen, und sie funktioniert auch bei der Stärkung der geistigen Muskeln. Wer mit dem Training für einen Marathonlauf beginnt, wird nicht gleich am ersten Tag dreißig Kilometer laufen, und dementsprechend muss auch geistiges Training überlegt dosiert werden. Der beste Weg, Ihr Gehirn für eine Verhaltensänderung zu trainieren, besteht darin, Ihr Leben zu Ihrem mentalen Fitnessstudio zu machen. Wenden Sie die Schritte, die Sie in diesem Buch lernen, etappenweise an, um alte Gewohnheiten allmählich zu verlernen und neue – im Kontext Ihres persönlichen Lebensumfeldes – zu erlernen. Vergessen Sie nicht: Bei Lernen durch Belohnung geht es darum, ein kontextabhängiges Gedächtnis zu schaffen.

Kurz, aber häufig

Wenn Sie Ihren Alltag zu Ihrem mentalen Fitnessstudio machen, hat das auch den Vorteil, dass Sie sich von der beliebten Ausrede »Ich habe keine Zeit zum Trainieren« verabschieden können. Sie müssen sich mit einer Gewohnheit ohnehin auseinandersetzen, sobald sie sich bemerkbar macht. Nehmen Sie sich jeweils ein paar Sekunden Zeit, um sich die Ergebnisse Ihres gewohnheitsmäßigen Verhaltens bewusst zu machen. Je häufiger im Laufe des Tages dies geschieht, desto mehr Gelegenheiten erhalten Sie, Ihr geistiges Gewichtheben durchzuführen, sodass Sie mit jeder Wiederholung des Gewahrseins stärker werden und alte Gewohnheiten ablegen können. Lieber kurz, aber oft. Wenn Sie Ihrer alten Gewohnheiten immer wieder für kurze Momente gewahr werden, werden Sie sie schnell und effizient verlernen und sich den neuen zuwenden können. Deshalb ließ Mr Miyagi seinen Schüler Daniel-san bis zur Erschöpfung wachsen und lackieren. Er musste sicher sein, dass Karate Kid die Bahnen in seinem Bewegungsgedächtnis ausreichend vertieft hatte, denn erst dann war er kampfbereit.

Wenn Sie des Fahrens im zweiten Gang überdrüssig sind, kann Daves Geschichte Sie vielleicht inspirieren und Ihnen helfen zu erkennen, dass die Übungen zwar nicht immer leicht umzusetzen, aber im Grunde doch ganz einfach sind.

Machen Sie weiter mit den Gewohnheitsschleifen-Übungen. Analysieren Sie eine Gewohnheitsschleife (erster Gang), fragen Sie sich: »Was habe ich davon?« und achten Sie auf die Körperempfindungen, Gedanken und Emotionen, die durch das Verhalten ausgelöst werden (zweiter Gang). Und das wiederholen Sie so oft wie nötig.

KAPITEL 12

Aus der Vergangenheit lernen und wachsen

WIE GEHT ES MIT dem Ablegen von Gewohnheiten voran? Sind Sie in der Lage, ein bisschen öfter im zweiten Gang zu fahren und sich ehrlich zu fragen: »Was habe ich davon?« und die Ergebnisse früherer Verhaltensweisen klarer zu sehen? Bekommt Ihr OFC neue, aktualisierte Informationen, um die Belohnungswerte in Ihrem Gehirn zurückzusetzen?

Lesen Sie in den folgenden Beispielen, wie es anderen Menschen ergangen ist, damit Sie sehen können, ob Sie auf dem richtigen Weg sind. Ich beginne mit einigen Aussagen von Teilnehmern und Teilnehmerinnen unserer Programme Eat Right Now und Unwinding Anxiety. In den Community-Journalen haben sie sich geäußert, wie sie im ersten und zweiten Gang vorangekommen sind.

Eine Teilnehmerin schrieb:

Ich wollte etwas Honig in meinen Tee geben und steckte mir dann darüber hinaus einen ganzen Teelöffel davon in den Mund. »Ich bin einfach so müde«, dachte ich, als ich das tat – aber sobald ich den Honig im Mund hatte, dachte ich: »Mist, das wird mir überhaupt nicht helfen. Es hat nicht einmal sonderlich gut geschmeckt.« Also war ich eigentlich dankbar, dass das passiert ist. Es war ein gutes Gefühl zu merken, dass der Zucker überhaupt nichts zu meinem Wohlbefinden beiträgt.

Auslösereiz: Zucker
Verhalten: Motorische Neuronen sorgen dafür, dass der Zucker in den Mund geführt wird
Resultat: Schmeckt nicht gut und Teilnehmerin fühlt sich nicht besser

Wie schätzen Sie den Moment ein, in dem die Teilnehmerin die Erkenntnis hat, dass ihr der Zucker gar nicht helfen wird? Zweiter Gang? Oder doch nicht? Erinnern Sie sich an den Rat, den ich Ihnen in Kapitel 10 gegeben habe – vermeiden Sie es, sich in Gedanken zu verstricken. Wenn die Teilnehmerin bei ihrem Gedanken stecken geblieben wäre, hätte sie vielleicht nur versucht, sich zu sagen, dass sie keinen Zucker mehr essen soll, was aber wie schon so oft in ihrer Vergangenheit nicht funktioniert hätte.

Doch zum Glück war sie auf ihrer Entwicklungsreise schon etwas weiter und schaltete in den zweiten Gang. Sie sah Ursache und Wirkung sehr deutlich: Der Zucker schmeckte nicht und gab ihr auch kein besseres Gefühl.

Aber das ist noch nicht alles. Sie schrieb auch, dass sie für das, was passiert ist, dankbar ist. Das ist ein superstarkes Zeichen für Lernen, das sich gut anfühlt. Wir sind dankbar, dass wir etwas Nützliches gelernt haben, denn mit diesem Wissen ist die Wahrscheinlichkeit geringer, dass wir ein schlechtes Verhalten in Zukunft wiederholen. Lernfortschritte sind an sich schon lohnend.

Ein weiterer Teilnehmer äußerte sich wie folgt:

Ich wachte mit Sorgen hinsichtlich dessen auf, was sich in der Nacht zuvor ereignet hatte, aber anstatt mich in die Unruhe hineinzu-

geben, wurde ich neugierig, wie sie sich anfühlte. Das allein schien sie ein wenig zu lindern.

Auslösereiz: Sorgen wegen Nacht zuvor
(Neues) Verhalten: Neugierig werden auf Körperempfindungen
Resultat: Beruhigung

Ich habe vor »Verhalten« das Wort »neu« eingefügt, denn einerseits war es ein neues Verhalten für den Teilnehmer, das seine Angst verringerte, und andererseits weist es auf die Fähigkeit hin, mithilfe von Neugierde aus einer Gewohnheitsschleife auszusteigen – da kommt schon ein wenig der dritte Gang ins Spiel, den wir in Teil 3 genauer behandeln werden. Nun zurück zu dem Beispiel. Der Teilnehmer fuhr fort:

Nun stellte ich mir die beiden entscheidenden Fragen:

»Was hatte ich davon, mich wegen meiner Körperempfindungen zu sorgen?«

[Antwort] Nichts, außer noch mehr Angst.

»Was hatte ich davon, neugierig auf meine Sorgen und auf meine Körperempfindungen zu sein?«

Ein geringeres Maß an Sorgen, das es mir ermöglichte, beruhigt einzuschlafen.

Dies ist ein großartiges Beispiel für eine Wendung im zweiten Gang. Beachten Sie die aktive Selbstreflexion des Teilnehmers darüber, was er davon hat, wenn er sich der Angst und den Sorgen hingibt. Und wie er sich nicht mehr darauf einlässt und sich nicht in den Sog ziehen lässt. Stattdessen führt er sich einfach die Schleife und das, was sie ihm gebracht hat, vor Augen. Das reichte ihm aus, um in den dritten Gang zu schalten, in dem er die Neugier als ein anderes Verhalten einführte.

Ich nenne das den *rückblickenden zweiten Gang*. Wer retrospektiv im zweiten Gang fährt kann die Frage »Was habe ich davon?« stellen, nachdem etwas passiert ist. Das ist wichtig. Ich hebe dies hervor, weil es zeigt, dass der zweite Gang auch im Nachhinein noch funktioniert. Sie können aus einer Situation lernen, während sie passiert, oder hinterher, beim Blick in den Rückspiegel, um im Bild zu bleiben. Unser unruhiger Schläfer war in der Lage, über seine früheren Erfahrungen mit dem Hinuntersteigen in den Kaninchenbau der Angst nachzudenken. Als ihm klar wurde, wie sehr das seinen Schlaf beeinträchtigte, half ihm das, ein erneutes Hinabsteigen zu vermeiden. Manchmal ist das nachträgliche Nachdenken sogar ein besserer Zeitpunkt, um zu lernen, weil die Emotionen dann schon ein wenig abgeebbt sind. Lassen Sie den Staub sich legen, begutachten Sie den Schaden, machen Sie sich Notizen und lernen Sie dann. Und das können Sie immer wieder tun, so oft Sie wollen, solange die »Saftigkeit« der gefühlten Erfahrung Ihnen noch zugänglich ist.

Mit Saftigkeit meine ich, dass Sie sich daran erinnern können, wie lohnend oder auch nicht die Gefühle, Gedanken und körperlichen Empfindungen waren, die aus dem Verhalten resultierten. Es geht dabei nicht darum, intellektuell etwas herauszufinden oder mit dem Finger auf sich zu zeigen. Es geht nicht um ein »Hätte ich doch besser …« Der rückblickende zweite Gang besteht darin, sich an die Fakten zu erinnern: einfach zur Kenntnis zu nehmen, was passiert ist und wie lohnend es war, ohne es weiter zu bewerten und zu kommentieren. Eine solche gedankliche Kommentierung steht Ihnen nur im Weg und lenkt Sie davon ab, sich genau an das Szenario zu erinnern. Dann fällt es Ihnen schwerer, sich auf die konkrete Erfahrung einzulassen, die sich aus dieser Erinnerung ergibt. Diese gegenständliche Erfahrung ist der Saft, der Ihnen signalisiert, als wie lohnend Ihr Gehirn die Erfahrung eingeschätzt hat. Wenn Sie sich noch daran erinnern, können Sie weiter daraus lernen.

Hier ist ein Beispiel, damit Sie verstehen, wie der rückwirkende zweite Gang funktioniert. Ich habe es in meiner Praxis immer wieder mit Zwangsessern zu tun. Wenn sie zu mir kommen, sind sie wegen ihrer Essanfälle am Boden zerstört und machen sich Selbstvorwürfe: Ich *hätte* dies tun sollen, ich *hätte* das nicht tun sollen. Sie brechen förmlich zusammen unter der Last ihrer Schuldgefühle.

Um diese wenig hilfreiche Besessenheit von dem, was hätte sein können, zu durchbrechen, bitte ich meine Patienten, sich an ihre letzte Essattacke zurückzuerinnern. Das ist die Essenz des rückwirkenden zweiten Gangs: zurückblicken und die Ergebnisse früherer Gewohnheitsschleifen in Worte fassen. Ich bitte sie, dies zu tun, ohne sich selbst zu beurteilen, das heißt einfach zu erzählen, was zuerst passiert ist (Verhalten) und was danach (Ergebnis).

Nachdem sie ihr »Gelage« geschildert haben – vielleicht auch, wie sie dabei außer Kontrolle oder mit dem Autopilot unterwegs waren –, beschreiben sie oftmals, wie sie am nächsten Morgen aufgewacht sind und sich aufgebläht, verkatert oder körperlich erschöpft fühlten. Und das ist es dann, worauf wir uns konzentrieren: das Ergebnis des übermäßigen Essens, der Morgen danach: Wie hat sich Ihr Körper angefühlt? Furchtbar. Wie war Ihr emotionaler Zustand? Schrecklich. Wie war ihr mentaler Zustand? Katastrophal. Dann frage ich: »Wenn Sie jetzt zurückblicken, was haben Sie gelernt?«

Hier ein Beispiel:

Auslösereiz: Streit mit einem Familienmitglied
Verhalten: Essanfall
Resultat: Sich körperlich, emotional und geistig schrecklich fühlen, ohne Verbesserung der Beziehung zu der anderen Person

Nachdem diese kleine Übung im ersten und rückblickenden zweiten Gang vorbei ist kommt es oft zu einer Erkenntnis:

»Der Essanfall hatte also auch sein Gutes, weil ich etwas daraus lernen kann.«

Im Prinzip ist das die Kurzbeschreibung des rückblickenden zweiten Gangs. Solange die Schleife noch frisch genug im Gedächtnis ist, kann sie eine Abkehr von alten Verhaltensweisen herbeiführen.

Es gibt einen Trick, um den rückblickenden zweiten Gang effektiv zu nutzen und den ganzen Saft aus den vergangenen Erfahrungen zu pressen und damit den Lernerfolg zu maximieren. In Kapitel 6 habe ich bereits kurz Carol Dweck erwähnt, die Stanford-Professorin, die die Begriffe »Statisches Selbstbild« und »Dynamisches Selbstbild« (*Fixed Mindset* und *Growth Mindset*) geprägt hat. Eine typische Aussage für jemanden mit einem statischen Selbstbild wäre zum Beispiel »Ich kann das nicht«, während jemand mit einem dynamischen Selbstbild sagen würde »Ich kann das noch nicht«. Ersterer geht davon aus, dass seine grundlegende Intelligenz und seine Fähigkeiten unveränderlich sind. Letzterer hingegen glaubt an die Möglichkeit, sich weiterzuentwickeln und zu verbessern.

Dr. Dweck befasst sich seit Jahrzehnten mit den Themen Selbstbild und Denkweisen. Nach einer Definition ist Denkweise eine geistige Grundhaltung gegenüber anderen Personen oder Dingen. Die Gesinnung, die Weltanschauung eines Menschen. Unsere Denkweise kann so ausgeprägt sein, dass sie die Art und Weise beeinflusst, wie wir Ereignisse interpretieren, welche Entscheidungen wir treffen und wie wir lernen. Sie kann auch zu dem beitragen, was man Gruppendenken oder Wir-Denken nennt, wenn Menschen mit ähnlichen Weltanschauungen zusammenkommen und anfangen, sich gegenseitig zu beeinflussen und zu bestärken. Negativ tritt Gruppendenken beispielhaft bei Mobbingaktionen in Erscheinung. Auf jeden Fall sind Ihre Denkweisen ein wichtiger Teil Ihrer Persönlichkeit.

Wie entwickeln wir eine bestimmte Denkweise? Ich gebe Ihnen einen Tipp: Es hat mit Lernen durch Belohnung zu tun. Nehmen wir ein einfaches Beispiel, sagen wir, Schokolade. Wenn Sie gestresst sind (Auslöser) und Schokolade essen (Verhalten) und sich danach etwas besser fühlen (Belohnung), lernt Ihr Gehirn etwas: Wenn Sie gestresst sind, sollten Sie Schokolade essen, um sich besser zu fühlen.

Denkweisen sind wie eine Brille, durch die wir die Welt sehen und interpretieren: Wir setzen eine schokoladenfarbene Brille auf, und wenn wir gestresst sind, sagt unser Gehirn: Hey, iss etwas Schokolade, dann geht es dir besser. Nicht umsonst gibt es Redewendungen wie »Sie trägt eine rosarote Brille« oder »Er ist ein Schwarzseher«. Das sind Umschreibungen für Menschen, die die Welt immer auf eine bestimmte Art und Weise sehen: Die rosarote Brille steht für das sprichwörtliche halbvolle Glas und das Schwarzsehen für das halbleere. Das Tragen der Schokoladenbrille oder Sorgenbrille oder jeder anderen ist erlernbar. Je mehr Sie sie tragen, desto mehr gewöhnen Sie sich daran und merken allmählich gar nicht mehr, dass Sie sie überhaupt aufhaben. Sie wird ein Teil Ihrer Identität.

Das Prinzip ist ganz einfach: Sie lernen aufgrund Ihrer bisherigen Erfahrungen, die Welt auf eine bestimmte Weise zu sehen. Jedes Mal, wenn Sie etwas tun, das das von Ihnen Gelernte verstärkt, werden die Gläser Ihrer Weltanschauungsbrille etwas dicker und sie sitzt immer bequemer.

Carol Dweck hat das Thema der Denkweisen vor allem in den Bereichen Bildung und Schule untersucht, aber ihre Erkenntnisse lassen sich eigentlich auf so ziemlich alle Lebensbereiche anwenden. Unser Selbstbild und unsere Denkweise beeinflussen, wie wir die Welt sehen. Mit ihren Forschungsarbeiten hat Dweck zwei mentale Grundeinstellungen herausgearbeitet, die statische Denkweise und die dynamische Denkweise, beziehungsweise das statische und dynamische Selbstbild.

Nach Dweck kann man die Menschen auf einem Kontinuum einordnen, je nachdem, wie sie die Quelle und Entstehung von Fähigkeiten einschätzen. Wenn Sie glauben, dass Ihr Erfolg nur auf angeborenen Fähigkeiten beruht, im Grunde auf dem, womit Sie geboren wurden, würden Sie in die Kategorie des statischen Selbstbildes passen. Wenn Sie hingegen der Ansicht sind, dass Erfolg auf harter Arbeit, Lernen und Üben beruht, spricht man von einem dynamischen Selbstbild. Zu welcher der beiden Kategorien gehören Sie?

Vielleicht können Sie es gar nicht richtig einschätzen, ob Sie eher dem statischen oder dem dynamischen Selbstbild zuzuordnen sind. Achten Sie deshalb zum Beispiel einmal darauf, wie Sie in der Regel auf Misserfolge reagieren. Menschen mit statischem Denken fürchten Misserfolge, weil diese eine negative Aussage über ihre grundlegenden

Fähigkeiten machen und sie an ihre angeborenen Grenzen erinnern. Menschen mit einem dynamischen Selbstbild hingegen haben weniger Angst vor einem Scheitern, weil sie wissen, dass sie daraus lernen und so ihre Leistung verbessern können.

Das ergibt Sinn, denn wenn Sie felsenfest daran glauben, dass Ihre intellektuelle Begabung durch Ihre Gene vorbestimmt ist, ist jedes Versagen eine Erinnerung an die Begrenztheit Ihrer Fähigkeiten. »Ich kann es eben einfach nicht besser.« Verfügen Sie aber über ein dynamisches Selbstbild, können Sie Misserfolge als Lernchance anstatt als Versagen betrachten.

Nehmen wir als Beispiel einen Spaziergang. Wenn Sie dabei stolpern, machen Sie sich mit einer statischen Denkweise möglicherweise Vorwürfe, dass Sie so ungeschickt sind. Mit einer dynamischen Denkweise sagen Sie sich in der gleichen Situation vielleicht: »Oh, ich bin gestolpert. Zukünftig passe ich besser auf.« Ein dynamisches Selbstbild kann Ihnen sogar dazu verhelfen, den Begriff des Scheiterns überhaupt infrage zu stellen. Was bedeutet es, zu scheitern? Zählt das, was passiert ist, als Versagen, wenn Sie doch daraus lernen?

Dweck behauptet sogar, dass ein dynamisches Selbstbild es einem Menschen ermöglicht, ein weniger stressiges und erfolgreicheres Leben zu führen. Das ist stimmig, denn mit einer dynamischen Denkweise lernen Sie ständig und profitieren von Ihren Erfahrungen. In ihrem Buch *Selbstbild: Wie unser Denken Erfolge oder Niederlagen bewirkt*, rät Dweck: »Wenn Eltern ihren Kindern ein Geschenk machen möchten, sollten sie ihren Kindern am besten beibringen, Herausforderungen zu lieben, von Fehlern fasziniert zu sein, Freude an Anstrengung zu haben und weiter zu lernen. Auf diese Weise müssen ihre Kinder nicht Sklaven des Lobes sein. Sie werden einen lebenslangen Weg haben, ihr eigenes Selbstvertrauen aufzubauen und zu reparieren.«

Ich liebe ihre Formulierung »Freude an Anstrengung zu haben«. Es ist vielleicht nicht immer nur die reinste Freude, die Zähne zusammenzubeißen, um etwas zu erreichen. Aber was passiert, wenn wir anfangen, neugierig auf unsere Erfahrungen zu werden, die Herausforderung zu lieben und uns von Fehlern inspirieren zu lassen?

Ich finde es hilfreich, diese Prinzipien auf Ihre direkte Erfahrung auszuweiten, sodass Sie Ihr Gewahrsein nutzen können, um während des Fahrens im zweiten Gang zu einem dynamischen Selbstbild zu gelangen, anstatt in einer statischen Denkweise zu verharren.

Um einen Sinn dafür zu bekommen, wie Sie dabei vorgehen können, sollten Sie sich die folgende Frage stellen: Wie fühlt sich Ihr Körper an, wenn Sie eine statische Sichtweise haben, das heißt, wenn Sie den Ideen anderer oder dem Feedback zu Ihren eigenen Ideen gegenüber verschlossen sind?

Vielleicht fühlt sich Ihr Körper verschlossen oder eingeengt an, so als ob Sie sich dagegen wehren, dass andere Informationen in Ihren Körper eindringen und dadurch Ihre Weltsicht beeinflussen. Interessanterweise kann dies evolutionäre Parallelen haben. Wenn Sie beispielsweise von dem sprichwörtlichen Säbelzahntiger gejagt und in die Enge getrieben werden, ist es Ihre Aufgabe, sich kleinstmöglich zusammenzukauern, um einerseits möglichst übersehen zu werden und andererseits Ihre lebenswichtigen Organe zu schützen.

Und wie fühlt es sich andererseits an, ein dynamisches Selbstbild zu haben? Sie sind dann auf jeden Fall neuen Ideen zugänglich. Können Sie das in Ihrer eigenen Erfahrung spüren? Nur mit einer dynamischen Denkweise sind Sie offen für das Lernen.

Wie ist Ihre Haltung, wenn Sie in eine alte Gewohnheitsschleife fallen, die Sie verzweifelt versucht haben zu ändern? Solange Sie sich selbst verurteilen, sind Sie natürlich niedergeschlagen und fühlen sich angegriffen, und sei es, weil Sie sich selbst angreifen. Nachstehend ein Beispiel:

Eine meiner Patientinnen hatte die ziemlich ungesunde Angewohnheit, jeden Abend einen halben Liter Wodka zu trinken – das entspricht acht Gläsern Schnaps. Sie kam von einem stressigen Arbeitstag nach Hause, trank ein Glas, um sich zu entspannen, begann das Abendessen zu kochen und trank dabei und im Laufe des Abends noch ein paar Gläser. Nachdem ihr klar geworden war, dass dieses Verhaltens ihrer körperlichen und geistigen Gesundheit langfristig sehr schadete, suchte sie mich in meiner Praxis auf. Ich gab ihr erst einmal einige grundlegende Anweisungen, wie sie im ersten Gang ihre Gewohnheitsschleife analysieren sollte, dieser Teil fiel ihr leicht, um dann im zweiten Gang die Ergebnisse ihres Trinkens näher zu betrachten. Innerhalb der darauffolgenden vier Wochen erkannte sie ziemlich klar, dass Alkohol ganz und gar kein Freund war. Erst einmal reduzierte sie die Alkoholmenge auf vier Gläser pro Abend. Dann fing sie an, bewusst an manchen Abenden überhaupt keinen Alkohol zu trinken und verlängerte die abstinenten Phasen immer mehr, bis sie es schaffte, fast eine ganze Woche ohne einen einzigen Drink auszukommen. Als sie mir beim nächsten Termin von ihren Fortschritten erzählte, zeigte sie sich aber gar nicht glücklich darüber, sondern betrachtete dies im Gegenteil als einen Misserfolg. Warum konnte sie nicht ganz mit dem Trinken aufhören? Sie machte sich Selbstvorwürfe wegen ihres »Versagens«.

Wie konnte sie von einem statischen Selbstbild – sie sah sich selbst als Versagerin und war sich nicht sicher, ob sie aufhören könnte – zu einem dynamischen Selbstbild übergehen?

Wenn meine Studenten oder Patienten unter der Last einer nicht enden wollenden Angst, einer hartnäckigen Gewohnheit oder einer außer Kontrolle geratenen Sucht leiden, ermutige ich sie, sich diese Erfahrungen als Lehrer vorzustellen. Lehrer helfen uns zu lernen, und etwas zu lernen gibt ein gutes Gefühl, es ist lohnend. Unsere besten Lehrer lassen uns erkennen, dass wir einen Nutzen aus Schwierigkeiten ziehen können – auch wenn wir uns quälen und reflexartig »dichtmachen« oder uns von dem Schmerz abwenden. In solchen Momenten bitte ich meine Patienten und Studenten zu prüfen, ob sie die Momente des Leidens nicht als Lehrer ansehen können. Das hilft ihnen, sich zu öffnen, damit sie etwas lernen können, anstatt sich gewohnheitsmäßig beim ersten Anzeichen von Problemen zu verschließen.

Als meine Patientin mir erzählte, dass es ihr nicht gelungen war, länger als sechs Tage am Stück keinen Alkohol zu trinken, fügte sie hinzu: »Anscheinend mache ich zwei Schritte vorwärts und einen zurück.«

Ich fragte sie, wie es sich anfühlte, in den letzten Monaten so viel über die Funktionsweise ihres Gehirns gelernt zu haben und von einem halben Liter Wodka am Tag zu längeren Phasen der Abstinenz übergegangen zu sein.

»Es fühlt sich gut an«, sagte sie. Das war der Moment, in dem sie anfing, sich zu öffnen und ein dynamisches Selbstbild zu entwickeln.

Dann fragte ich sie nach dem »Schritt zurück«. Konnte sie etwas über ihre Gewohnheiten und sich selbst lernen, etwas, das sie sonst vielleicht nicht gelernt hätte? Vor allem, wenn sie in einer Gewohnheitsschleife der Selbstverurteilung und in einer statischen Denkweise feststeckte.

Ich fragte sie: »Wenn Sie etwas gelernt haben, war das dann wirklich ein Rückschritt?«

»Nein, ich glaube nicht«, sagte sie und erkannte, dass Lernen als Fortschritt zählt und sich auch so anfühlt.

Wir sprachen noch ein wenig mehr über die Fortschritte, die sie in kurzer Zeit bereits gemacht hatte, und besprachen außerdem, wie sie jeden »Ausrutscher« als Lernerfahrung betrachten könnte, die sie weiterbringt. Am Ende verließ sie meine Praxis voller Elan, weil sie sah, wie sie aus ihren Erfahrungen lernen und gleichzeitig aus der Gewohnheitsschleife der Selbstvorwürfe aussteigen konnte. Sie freute sich nun fast schon auf die Herausforderungen, die noch vor ihr lagen.

Ich liebe den Sinnspruch »Vor einem Problem wegzulaufen, vergrößert nur den Abstand zur Lösung.« Zwei Schritte vorwärts, ein Schritt zurück wird überflüssig, wenn wir aufhören, uns selbst im Weg zu stehen. Alle Erfahrungen bringen uns weiter, wenn wir ganz bewusst offen dafür sind, aus ihnen zu lernen.

Nehmen Sie sich jetzt einen Moment Zeit, und versuchen Sie, sich eine noch nicht allzu lang zurückliegende Gewohnheitsschleife in Erinnerung zu rufen. Fassen Sie sie gedanklich in Worte (erster Gang). Fragen Sie sich: »Was habe ich daraus gelernt?« Prüfen Sie, ob Sie sich selbst einschränken oder verurteilen (statisches Selbstbild), und stellen Sie sich stattdessen die Situation als Lehrer vor (dynamisches Selbstbild). Fragen Sie sich: »Was kann ich daraus lernen?« und fühlen Sie sich in diese Erkenntnisse hinein (rückblickender zweiter Gang). Wiederholen Sie.

KAPITEL 13

Dana Smalls Schokoladenexperiment

Eines meiner Lieblingsexperimente in den Neurowissenschaften wurde von einer Freundin von mir, Dr. Dana Small, durchgeführt, einer Neurowissenschaftlerin und Ernährungsforscherin in Yale. Im Rahmen ihrer Tätigkeit macht sie Versuche, um zu testen, wie sich verschiedene Arten von Lebensmitteln und Kalorienlieferanten auf das Gehirn auswirken. Zu diesem Zweck hat sie alle möglichen verrückten Vorrichtungen entwickelt, um Menschen in einem Gehirnscanner dieses und jenes zu verabreichen – von Milchshakes bis zu verschiedenen Gerüchen. Stellen Sie sich vor, ein Proband liegt in einem fMRI-Scanner und Sie sitzen in einem sechs Meter entfernten Kontrollraum und versuchen, ihm verschiedene Arten von Milchshakes in den Mund zu pumpen, während er seinen Kopf ruhig hält. Das ist gar nicht so einfach.

Dr. Small begann ihre Forschungstätigkeit als unerschrockene junge Doktorandin an der Northwestern University, wo sie die Gehirnaktivität von Versuchspersonen untersuchte, während sie Schokolade aßen. Für die Messungen nutzte sie einen Positronen-Emissions-Tomographen, kurz PET-Scanner, weil das Verfahren etwas angenehmer ist als ein fMRI. Im PET-Scanner konnten die Probanden essen, während ihr Gehirn gescannt wurde, und mussten nicht wie im fMRT-Scanner den Kopf völlig still halten.

Dr. Small ließ die StudienteilnehmerInnen ihren Lieblingsschokoriegel wählen und gab ihnen dann zunächst einen Bissen davon, während ihre Gehirne gescannt wurden. Sie wurden dann gebeten, auf einer Skala von -10 bis +10 anzugeben, wie gerne sie noch ein weiteres Stück hätten: -10 stand für »Auf keinen Fall, wenn ich noch mehr esse, wird mir schlecht« und +10 für »Ich will unbedingt noch ein Stück«. Da es sich jeweils um den Lieblingsriegel der Probanden handelte, war es natürlich sehr häufig der Fall, dass sie zu Beginn des Versuches die Bewertung +10 abgaben.

Mit der Zeit, das heißt mit jedem neuen Bissen, sanken die Bewertungen über +5 (»Ein weiteres Stück wäre schön«) bis allmählich auf null.

Im weiteren Verlauf verging den Versuchspersonen die Lust auf Süßes immer mehr und die Werte auf der Skala sanken zügig weiter, über -5 (»Unangenehm. Ich möchte nichts mehr essen«) bis am Ende sogar auf -10 (»Wenn ich noch mehr davon esse, wird mir schlecht«).

Innerhalb kürzester Zeit wandelte sich der Wunsch nach mehr Schokolade (Schokolade wurde als Belohnung empfunden) zu einem Gefühl der Übersättigung.

Während der ganzen Zeit maß Dr. Small die Gehirnaktivität der Teilnehmer und fand dabei etwas Faszinierendes heraus. Der hintere cinguläre Cortex – die Hirnregion, die aktiviert wird, wenn wir uns in Erfahrungen verstricken, und die sich beruhigt, wenn wir meditieren, achtsam sind oder auf andere Weise loslassen – war die einzige Hirnregion, die sowohl bei freudigem Verlangen als auch bei Abscheu aktiviert wurde. Der hintere cinguläre Cortex sprach also auf »Ich will unbedingt noch mehr« ebenso an wie auf »Ich will auf keinen Fall noch etwas davon«.

Die Studie von Dr. Small hat gezeigt, dass der Wunsch nach mehr die gleiche Gehirnregion aktiviert wie der Wunsch nach weniger. Der gemeinsame Nenner ist hier das Verlangen oder der Wunsch, oder genauer gesagt, die Verwicklung in den Wunsch nach mehr oder nach weniger. Beachten Sie das Anziehen-Abstoßen-Element: das Anziehen der angenehmen Dinge oder das Festhalten an einer Sache, die wir mögen, wenn wir sie haben, und das Abstoßen einer unangenehmen Sache, beziehungsweise das Bemühen, uns abzulenken, wenn wir etwas Unangenehmes erleben.

Warum ist das wichtig für die Änderung von Gewohnheiten? Beginnen wir mit den Gewohnheitsschleifen des übermäßigen Essens als Beispiel. Wenn Sie Schokolade mögen – wahlweise können Sie für »Schokolade« Ihr Lieblingsessen oder Ihre Lieblingsbeschäftigung einsetzen –, dann sehen Sie Schokolade und wollen sie essen. Nach dem Verzehr fühlen Sie sich zumindest für den Moment gut, also sagt Ihr Gehirn: *Das war eine angenehme Erfahrung, mach das noch einmal.* Was passiert aber nun, wenn Sie die Aktivität zu oft wiederholen? Das hängt davon ab, ob Sie aufmerksam sind oder nicht.

Die Menschen in Danas Schokoladenexperiment waren sehr achtsam, weil sie dazu aufgefordert worden waren. Konkret einzuschätzen, wie sehr man noch mehr von etwas will, hilft besser zu erkennen, wann man genug hat. In der realen Welt aber essen wir häufig gedankenlos oder führen ein anderes Verhalten gedankenlos aus, sodass wir es gar nicht bemerken, wenn wir den Umkehrpunkt erreicht haben und Genuss in Unbehagen kippt.

Durch das Trainieren des Gewahrseins lässt sich dies ändern. Mein Labor hat den Entwöhnungsprozess der Teilnehmer unseres Achtsamkeitsprogramms aufgezeichnet. Indem sie ihr Gewahrsein auf die Ergebnisse des Essens lenkten, waren sie in der Lage, Schokolade oder anderes zu genießen und trotzdem übermäßiges Essen zu vermeiden. In einer Pilotstudie zeigte sich, dass die Teilnehmer des »Eat Right Now«-Programms nach zwei Monaten im Durchschnitt vier Kilo abgenommen hatten, und zwar ohne spezielle Diätanleitungen. Sie hielten sich lediglich an die Anweisung, beim Essen auf die Signale ihres Körpers zu achten und aufzuhören, wenn sie satt waren. Diese Studie war der Beweis dafür, dass Achtsamkeit ein wirklich effektiver Weg sein kann, Gewicht zu verlieren, ohne sich auf die traditionellen, auf Willenskraft basierenden Ansätze zu verlassen.

Das Gewahrsein der Ergebnisse des eigenen Verhaltens als Mittel zur Änderung von Gewohnheiten funktioniert nicht nur beim Essen, sondern auch bei Gewohnheiten wie übermäßigem Grübeln. Ein Beispiel wären Planungen für die Zukunft. Planen ist wie Schokolade – ein wenig davon ist gut, aber zu viel davon kann kontraproduktiv sein, da es dann möglicherweise Ängste auslöst, was alles schiefgehen könnte.

Sollten Sie also mit Gewohnheitsschleifen zu kämpfen haben, die konkret oder im übertragenen Sinn mit Völlerei verbunden sind, wie zum Beispiel Essattacken, übertriebenes Planen oder zu viel Nachdenken, dann versuchen Sie, Ihre eigene Version von Danas Experiment durchzuführen, wenn Sie das nächste Mal in die Schleife geraten: Seien Sie achtsam, beobachten Sie sich, wenn Sie was auch immer im Übermaß tun. Fragen Sie sich: »Was habe ich davon?« (zweiter Gang), und versuchen Sie herauszufinden, wann genau köstlich sich in neutral verwandelt und dann in unangenehm. Hilft Ihnen das, am Kipppunkt aufzuhören oder zumindest langsamer zu machen?

Auf die Einstellung kommt es an

Das Rausbringen des Müllsacks betrachten wir wohl eher selten als einen Höhepunkt des Tages. Aber lassen Sie uns darüber nachdenken, welche Rolle die innere Einstellung bei einer Handlung wie der Abfallentsorgung spielt. Wenn Sie grundsätzlich schlechte Laune bekommen, wenn es an der Zeit ist, den Müll hinauszutragen, dann raten Sie mal, was passiert: Sie lernen, Abfallentsorgung mit etwas Unangenehmem zu verbinden. Haben Sie hingegen die Einstellung, dass es halt sein muss, den Müllsack rauszubringen und das keine große Sache ist, werden Sie lernen, dass diese alltägliche Notwendigkeit im Grunde nicht der Rede wert ist. Dann wird sie Ihnen in Zukunft leichtfallen, auch mitten im Winter oder bei strömendem

Regen. Das Ändern der inneren Haltung selbst zu den einfachsten Aufgaben kann einen großen Einfluss auf die Lebenszufriedenheit haben.

Hier ist ein Zitat, das mehreren Quellen zugeschrieben wird und das das Vorherstehende sehr gut zusammenfasst:

> *Achte auf deine Gedanken, denn sie werden Worte. Achte auf deine Worte, denn sie werden Handlungen. Achte auf deine Handlungen, denn sie werden Gewohnheiten. Achte auf deine Gewohnheiten, denn sie werden dein Charakter. Achte auf deinen Charakter, denn er wird dein Schicksal.*

Das gilt nicht nur für das Hinausbringen des Mülls, sondern für alles, was Sie im Leben tun. Wenn Sie jedes Mal, sobald Sie wieder mit einer Gewohnheitsschleife zu kämpfen haben, etwas denken wie »Oh nein, nicht schon wieder« oder »Das schaffe ich nicht – das wird nie funktionieren«, dann werden Sie darüber hinaus wahrscheinlich eine zweite, wenig hilfreiche Gewohnheit entwickeln:

Auslösereiz: Bemühen
Verhalten: Denken, dass das nichts wird (statische Denkweise)
Resultat: Erhöhte Wahrscheinlichkeit, dass es wirklich nicht funktionieren wird

Außerdem müssen Sie sich dann viel länger mit der ursprünglichen Gewohnheitsschleife auseinandersetzen, weil Sie beide Gewohnheitsschleifen weiter verstärken: diejenige, mit der Sie zu kämpfen haben, und die Gewohnheitsschleife »Ablehnende Grundhaltung«.

Wenn Sie sich dagegen darin üben, Ihre Erfahrungen mit spielerischer Neugier zu machen, während Sie im ersten und zweiten Gang fahren, haben Sie gleich drei Vorteile: (1) die Gewohnheit, mit der Sie zu kämpfen haben, lässt sich leichter bearbeiten; (2) Sie lernen, nutzlose Einstellungen loszulassen, weil Sie sehen, dass sie sich nicht lohnen; und (3) Sie entwickeln die hilfreiche Gewohnheit, neugierig zu sein. Wie lohnend das ist, erfahren Sie in Teil 3. Versuchen Sie, Ihre

Grundhaltung immer mal wieder anzusehen und gegebenenfalls zu überdenken.

Wenn etwas wirklich lächerlich oder absurd ist, fällt es schwer, es noch ernst zu nehmen, sodass es nicht mehr so viel Einfluss auf Sie hat. Achtsamkeit kann Ihnen also dabei helfen, viel genauer darauf zu achten, was in Ihrem Kopf vorgeht, und Ihnen die Unsinnigkeit aufzuzeigen, dass etwas nur deshalb unangenehm ist, weil Sie sich das so vorgestellt haben. Diese Erkenntnis kann Sie auch in die Lage versetzen, sich zu verzeihen, dass Sie diese schädliche Gewohnheit überhaupt erst angenommen haben. Erinnern Sie sich daran, wie eine meiner Patientinnen sich ab und zu selbst dabei ertappte, in einer Schleife aus selbstverurteilenden Angstgewohnheiten festzustecken? Sie schmunzelte dann einfach und sagte sich: »Das ist nur mein Gehirn.« Es ist wichtig, immer freundlich zu uns selbst zu sein, anstatt uns für die Art und Weise, wie unser Gehirn eingerichtet ist, zu verurteilen.

Diese spielerische Einstellung können Sie auf alle auftauchenden Gedanken und Stimmungen anwenden. Anstatt sie zu bekämpfen oder zu verdrängen, können Sie sie einfach und spielerisch als Gedanken und Emotionen anerkennen. Darum geht es bei der Haltung der Neugierde. Wenn Sie neugierig auf die Gefühle sind und ihnen Beachtung schenken, werden Sie Ihre gewohnheitsmäßigen Reaktionen darauf wahrnehmen und auf diese Weise erkennen, wie sehr diese Gefühle Ihr Leben bestimmen. Sobald Sie sich ihrer bewusst werden, haben sie viel weniger Macht über Sie. Es wird offensichtlich, dass es sich nur um Gedanken und Empfindungen in Ihrem Körper handelt. Und auch wenn diese Ihr Leben im Moment dominieren, machen sie Sie nicht zu dem, der Sie sind.

Sie können diese Gedanken und Emotionen auch als Ihre Lehrer betrachten. Anstatt enttäuscht darüber zu sein, dass Sie sich nur abquälen oder keine schnelleren Fortschritte machen, sollten Sie Neugierde an den Tag legen. Nachdem der Gedanke oder die Emotion nun einmal da ist, können Sie ihn/sie nutzen, um Ihre Reaktionsweisen darauf zu erkennen. Hier ein Beispiel. Nehmen wir an, Sie bemerken, dass Sie frustriert sind:

Auslösereiz: Frustration
Verhalten: Wahrnehmen der gewohnheitsmäßigen Reaktion und fragen: »Was habe ich davon?«
Resultat: Abkehr von der alten Gewohnheit; erkennen, wie wenig lohnend sie ist; nicht länger bereit sein, die Frustration zu nähren (zweiter Gang)

Versuchen Sie, eine freundliche, spielerisch neugierige Haltung in Ihren Prozess der Gewohnheitsänderung einzubringen. Wenn Sie bemerken, dass Ihnen angst und bange wird, während Sie sich mit einer Gewohnheitsschleife auseinandersetzen, oder wenn das Erkennen einer Gewohnheitsschleife der Angst Sie beklommen macht, distanzieren Sie sich nach Möglichkeit von diesem Gefühl. Atmen Sie tief durch und erinnern Sie sich daran, dass Ihr Gehirn eigentlich versucht, Ihnen zu helfen, und nur gerade ein wenig vom Weg abgekommen ist. Wenn sich Verdrossenheit oder eine andere ablehnende Haltung bei Ihnen einstellt, geben Sie dann auf oder bleiben Sie in einer statischen Gewohnheitsschleife stecken? Nehmen Sie sich einen Moment Zeit, um das zu analysieren und zu sehen, was Sie davon haben. Die Idee ist, zu erkennen, wie unbefriedigend diese Einstellung ist und sich allmählich von ihr zu lösen. Gelingt Ihnen dies im Prinzip, aber sie taucht dann irgendwann doch wieder mal auf, nehmen Sie sie einfach als dumme Gewohnheit von früher zur Kenntnis. Dieses einfache Gewahrsein wird dazu beitragen, die alte Gewohnheitsblase platzen zu lassen und eine neue Haltung der Offenheit und Neugier zu unterstützen.

KAPITEL 14

Wie lange dauert es, eine Gewohnheit zu ändern?

ALS ICH EINMAL bei einer Konferenz hinter der Bühne auf meinen Einsatz als Vortragsredner wartete, hörte ich, wie die Rednerin vor mir über eine Frage sprach, die auch mir oft gestellt wird: »Braucht es wirklich nur einundzwanzig Tage, um eine neue Gewohnheit zu entwickeln?«

Die Rednerin zitierte einen Schönheitschirurgen namens Maxwell Maltz, der festgestellt hatte, dass seine Patienten und Patientinnen nach einer Nasenkorrektur etwa einundzwanzig Tage brauchten, um sich an ihr neues Gesicht zu gewöhnen. Ich selbst habe bisher allerdings keine von Experten begutachteten Studien finden können, die diese Behauptung untermauern. Einundzwanzig ist bei diesem Thema nichtsdestotrotz inzwischen eine allgemein akzeptierte und vielzitierte Zahl. Sie wurde so oft und überall im Internet verbreitet, dass sie wahrscheinlich jeden überleben wird, der dieses Buch liest, aber es gibt zu diesem Zeitpunkt immer noch keinen echten Beweis für ihre Stichhaltigkeit.

Gewohnheitsschleifen entstehen ganz einfach: Sie tun etwas, und wenn es sich als lohnend erweist, werden Sie es bei Gelegenheit und einem Auslöser wahrscheinlich wieder tun. Wenn Sie hingegen bewusst versuchen, eine neue Gewohnheit anzunehmen – eine, die nicht mit einer unmittelbaren und eindeutigen Belohnung verbunden ist –, ist alles möglich, denn Sie müssen sämtliche Faktoren berücksichtigen, von Ihren Erbanlagen über Ihren Motivationszustand und die Situation, in der Sie sich befinden, bis hin zu dem Verhalten selbst. Das Bilden von Gewohnheiten ist etwas komplizierter, als die Zahl von einundzwanzig Tagen vermuten lässt.

Dies wird durch die wenigen zu diesem Thema durchgeführten Studien bestätigt. So veröffentlichten Phillippa Lally und ihre Kolleginnen vom University College London im Jahr 2009 eine Studie mit dem Titel »How Habits Are Formed: Modelling Habit Formation in the Real World« (Wie Gewohnheiten geformt werden: Modellierung der Gewohnheitsbildung in der realen Welt). Sie fanden heraus, dass es 18 bis 254 Tage dauerte, bis eine Verhaltensweise »automatisch« wurde. Die Spanne war also ziemlich groß und obendrein war die Studie, da sie lediglich zwölf Wochen dauerte, auf eine mathematische Modellierung angewiesen. Zudem zeigten nur 39 der 62 Studienteilnehmer eine »gute Anpassung« an das Modell. Gute Anpassung bedeutet, dass die Datenpunkte nahe an der theoretischen Kurve lagen. Ich möchte die Studie trotzdem keinesfalls kritisieren. Studien mit so vielen Variablen sind generell sehr schwierig durchzuführen.

Allerdings könnte man bei unserem Thema die Variablen reduzieren und dadurch vielleicht einen realistischen Zeitrahmen festlegen, in dem neue Gewohnheiten gebildet werden können, und zwar wie folgt: Wir können ein bestimmtes Verhalten auswählen, das wir untersuchen wollen, und wir können die Veränderungen in seinem Belohnungswert messen. Mein Labor ist genauso vorgegangen.

In den 1970er-Jahren legten zwei Forscher, Robert A. Rescorla und Allan R. Wagner, ein inzwischen berühmtes mathematisches Modell vor, das ihren Namen trägt. Wenn Sie sich für Mathematik interessieren, ist die zugehörige mathematische Gleichung vielleicht interessant für Sie. Alle anderen können die nächsten drei Absätze einfach überspringen; ich verspreche, den Inhalt später nicht abzufragen.

Das Rescorla-Wagner-Modell der klassischen Konditionierung lautet wie folgt:

$V_{t+1} = V_t + \alpha\delta t$

Das Modell geht davon aus, dass der aktuelle Belohnungswert (V_{t+1}) eines bestimmten Verhaltens von seinem vorherigen Belohnungswert (V_t) + einem Lernsignal ($\alpha\delta t$) abhängt. Das Lernsignal wiederum hängt von einem sogenannten Vorhersagefehler (δt) ab, der Diskrepanz zwischen dem tatsächlichen Ergebnis des Verhaltens und dem erwarteten Ergebnis. Dieses Lernsignal ist auf Hirnregionen wie zum Beispiel dem OFC und anderen abgebildet. Machen Sie sich keine Gedanken über das α. Das ist ein statischer Parameter auf Subjektebene, eine Konstante.

Lassen Sie mich das Ganze in eine Sprache für Nicht-Mathematiker übersetzen. Wenn Sie ein Verhalten ausführen – nehmen wir als Beispiel ein Stück Kuchen essen –, legt Ihr Gehirn zunächst eine Erinnerung daran ab, wie belohnend dieses Verhalten ist (Kuchen ist lecker!). Dieser Belohnungswert wird auf der Grundlage aller möglichen Faktoren bestimmt, einschließlich des Kontexts, des emotionalen Zustands und so weiter wie Menschen, Orte und Dinge, die mit dem Verhalten in Verbindung stehen, die zu einem einzigen Wert zusammengefasst werden. Sobald dieser Belohnungswert erlernt wurde, erwartet Ihr Gehirn, dass Sie bei der nächsten Ausführung des Verhaltens wieder die gleiche Belohnung erhalten. Das Problem ist, dass Ihr Gehirn immer den gleichen Wert erwartet (Kuchen essen = Kuchen essen), auch wenn der Kontext beim nächsten Mal ein anderer ist (Kuchen essen, wenn Sie hungrig sind = Kuchen essen, wenn Sie satt sind). Wenn Sie Milch trinken, deren Verfallsdatum überschritten ist, hören Sie auf, sie zu trinken, sobald Sie bemerken, dass sie sauer geworden ist. Ihr Gehirn signalisiert Ihnen, dass es eine Diskrepanz gibt zwischen dem, was es vorhergesagt/erwartet hat, und dem, was es tatsächlich bekommen hat. Für die Mathefreunde: der Vorhersagefehler. Essen Sie nun aber gewohnheitsmäßig Kuchen, ohne dem Belohnungswert Beachtung zu schenken, wird Ihr Gehirn Ihnen gegebenenfalls nicht melden, dass etwas nicht stimmt (kein Vorhersagefehler, weil Kuchen = Kuchen). Wenn Sie jedoch auf das jeweilige Ergebnis achten und merken, dass der Verzehr von zwei Stücken Kuchen nicht mehr so lohnend ist wie damals, als Sie als Jugendlicher dreimal am Tag Kuchen essen konnten, ohne zuzunehmen, signalisiert dieser Vorhersagefehler Ihrem Gehirn, dass es an der Zeit ist, den Belohnungswert zu aktualisieren.

Und genau das ist die mathematische Grundlage für den zweiten Gang. So lernen Sie. So ändern Sie Gewohnheiten.

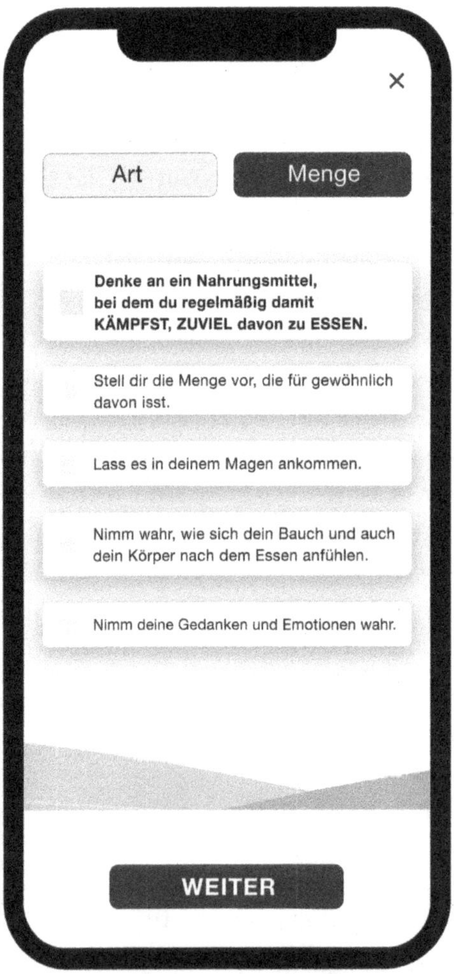

Wenn Sie das verstehen, kann das Auswirkungen auf Ihr Leben haben, zum Beispiel darauf, wie schnell Sie »schlechte« Gewohnheiten ablegen und »gute« Gewohnheiten erlernen. Die Mathematik können wir ab jetzt wieder beiseitelassen.

Um zu untersuchen, wie stark und wie schnell der Belohnungswert für übermäßiges Essen und Rauchen durch das Einlegen des zweiten Gangs sinkt, haben wir in die Apps *Eat Right Now* und *Craving to Quit* ein »Heißhunger-Tool« (*Craving Tool*) eingebaut. Dieses Tool soll von den Teilnehmern immer dann angewendet werden, wenn sie ein Verlangen verspüren. Schritt 1 des Tools sieht wie das Bild links aus. Nachdem die Teilnehmer die kleine Aufgabenliste absolviert haben, bewerten sie, wie stark ihr Verlangen ist.

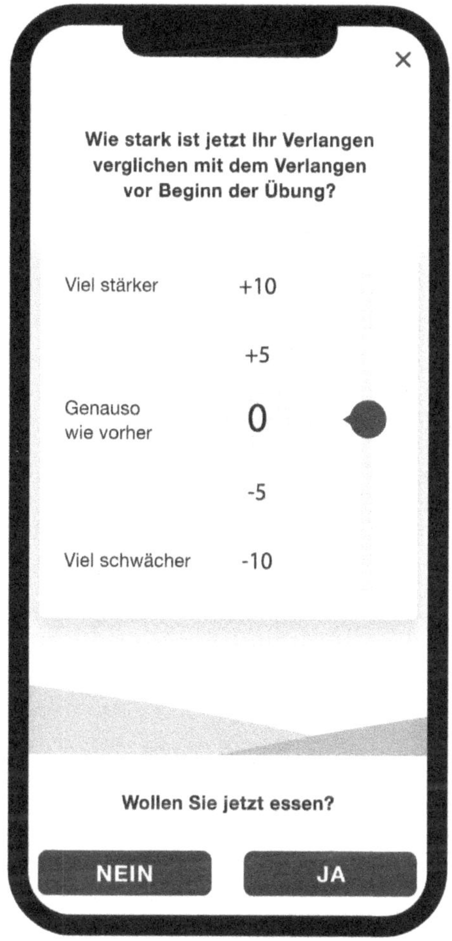

Schritt 1 hilft den Teilnehmern und unserem Forschungsteam, eine genaue Einschätzung darüber zu erhalten, wie lohnend das Verhalten für sie im Moment ist. Nehmen wir an, Sie haben das Verlangen, Kuchen zu essen, und stellen sich dann unter Anwendung des Tools vor, wie Sie ihn essen. Wenn der Belohnungswert hoch ist, wird Ihr Verlangen danach entweder gleich bleiben oder sogar steigen, weil Sie jetzt, nachdem Sie sich den Verzehr vorgestellt haben, den Kuchen erst recht wollen. Und wenn ein wirkliches Hungergefühl vorhanden ist, steigt das Verlangen noch weiter.

In Schritt 2 der App führen die Teilnehmer dann eine Übung zum achtsamen Essen oder Rauchen durch, sodass sich ihnen das tatsächliche Ergebnis einprägt:

Wenn sie bewusst in sich hineinspüren, während sie drei Stücke Kuchen essen, anstatt bei einem aufzuhören oder während Sie eine Zigarette rauchen, können sie wahrnehmen, wie lohnend das Verhalten tatsächlich ist. Sie halten dies dann in der App fest, indem sie ihre aktuelle Zufriedenheit bewerten. Bei unserem Eat Right Now-Programm wiederholen sie dies einige Minuten später, denn manchmal

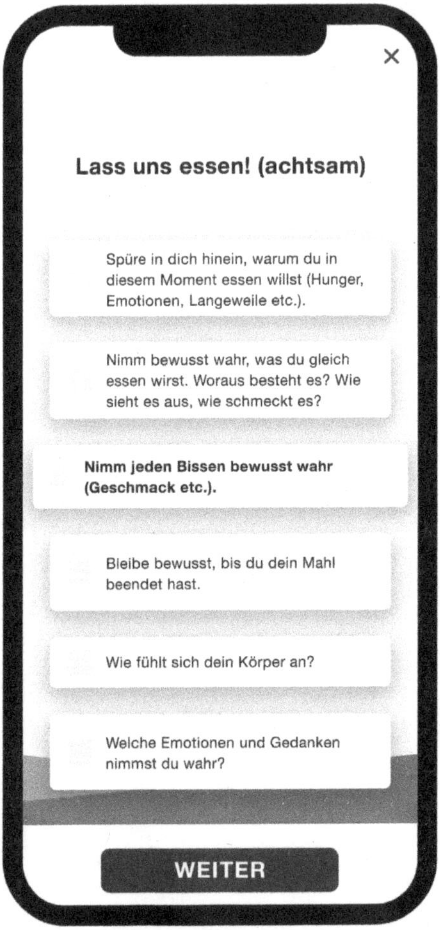

wird das Völlegefühl nach dem Verschlingen eines großen Stücks Kuchen oder eines Haufens Kekse nicht sofort registriert. Das Programm verlangt diese Bewertung von den Teilnehmern jedes Mal, wenn sie ein Verlangen haben, um sicherzustellen, dass ihr Gehirn genaue und immer aktuelle Informationen darüber erhält, wie lohnend das Verhalten tatsächlich ist. Das trägt dazu bei, dass sie ihre veralteten Erinnerungen an den Belohnungswert erneuern. Je öfter sie dies tun, desto mehr bleiben die neuen Erinnerungen haften. Ein Anwender der Craving to Quit-App gab an: »Alle Zigaretten, die ich heute geraucht habe, waren ekelhaft.«

Sobald die neuen Belohnungswerte greifen, wird beim nächsten Mal, wenn jemand durch einen Auslöser zum Essen oder Rauchen veranlasst wird, mithilfe von Schritt 1 der neue Wert zutage gefördert, und das Verlangen sinkt. Das hilft den App-Nutzern, aus der Gewohnheitsschleife auszusteigen und ihr Verhalten zu ändern.

Anhand der subjektiven Bewertungen der Teilnehmer, also des Grades der Zufriedenheit nach dem Zeigen des gewohnten Verhaltens und Verlangen, das Verhalten erneut auszuführen, können wir berechnen, wie lange es dauert, bis der Belohnungswert für das Verhalten sinkt. Eine Postdoktorandin in meinem Labor, Dr. Veronique Taylor, hat die ausgeklügelte Rescorla-Wagner(RW)-Modellierung für zwei Studien durchgeführt, eine zum Thema Rauchen und eine zum Thema Essen. Die RW-Kurven waren bei beiden Studien bemerkenswert ähnlich: Nachdem jemand zehn- bis fünfzehnmal das Craving-Tool benutzt hatte, sank der tatsächliche Belohnungswert auf nahezu null.

Wenn wir diese Ergebnisse mit anderen Studien zusammenführen, die mein Labor zu den Veränderungen im Gehirn von Rauchern nach einmonatiger Nutzung der »Craving to Quit«-App veröffentlicht hat – ebenso wie mit einer Studie, bei der sich als Ergebnis eine 40-prozentige Verringerung der Essanfälle nach zweimonatiger Nutzung der »Eat Right Now«-App ergeben hatte –, bekommen wir allmählich einen viel besseren Überblick darüber, wie das Drei-Gänge-Modell im Gehirn und verhaltensrelevant funktioniert. Aber natürlich gibt es noch viel mehr zu erforschen.

Eines ist nach all den Berechnungen und Messungen auf jeden Fall ziemlich klar: Aufmerksamkeit ist extrem wichtig, wenn Sie eine Gewohnheit ändern wollen. Handelt es sich um eine Gewohnheit, die Sie unbedingt ablegen möchten, können Sie ihr nicht einfach sagen, sie zwingen oder von ihr wünschen, dass sie aufhört, denn all das wird keinen Einfluss auf ihren Belohnungswert haben.

Sie können sich nicht aus einer schlechten Gewohnheit heraus- oder in eine gute hineindenken. Auch wenn wir Wünsche und Pläne bezüglich unserer Gewohnheiten haben, übertrumpft unser körperliches Empfinden, in dem die Ergebnisse des Verhaltens registriert werden, unseren denkenden Verstand.

Versuchen Sie, Ihr Gehirn zu überlisten und etwas von diesem konzeptionellen Wissen in die Tat umzusetzen, indem Sie weiterhin im zweiten Gang (Gegenwart und Rückblick) fahren. Sie werden schnell merken, wie Ihre Rescorla-Wagner-Kurven von »lohnend« über »weiß nicht« auf »nein danke« fallen.

Wenn Sie an diesem Punkt Probleme haben, machen Sie sich keine Sorgen. Im ersten und zweiten Gang stehen die Verhaltensänderungen ja noch nicht einmal im Mittelpunkt. Die sind vor allem das Thema in Teil 3. Aber lassen Sie uns vorher erst noch über eine kleine Lokomotive nachdenken.

Eine meiner Lieblingsgeschichten aus der Kindheit ist »Die kleine blaue Lokomotive«.

Die Hauptfigur in dem Buch ist eine kleine blaue Lokomotive, die zunächst nur als reine Rangierlok eingesetzt wird. Irgendwann bekommt sie jedoch die Aufgabe, die Wagen einer Bimmelbahn, die mit Weihnachtsgeschenken für Kinder beladen ist, über einen Berg zu ziehen. Anfangs glaubt sie nicht, dass sie es den Berg hinaufschaffen wird.

Die kleine Dampflokomotive hat es nicht leicht: Sie wird von einer Menge gemeiner Gedanken geplagt, die sie niederhalten und ihr Selbstvertrauen schwächen. Um sie zu bekämpfen, denkt sie sich ein Mantra mit einem schönen Rhythmus aus: »Ich glaube daran, dass ich es kann. Ich glaube daran, dass ich es kann. Ich glaube daran, dass ich es kann.«

Die kleine Lokomotive koppelt sich an den Zug mit den Spielzeuggeschenken an und zieht ihn den Berg hinauf, unterstützt von ihrem zuverlässigen Mantra, das sie sich immer wieder vorspricht: »Ich glaube daran, dass ich es kann. Ich glaube daran, dass ich es kann.« Am Ende belohnt sie sich und die freudestrahlenden Kinder mit ihrem Durchhaltevermögen. Sie hat ihre Dämonen besiegt und die Kinder begrüßen sie als Heldin. Als sie den Berg wieder hinunterfährt, ändert sie ihr Mantra in »Ich glaubte daran, dass ich es kann. Ich glaubte daran, dass ich es kann. Ich glaubte daran, dass ich es kann.«

Was war denn nun das Geheimrezept der kleinen Lokomotive? Gutes Motorenöl? Muskelschmalz?

Tatsächlich geht es in dieser Geschichte nicht nur um pure *Anstrengung*. Die kleine Lokomotive konzentriert sich zunächst auf die Zukunft (»Ich glaube daran, dass ich es kann«) und dann auf das

Wiedererleben der Vergangenheit (»Ich glaubte daran, dass ich es kann«). Aber was sie wirklich den Berg hinaufbringt, ist, dass sie sich in keinem von beiden verstrickt. Stattdessen konzentriert sie sich auf den gegenwärtigen Moment.

Was lässt sich daraus lernen?

Trauen Sie Ihren Gedanken nicht, vor allem nicht den »Sollte«-Gedanken. Gedanken sind nur innere Worte und Bilder, die kommen und gehen, und sollten mit einer gesunden Skepsis betrachtet werden. Das bedeutet nicht, dass Denken an sich schlecht ist. Planung, Problemlösung und Kreativität sind Teil dessen, was uns zu einzigartigen Menschen macht und uns im Leben hilft. Das Denken führt uns aber aufs Glatteis, wenn wir uns in Sorgen oder selbstbeurteilenden Gewohnheitsschleifen verfangen – ich sollte dies tun, ich sollte das nicht tun. Vor dieser Art von Gedanken, vor allem denjenigen, die eine starke Meinung haben, sollten Sie sich in Acht nehmen, denn sie machen Ihnen nur ein schlechtes Gewissen.

Vertrauen Sie Ihrem Gehirn. Das Gehirn hat sich über Äonen entwickelt, um uns beim Überleben zu helfen. Auch wenn es nicht alle Antworten kennt und Sie manchmal in die Irre führen kann, beispielsweise mit dem Sich-Sorgen-Machen, wird es nicht plötzlich die altbewährten und vertrauten Mechanismen des Lernens wie Lernen durch Belohnung verändern und Sie im Stich lassen. Je mehr Sie wissen, wie das Gehirn funktioniert, und je mehr Sie sehen, dass das Aufzeigen von Gewohnheitsschleifen und die Abkehr von alten Verhaltensweisen Sie weiterbringt, desto mehr wird sich dieses Vertrauen vertiefen.

Vertrauen Sie Ihrem Körper, oder anders ausgedrückt, Ihrem Körper/Geist, denn die beiden sind nicht wirklich voneinander zu trennen. Hier werden die Belohnungswerte registriert. Wenn Sie auf die Ergebnisse Ihrer Handlungen achten, sind es die tatsächlichen körperlichen Empfindungen und Gefühle, die Ihren OFC anweisen, die Belohnungen zu aktualisieren.

Vertrauen Sie auf Ihre Erfahrung. SIE sind das Geheimrezept. Indem Sie sich Ihre Gewohnheitsschleifen immer wieder vor Augen führen, erkennt Ihr Gehirn, dass Sie ernsthaft entschlossen sind, Ihre

Gewohnheiten zu ändern. Wenn Sie auf die Ursache-Wirkungs-Beziehung zwischen Ihren gewohnheitsmäßigen Verhaltensweisen und deren Ergebnissen achten, ändert sich der Belohnungswert und hilft Ihnen, sich von Gewohnheiten, die Ihnen nicht dienlich sind, zu verabschieden, und andererseits hilfreiche Gewohnheiten mehr zu schätzen.

Wie man mit Gewohnheitsschleifen der Selbstverurteilung arbeitet

An einem Tag in meiner College-Zeit ging ich in die Mensa und setzte mich mit ein paar Freunden zum Mittagessen hin. In der Nähe saß ein Student einzeln am Tisch und aus irgendeinem Grund platzte ich mit irgendeiner dummen Bemerkung heraus, die die Aufmerksamkeit genau darauf lenkte, dass er alleine war. Ich kann mich beim besten Willen nicht mehr daran erinnern, was ich gesagt habe, aber ich erinnere mich lebhaft an die Situation, weil meine Freunde und ich selbst so erschrocken über meinen Fauxpas waren. Noch jetzt, fast fünfundzwanzig Jahre später, schäme ich mich, während ich dies schreibe. Ich war kein gemeiner Mensch und hatte früher niemals irgendwelche Mitschüler schikaniert. Wir waren alle schockiert über meine Bemerkung, vor allem aber der arme Kerl, der das Opfer war und nichts anderes tun konnte, als den Kopf einzuziehen und schnell fertig zu essen.

Der entscheidende Punkt dieser Geschichte ist, was als Nächstes passierte.

Wenn ich einen klaren Kopf gehabt hätte, wäre ich aufgestanden, zu dem Studenten hingegangen und hätte mich entschuldigt. Aber das tat ich nicht. Ich war so entsetzt über mein Benehmen, dass ich stattdessen ebenfalls den Kopf einzog, mein Mittagessen hinunterschlang und mich dann schleunigst davonmachte.

Warum kann ich mich so lebhaft an diese Szene erinnern, als wäre es gestern gewesen, inklusive Herzklopfen, Magenkrämpfen – allem, was die Erregung des autonomen Nervensystems ausmacht? Anstatt die Handgranate aus dem Raum zu werfen, indem ich mich entschuldigte, vergrub ich sie tief in mir und zog dann im Laufe der

Jahre insgeheim ab und zu den Stift heraus. Ich konnte nicht mehr ändern, was ich getan hatte, aber ich konnte mich selbst dafür bestrafen. Wieder und wieder.

Unsere Überlebensmechanismen sind so angelegt, dass wir aus unseren Fehlern lernen. Wir fassen zum Beispiel keine heißen Herdplatten mehr an, nachdem wir uns das erste Mal die Finger verbrannt haben. Und auch indem wir uns selbst bestrafen, wollen wir uns dazu bringen, etwas zu lernen. Aber im Grunde ziehen wir lediglich immer wieder den Handgranatenstift, wenn wir die Situation erneut durchleben. Wir denken, dass unsere Selbstgeißelung die Vergangenheit auf magische Weise bereinigen wird.

Natürlich habe ich aus diesem unglücklichen Moment in der Mensa etwas gelernt und seitdem nichts Ähnliches mehr verbrochen. Aber die Narben sind geblieben. Und vor allem sind es Narben, die nicht hätten sein müssen. Hätte ich mich damals gleich entschuldigt, hätten wir wohl beide über meinen Aussetzer gelacht und alles wäre halb so wild gewesen.

Mehr als ein Jahrzehnt später, nachdem ich einige Jahre lang meditiert und mich mit dem Lernen durch Belohnung beschäftigt hatte, erkannte ich, dass es bei jeder Chance zum inneren Wachstum zwei Möglichkeiten gibt.

Möglichkeit 1 ist die gesunde Option »Hinsehen und lernen«, bei der wir lernen und wachsen. Wir akzeptieren die Situation einschließlich unseres inneren Feedbacks als Lehrer.

Auslösereiz: Einen »Fehler« machen
Verhalten: Hinsehen und lernen
Resultat: Den »Fehler« nicht wiederholen; an der Erfahrung wachsen und weitermachen

Dies ist sozusagen die vollwertige, pflanzliche Mittagsessenoption. Sie schmeckt gut, wir fühlen uns danach energiegeladen und tragen noch dazu etwas bei, die Zerstörung des Regenwalds zu verhindern.

Möglichkeit 2 ist die Option »Rückblick und Bedauern«, ein weit weniger gesunder Weg, auf dem wir in einer Gewohnheitsschleife der

Selbstverurteilung stecken bleiben und nicht wirklich etwas lernen. Wir ignorieren oder unterdrücken die Wachstumsmöglichkeit und konzentrieren uns stattdessen auf unsere selbst auferlegte Selbstgeißelung.

Auslösereiz: Einen »Fehler« machen
Verhalten: Uns verurteilen (den Schorf von der Wunde abkratzen)
Resultat: Die alte Wunde blutet wieder

Vor einiger Zeit stieß ich auf den Spruch »Vergebung bedeutet, die Hoffnung auf eine bessere Vergangenheit zu begraben«. Es hat eine Weile gedauert, aber mithilfe meiner eigenen Achtsamkeitspraxis und der Erkenntnis, wie wenig lohnend eine »Rückblick und Bedauern«- Gewohnheitsschleife ist, habe ich mir irgendwann selbst vergeben. Und erst dadurch war ich in der Lage, aus dem Vorkommnis in der Mensa etwas zu lernen.

Auslösereiz: Sich an einen Aussetzer bei einem lange zurückliegenden Mittagessen erinnern
Verhalten: Merken, wie sich der Magen zusammenzieht und im Kopf die Selbstverurteilung abläuft. Sich innerlich umarmen und sich daran erinnern, dass an dem Vergangenen nichts mehr zu ändern ist und es aber einen Lerneffekt bei einem selbst gehabt hat
Resultat: Wunde geheilt

Aber genug von mir – jetzt sind Sie an der Reihe, über Ihre Gewohnheitsschleifen der Selbstverurteilung nachzudenken. Machen Sie sich ein Bild davon. Indem Sie sie bewusst analysieren, können Sie sich aus diesen überholten Gewohnheitsschleifen befreien und stattdessen hinsehen und lernen – nicht aus dem, was in der Vergangenheit geschehen ist, sondern daraus, wie Sie sich selbst in der Gegenwart, in den Momenten, in dem diese Gewohnheitsschleifen ausgelöst werden, begegnen. Rückblick und Bedauern = statisches Selbstbild. Hinsehen und lernen = dynamisches Selbstbild.

Können Sie sich die Gewohnheitsschleifen der Selbstverurteilung ansehen, die Ihnen klar geworden sind (erster Gang) und in den zweiten Gang schalten und sich fragen: »Was habe ich davon, mich zu quälen? Erhält die Selbstzerfleischung den Prozess nicht vielmehr aufrecht? Erkenne ich jetzt, dass es mir helfen wird, diesen Kreislauf zu durchbrechen, wenn ich mir bewusst mache, wie schmerzhaft es ist, mich selbst zu verurteilen?«

In Teil 3 wird es nun darum gehen, auf dem zweiten Gang aufbauend das »größere, bessere Angebot« (GBA) in die Wachstumsmöglichkeit einzubringen.

Sobald Sie im zweiten Gang genug Tempo aufgebaut haben und spüren, dass Sie sich von Selbstverurteilung und Selbstgeißelung lösen möchten, sind Sie bereit, den dritten Gang einzulegen.

TEIL 3

Das größere, besseres Angebot für Ihr Gehirn: Der dritte Gang

Neugier wird die Angst noch mehr besiegen als Tapferkeit.

JAMES STEPHENS

KAPITEL 15

Das größere, bessere Angebot

IM JAHR 1905 SCHRIEBEN die beiden Amerikaner Henry Blossom und Victor Herbert einen Song mit dem derzeit aktueller denn je scheinenden Titel »I Want What I Want When I Want It« (Ich will, was ich will, wann ich es will). Er könnte heute, im Zeitalter der kollektiven Sucht, geschrieben worden sein. Die Menschheit hat es inzwischen geschafft, zusätzlich zu den chemischen Substanzen auch Erlebnisse zu entwickeln, zu verfeinern, massenhaft zu produzieren und zu verbreiten, die weitaus süchtiger machen als alles, was es bisher gab. Vergessen Sie Kokain – Facebook hat den »Gefällt mir«-Button eingeführt und nun sind wir alle süchtig. Und das wird noch durch jeden uns unruhig machenden, selbstbeurteilenden Gedanken »Ich will das, was er/sie hat« angeheizt, der sich bei uns festsetzt, wenn wir online gehen und eine algorithmisch generierte Werbung für etwas angezeigt bekommen, nach dem wir vor ein paar Tagen bei Google gesucht haben. Oder wenn wir durch unseren Social-Media-Feed scrollen und ein Foto von jemandem sehen, dessen Leben perfekt zu sein scheint.

Der Mensch kämpft seit Jahrtausenden gegen seine Begierden. Auf dem Parthenon in Athen, Griechenland, befindet sich ein Relief aus der Zeit um 440 v. Chr., das einen Reiter zeigt, der versucht, sein wildes Pferd zu zähmen. Diese Darstellung steht auch stellvertretend für den Kampf zwischen den Impulsen und Wünschen (dem Pferd) und unseren »zügelnden Kräften« der Willenskraft (dem Reiter). Die heutigen Ansätze zu Verhaltensänderungen sind – vielleicht paradoxerweise – stark vom Denken des Zeitalters der Aufklärung beeinflusst: In der modernen Welt wird vor allem Wert auf Individualismus und Vernunft gelegt. Wir glauben, dass unsere wesentliche Stärke in der Fähigkeit zum kritischen Denken liegt und dass wir allein durch die Kraft der Gedanken Verhaltensweisen ablegen können, die von innigen Wünschen und tiefen Sehnsüchten angetrieben werden – Kräften, die viel stärker sind als unsere auf dem präfrontalen Cortex basierende Willensstärke. Das Wissen, dass eine Gewohnheit schlecht für uns ist, reicht nicht aus, um sie zu ändern. Warum kommt, auch wenn wir uns einen gut durchdachten Plan für eine Diät und eine Gewichtsabnahme zurechtlegen, dann letztendlich doch immer wieder der Jo-Jo-Effekt zum Tragen, dieser endlose Kreislauf von Gewichtsverlust und -zunahme? Wir konzentrieren uns zu sehr auf den Reiter, um Gewohnheiten und Abhängigkeiten zu ändern, und das funktioniert nicht. In den USA gelten Opioidabhängigkeit und Fettleibigkeit inzwischen als Epidemien.

Gibt es Erkenntnisse aus der Unzulänglichkeit unserer individuellen, rationalen und egozentrischen Ansätze, die wir als Lehren für unser weiteres Vorgehen nutzen können?

Unsere modernen neuronalen Netzwerke befinden sich noch immer im Jäger- und Sammler- und Nicht-gejagt-werden-Modus. Das bedeutet, dass Lernen durch Belohnung unser ständiger Begleiter ist – jedes Mal, wenn wir gestresst sind und dann eine Zigarette rauchen, ein Törtchen essen oder unsere E-Mails oder Nachrichten abrufen, wird es aktiviert. Jedes Mal, wenn wir nach etwas greifen, um uns zu beruhigen, verstärken wir das Gelernte bis zu dem Punkt, an dem es automatisch und zur Gewohnheit wird. Auf diese Weise bleiben wir in Angstschleifen und anderen Schleifen stecken. Wenn

Patienten zu mir kommen, um mit dem Rauchen aufzuhören, haben sie vorher ihren Lernpfad Hunderttausende Male verstärkt. Wie soll reine Willensmacht dagegen ankommen?

Die aktuellen psychologischen und verhaltenstherapeutischen Ansätze verlassen sich fast ausschließlich auf Vernunft und Willensstärke. Die kognitive Verhaltenstherapie (KVT) zum Beispiel – die vielleicht am weitesten verbreitete evidenzbasierte Therapie bei Sucht und für die psychische Gesundheit im Allgemeinen – konzentriert sich auf die Veränderung von fehlangepassten (maladaptiven) Denk- und Verhaltensmustern. Um noch einmal die Analogie von »Pferd und Reiter« zu bemühen, wobei unsere Wünsche das Pferd und unsere kognitiven Kontrollfähigkeiten der Reiter sind, setzt die KVT vor allem darauf, die Fähigkeiten des Reiters zur Bewältigung von Stressoren zu verbessern.

Doch während süchtig machende Substanzen und Erfahrungen sich stetig weiter verbreiten, wird das Pferd immer stärker und wilder. Im Jahr 2013 hat der Enthüllungsjournalist Michael Moss im *New York Times Magazine* einen aufschlussreichen Artikel über die Lebensmittelindustrie mit dem Titel »The Extraordinary Science of Addictive Junk Food« (Die außergewöhnliche Wissenschaft von süchtig machendem Junkfood) veröffentlicht. Er schilderte darin all die Methoden der Lebensmittelunternehmen, mit denen Nahrungsmittel so manipuliert werden, dass sie süchtig machen. Die Tech-Industrie hat nachgezogen. Sie verfügt über Millionen und in manchen Fällen Milliarden von Nutzern, an denen sie Produkte von Social-Media-Plattformen bis hin zu Videospielen testen kann. Die Produkte sind so konzipiert, dass sie den Nutzer stärker an sich binden und zum weiteren Konsum des Produkts verleiten. Sean Parker, einer der »Gründerväter« von Facebook, dessen Anteile ihn zum Milliardär gemacht haben, erklärte unverblümt, dass Menschen durch die Nutzung von Facebook in »Soziale-Wertschätzungs-Schleifen« geraten, »auf eine Art, wie sie sich nur Hacker wie ich ausdenken können, weil eine psychologische Verletzlichkeit der Menschen ausgenutzt wird«. Der Gründung des Netzwerks habe die Frage zugrunde gelegen: »Wie können wir möglichst viel von der

Zeit und der bewussten Aufmerksamkeit der Nutzer in Anspruch nehmen?«

Unsere armen Gehirne – die, das sollten wir nie vergessen, uns eigentlich nur helfen wollen, Nahrung zu finden – werden überlistet und übervorteilt. Die primären neuronalen Strukturen, die nachweislich mit der kognitiven Kontrolle verbunden sind, wie der dorsolaterale präfrontale Cortex, fallen bei Auslösern wie Stress als Erste aus. Wir haben das alle schon einmal erlebt: Wenn wir spätabends müde und erschöpft sind, greifen wir viel eher zu Eiscreme als zu Brokkoli.

Da Wünsche und Verlangen in einem Prozess genährt werden, der durch belohnungsbasiertes Lernen angetrieben wird, könnten wir dann genau diesen Prozess nutzen, um unseren Geist zu trainieren? Möglicherweise sogar, ohne dass uns dies zusätzliche Zeit oder Anstrengung kostet?

Die gute Nachricht ist, dass Sie die Vorbereitungsarbeit dafür bereits geleistet haben. Sie haben Ihr Gewahrsein geschärft, indem Sie im ersten Gang die Schleifen Ihrer Angstgewohnheiten analysiert haben und im zweiten Gang den Ergebnissen Ihrer Verhaltensweisen mit sorgfältigem und klarem Gewahrsein begegnet sind. Damit haben Sie begonnen, die Belohnungswerte in Ihrem OFC neu zu vernetzen. All diese »Wachs auftragen, Wachs entfernen, den Zaun streichen«-Maßnahmen haben Sie auf den großen Kampf mit Ihrem Gehirn vorbereitet.

Gewahrsein ist auch erforderlich, um ein Verhalten zu beeinflussen oder zu ändern: Sie müssen sich eines gewohnten Verhaltens bewusst werden, bevor Sie etwas dagegen tun können. Das ist die Essenz des ersten und zweiten Gangs. Sobald Sie den Wert des Verhaltens erkannt haben, hilft Ihnen das Gewahrsein nicht nur dabei, alte Gewohnheiten loszulassen (zweiter Gang), sondern auch, stattdessen gesunde Gewohnheiten zu erschaffen. Mit der allmählichen Verstärkung der neuen Gewohnheitsschleifen durch Wiederholung wird das Verhalten automatisch.

Dies ist ein wichtiger Punkt, an dem die gängigen kognitiven Techniken und die Achtsamkeitspraxis auseinanderklaffen. Die Vernunft (der Reiter) würde sagen: »Hör auf« und ändere deine negativen

Glaubenssätze, doch in den meisten Fällen würde der Impuls (das Pferd) die Vernunft einfach abwerfen, um frei und ungehindert laufen zu können. Im Gegensatz dazu würde Achtsamkeit vorschlagen, aufmerksam zu sein: die Konsequenzen/Ergebnisse des Verhaltens zu erfahren und für das nächste Mal etwas daraus zu lernen. Die Theorie, die der Achtsamkeitspraxis zugrunde liegt, stimmt direkt mit der Funktionsweise des belohnungsbasierten Lernens im Gehirn überein: Wenn Sie dafür sorgen, dass der OFC genaue Informationen erhält, kann der relative Wert einer Handlung aktualisiert, gespeichert und für die Zukunft erinnert werden.

Sobald dies einmal im Gange ist, müssen Sie sich nicht mehr nur auf den Verstand verlassen. Stattdessen wird der relative Wert der Handlung klarer und Ihr Höhlenmenschengehirn übernimmt die Kontrolle. Vergessen Sie nicht, dass das Überlebensgehirn viel stärker ist als sein jüngerer und schwächerer präfrontaler Cousin. Sie versuchen nicht, sich aus einer Situation herauszudenken. Die Situation entwickelt sich einfach und folgt den natürlichen Prinzipien, die der Funktionsweise Ihres Gehirns zugrunde liegen und Ihnen beim Lernen helfen.

Ich hoffe, Sie haben inzwischen Ihre eigene Grundlage für den ersten und zweiten Gang entwickelt. Wenn ja, können Sie wahrscheinlich diesen Tagebucheintrag eines Teilnehmers an unserem Eat Right Now-Programm nachvollziehen:

> *Eines Abends reagierte ich auf ein emotionales Szenario, indem ich mich auf eine Süßigkeit stürzte. Ich schürte das Feuer in dem Bemühen, mich schnell besser zu fühlen. Die kurzzeitige beruhigende Süße wurde von einem Körpergefühl einer »Magenbombe« überlagert und ich versank in einem Gefühl von Niederlage und Enttäuschung.*

Wenn Sie in Ihrer eigenen Erfahrung ebenfalls deutlich Enttäuschung wahrnehmen, nicht nur die Prinzipien verstehen, sondern sie in Ihrem Körper spüren, dann herzlichen Glückwunsch, dann sind Sie bereit für den dritten Gang.

Kommen wir noch einmal auf den OFC zurück. Wir wissen, dass ein Verhalten nur dann verstärkt und aufrechterhalten werden kann, wenn sein Belohnungswert wahrscheinlich größer ist als der des Verhaltens, das es ersetzt. Stellen Sie sich den OFC wie jemanden vor, der süchtig nach Tinder oder einer anderen Dating-App ist. Er wischt und wischt immer weiter, auf der Suche nach dem größeren, besseren Angebot (GBA). Wenn es um die Wahl von Verhaltensweisen geht, ist unser OFC immer auf der Lauer nach diesem GBA.

Der OFC stellt eine Belohnungshierarchie auf, damit Sie effizient Entscheidungen treffen können, ohne zu viel geistige Energie aufwenden zu müssen. Dies gilt insbesondere, wenn Sie eine Auswahl treffen. Ihr OFC weist jeder Ihrer zuvor ausgeführten Verhaltensweisen einen Wert zu, und wenn Sie vor eine Wahl gestellt werden, wie Sie sich am besten verhalten sollten, kann es die wertvollere auswählen. Dies hilft Ihnen, Entscheidungen schnell und einfach zu treffen, ohne dass Sie zu viel darüber nachdenken und Energie aufbringen müssen.

Ich beispielsweise habe in meinem Leben schon sehr viel Schokolade gegessen, und mein OFC hat dementsprechend eine ziemlich detaillierte Schokoladenbelohnungshierarchie aufgestellt. Sie sieht folgendermaßen aus: Ich habe dunkle Schokolade mit einem Kakaoanteil von 70 Prozent viel lieber als Milchschokolade mit nur 40 Prozent. Wenn man mir also beide zur Auswahl vorsetzt, muss ich nicht nachdenken, dann werde ich auf jeden Fall die dunkle Schokolade essen. Das heißt nicht, dass ich total auf eine bestimmte 70-Prozent-Schokolade versteift bin. Wenn eine andere Sorte vielleicht noch einen höheren Kakaoanteil aufweist und/oder Meersalz oder ein wenig Cayenne als Zutat hat, werde ich diese sehr gerne ausprobieren. Aber für Schokolade mit nur 60 Prozent Kakaoanteil oder noch weniger werde ich mich praktisch nie entscheiden.

Um mit alten Gewohnheiten zu brechen und neue Gewohnheiten anzunehmen, müssen Sie in Ihrem Nervensystem bestimmte Voraussetzungen schaffen.

Zunächst müssen Sie dafür sorgen, dass der Belohnungswert der alten Gewohnheit aktualisiert wird. Deshalb haben Sie so viel im zweiten Gang geübt.

Zweitens müssen Sie das GBA finden.

Wenn man sich gewahr wird, dass Rauchen nicht gut schmeckt, sinkt der Belohnungswert des Zigarettenrauchens. Was aber macht man bei den Gelegenheiten, bei denen man üblicherweise geraucht hatte? Ohne Ersatzhandlung kommen schnell Langeweile und Unruhe auf, die sich nicht besonders angenehm anfühlen. Genau deshalb ist in vielen Paradigmen der Suchtbehandlung eine Ersatzhandlung ausdrücklich vorgesehen. Der Verzehr von Süßigkeiten kann die Zeit zwar überbrücken und das Verlangen bis zu einem gewissen Grad befriedigen, fördert jedoch einen neuen Gewöhnungsprozess: Ausgelöst durch das Verlangen lernt man, Süßigkeiten zu essen, anstatt zu rauchen, was eine eigene belohnungsbasierte Lernschleife in Gang setzt. Damit kommt der übliche und recht lästige Verdächtige ins Spiel: die durchschnittliche Gewichtszunahme von sieben Kilo, die mit dem Aufgeben des Rauchens einhergeht.

Drittens müssen Sie für eine dauerhafte Änderung der Gewohnheit eine besondere und neue Art von GBA finden.

Sie müssen eine Belohnung finden, die lohnender ist und nicht einfach ein Ersatz für das andere Verhalten. Ansonsten bleibt die Gewohnheitsschleife an sich nämlich erhalten.

Achtsamkeit könnte das Richtige sein. Das ist wirklich wichtig, deshalb wiederhole ich es noch einmal: Achtsamkeit *könnte Ihnen tatsächlich befriedigendere Belohnungen verschaffen*, das heißt, ein Ersatz sein, der größere, bessere Belohnungen bietet, aber ohne den Ballast, der das Verlangen nährt (mehr dazu später).

Nehmen wir als weiteres Beispiel Stress. Was wäre, wenn Sie anstelle von Rauchen oder dem Verzehr von Muffins eine achtsame Neugier als neues Verhalten einführen würden? Folgendes würde passieren: (1) Äußerlich orientierte Verhaltensweisen (Essen, Rauchen usw.) werden ersetzt durch innerlich orientierte Verhaltensweisen (Neugier); und, noch wichtiger, (2) der Belohnungswert verändert sich. Sie können aber auch innerlich orientierte Verhaltensweisen wie Sorgen durch eine achtsame Neugier ersetzen, denn Neugier fühlt sich besser an als Angstzustände.

Die Mitarbeiter meines Labors haben den Belohnungswert verschiedener mentaler und emotionaler Zustände untersucht und dabei etwas wirklich Faszinierendes herausgefunden. Zustände wie Gemeinheit, Stress, Angst und Gier fühlen sich nicht nur schlechter an, sind also weniger belohnend als Freundlichkeit, Staunen, Freude und Neugier, sondern auch verschlossener. Die anderen werden als offener und weiter empfunden. Vom Standpunkt des Überlebens her ergibt dies durchaus Sinn. Wenn Sie auf der Flucht vor dem sprichwörtlichen Säbelzahntiger sind und dann in die Enge getrieben werden, was tun Sie dann instinktiv? Sie kauern sich zusammen, um sich als Ziel so klein wie möglich zu machen und Ihre lebenswichtigen Organe zu schützen.

Mein Labor hat festgestellt, dass alleine schon das Gefühl der Verschlossenheit, dieser geistige Zustand der Zusammenziehung, mit Aktivitäten in den Standardmodus-Netzwerkregionen des Gehirns wie dem posterioren cingulären Cortex, dem PCC, über den ich in Teil 1 gesprochen habe, einhergeht. Im Gegensatz dazu korreliert ein neugieriges Gewahrsein der gegenwärtigen Erfahrung nicht nur mit dem Gefühl der Offenheit/Ausdehnung, sondern verringert auch die Aktivitäten in denselben Hirnregionen. Wichtig ist, dass sich Letzteres besser anfühlt als Ersteres – der Belohnungswert ist höher.

Lassen Sie uns ein Dreißig-Sekunden-Experiment machen, um dieses Prinzip zu veranschaulichen, damit Sie es als Weisheit aufgrund Ihrer eigenen Erfahrung verinnerlichen können.

Denken Sie an einen noch nicht allzu lange zurückliegenden Moment, in dem Sie besorgt oder ängstlich waren. Rufen Sie sich die damit einhergehenden Ereignisse und Umstände in Erinnerung, sodass Sie die Emotion in Ihrem Körper spüren können.

Achten Sie darauf, wo genau Sie sie in Ihrem Körper spüren.

Achten Sie nun darauf, wie sich das alles anfühlt. Nehmen Sie eher ein Gefühl von Verschlossenheit, Zusammenziehung oder Einengung wahr oder eher ein Gefühl von Offenheit und Weite?

Blicken wir nun auf eine Zeit zurück, in der Sie glücklich waren. Rufen Sie sich wieder die damit einhergehenden Ereignisse und Umstände in Erinnerung, sodass Sie die Emotion in Ihrem Körper spüren können.

Achten Sie darauf, wo genau Sie sie in Ihrem Körper spüren.

Achten Sie nun darauf, wie sich das alles anfühlt. Nehmen Sie eher ein Gefühl von Verschlossenheit, Zusammenziehung oder Einengung wahr oder eher ein Gefühl von Offenheit und Weite?

Wenn Sie das Experiment selbst durchführen, wird es Ihnen nicht allzu schwierig erscheinen, aber Sie wären überrascht, was wir in meinem Labor alles bestätigen müssen. Unter der Leitung einer Postdoktorandin in meinem Labor, Dr. Edith Bonnin, haben wir den Belohnungswert einer Reihe der erwähnten emotionalen Zustände bei Hunderten von Probanden erfasst. Wir fanden heraus, dass die Menschen fast durchgängig offene Zustände den verschlossenen vorziehen. Vielleicht ist Ihnen dasselbe aufgefallen und Sie haben erkannt, dass Freude ein expansives Gefühl ist, während Stress und Angst einengende Gefühle sind.

ACHTSAMES GEWAHRSEIN kann Ihnen Folgendes geben: (1) Es hilft Ihnen, den Belohnungswert Ihrer alten Verhaltensweisen zu aktualisieren, (2) es ist eine Praxis, die sich in Ihrem Inneren abspielt, das heißt, Sie müssen nicht in den Laden gehen oder bei Amazon nachbestellen, wenn der Vorrat zur Neige geht und (3) es ist eine große Verbesserung gegenüber dem Hamsterrad der Gewohnheitsschleife.

Der dritte Gang lässt sich in Kurzform wie folgt beschreiben: Sie finden ein GBA, das heißt, ein Ersatzverhalten, das, weil es größer und besser ist, zum bevorzugten Verhalten wird und Ihre alte Gewohnheit ablöst. Aufgrund seines größeren Belohnungswerts hilft Ihnen dieses GBA anfangs immer wieder, aus Ihrer alten Gewohnheitsschleife auszusteigen, und wird dann, sobald es sich eingeprägt hat, zu einer neuen Größe für Ihr Gehirn, das heißt, zu einer neuen Gewohnheit.

In den weiteren Kapiteln dieses Buches werden Sie verschiedene Achtsamkeitstechniken kennenlernen, damit Sie einen Geschmack dafür entwickeln, welche davon in die Kategorie Ihres persönlichen 70-Prozent-Kakaoanteils fallen.

Wenn wir noch einmal auf die Analogie von Pferd und Reiter zurückkommen, ändert das achtsame Gewahrsein weder die Stärke des eigenen Verlangens, noch erhöht es die Stärke der eigenen Willenskraft. Stattdessen verändert es die Beziehung zwischen den beiden. Anstatt zu kämpfen, um das Pferd zu zähmen, können Sie als Reiter lernen, geschickter zu reiten. Indem das Gewahrsein die Energie und Kraft des schädlichen Impulses zügelt, verschmelzen Pferd und Reiter harmonisch miteinander und verwandeln vielleicht die gegensätzlichen Dualitäten von einem Kampf in etwas, das einem Tanz ähnelt.

Definition des dritten Gangs

Ich werde Ihnen zwei Definitionen des dritten Gangs geben – eine allgemeine und eine spezifischere und tragfähigere. Dann werde ich sie genauer betrachten.

Allgemeine Definition: Alles, was Ihnen hilft, aus Ihrer alten Gewohnheitsschleife auszusteigen.

Spezifische Definition: Ein im Innern ablaufendes GBA, das Ihnen hilft, sich aus Ihrer alten Gewohnheitsschleife zu befreien.

Das Hauptproblem bei der weiter gefassten Definition ist das Wort »alles«. Wenn Sie sich beispielshalber einfach nur eine schlechte Angewohnheit abgewöhnen wollten – sagen wir, zu viel Kuchen zu essen – und sich jedes Mal selbst mit dem Hammer auf den Kopf hauen würden, wenn Sie am Konditoreiladen vorbeigehen, wären Sie theoretisch erfolgreich. Das ist aber nicht die Art von Gewohnheitsänderung, die wir hier anstreben.

Für eine nachhaltige Veränderung brauchen Sie etwas Praktisches, das Sie immer griffbereit haben, damit Sie es bei Bedarf hervorholen können – und das kein Hammer ist. Noch wichtiger ist, dass die Art der Belohnung, die mit einem Verhalten einhergeht, entscheidend ist. Es muss nicht nur lohnender sein als das alte Verhalten (ein GBA), sondern es darf auch nicht die alte Gewohnheitsschleife verstärken. Wir haben dies an dem Beispiel gesehen, wenn Zigaretten durch Süßigkeiten ersetzt werden und dies zu einer Gewichtszunahme führt.

Um zu verdeutlichen, wie wichtig dies ist, möchte ich einen Beitrag von einer Teilnehmerin unseres Eat Right Now-Programms zitieren. Sie schrieb:

Etwas hat mich heute verärgert, und ich war ziemlich aufgewühlt deswegen. Bisher habe ich mich in solchen Fällen auf die Suche nach einer möglichst großen und schmackhaften Süßigkeit oder einem anderen leckeren Snack gemacht, um das emotionale Unbehagen zu vertreiben ... Ich stand also auch vorhin wieder am Backwarenstand, starrte auf all die Kuchen, Torten und Gebäckteilchen und überlegte, was ich essen könnte, ohne mich zu sehr schuldig zu fühlen. Doch dann nahm ich mir einen Moment mehr als sonst Zeit, und sah mich im Laden um. Als ich zufällig eine Schale frischer Brombeeren entdeckte, dachte ich mir, dass das eine schöne Belohnung für mich wäre, sogar besser als ein Gebäck. Also kaufte ich die Brombeeren, setzte mich draußen auf eine Bank und genoss ganz bewusst jede einzelne, eine nach der anderen. Danach ging es mir wieder gut. Während ich jetzt hier sitze, spüre ich immer noch ein wenig den Ärger über das Ereignis am Morgen. Und obwohl ich mir ein paar köstliche frische Brombeeren gegönnt habe, habe ich immer noch dieses Loch, das ich füllen möchte, diese Unzufriedenheit, die ich verringern möchte. Normalerweise würde ich versuchen, das Loch mit Essen zu füllen. Aber ich will eigentlich gar nichts essen. Was tue ich also in Momenten wie diesem, in diesen Augenblicken ernsthaften emotionalen Unbehagens, in denen ich üblicherweise Nahrung als Hilfe suche?

Die Teilnehmerin beschreibt ihre Gewohnheitsschleife deutlich: Diese wird durch emotional aufwühlende Ereignisse ausgelöst und das Essen dient dann dazu, das Unbehagen zu überdecken. Das Essen war für die aufgewühlte Frau zu einem Ersatz für emotionales Unwohlsein geworden. Erinnern Sie sich an Dave? Er hat gegessen, um sich von seinen Ängsten abzulenken. Ersatzverhaltensweisen wie zum Beispiel Ablenkung oder Essen sind GBAs, aber sie nähren immer noch die Gewohnheitsschleife.

Wenn Sie ein Jedi-Meister Ihres eigenen Geistes werden und nicht einfach eine Gewohnheit durch eine andere ersetzen wollen, dann ist nicht jedes GBA geeignet. Dave hat das selbst bemerkt und seine Ersatz-Essgewohnheit an den Nagel gehängt, bevor er sich daran machte, seine Ängste zu besiegen.

Was könnte die oben erwähnte Teilnehmerin also zukünftig tun, um emotional schmerzhafte Momente besser zu ertragen? Sie könnte jeweils eine Freundin oder ein Familienmitglied anrufen, aber das ist keine verlässliche Maßnahme, denn es wird nicht immer jemand erreichbar sein und gerade Zeit für sie haben. Und statt Kuchen zu essen herzige Katzenvideos anzusehen, ist auch wieder nur eine Ersatzstrategie, die die Gewohnheitsschleife weiter nährt. Die Katzenfilmchen sind ein gutes Beispiel, um etwas aufzuzeigen, auf das wir bisher noch nicht näher eingegangen sind: Gewöhnung, fachsprachlich Habituation genannt.

Denken Sie kurz an die Zeit zurück, als Sie die ersten Male mit Alkohol in Berührung kamen. Der erste oder zweite Drink hatte es in sich, vielleicht gefolgt von einem Kater. Die Reaktion Ihres Gehirns könnte darin bestanden haben, seine Acetylcholinrezeptoren anzupassen, um sicherzustellen, dass es mit einem solchen Verhalten in Zukunft besser umgehen kann. Und wenn Sie danach weiterhin mehr oder weniger regelmäßig Alkohol konsumiert haben, regulierte Ihr Gehirn die Anzahl der Rezeptoren herunter (Gewöhnung) und Sie entwickelten eine höhere Toleranz gegenüber der Wirkung von Alkohol, sodass Sie mit der Zeit mehr trinken mussten, um die gleiche Wirkung zu erzielen.

Wenn Sie nun irgendeine alte Gewohnheit durch das Ansehen von lustigen Katzenvideos ersetzen, gewöhnt sich Ihr Gehirn genauso daran wie beim Alkoholtrinken. Es sagt Ihnen dann ziemlich schnell: »Das kenne ich schon.« Und so wie Sie im Laufe der Zeit mehr Drinks brauchen, um einen Schwips zu bekommen, brauchen Sie immer mehr und noch lustigere Katzenvideos, um eine Wirkung zu erzielen. Nicht gerade eine langfristige Lösung, oder?

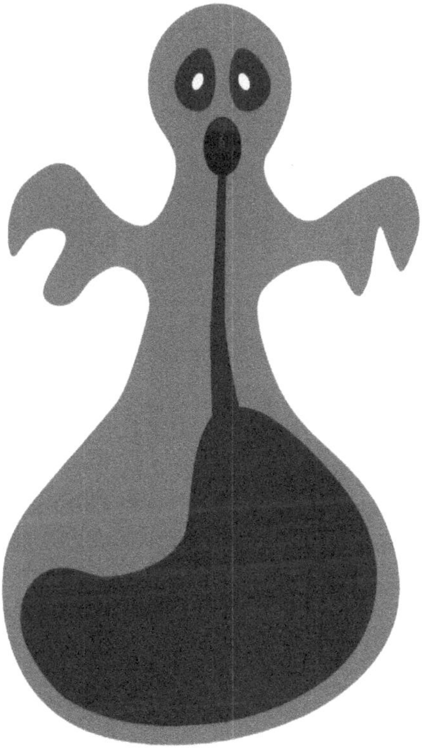

In einigen Traditionen gibt es sogenannte Hungergeister. Stellen Sie sich einen Geist mit einem riesigen Magen und einer sehr langen und engen Kehle vor. Egal, wie viel der Geist isst, er wird nie richtig satt werden, weil er die Nahrung nicht schnell genug in seinen Bauch bekommt. Seine Speiseröhre ist so lang und eng, dass die Nahrung, die in den Magen gelangt, immer bereits verdaut und weitergewandert ist, bevor neue Nahrung nachkommt. So kann sich der Magen niemals füllen.

Wie ein großer leerer Magen sind auch Gefühle einer seelischen Leere unangenehm. Ihr Gehirn denkt, wenn es damit konfrontiert wird: »Tu etwas! Fülle das! Das ist schrecklich! Ich werde in diesen schrecklichen Abgrund der Verzweiflung hineingezogen!« Aber es bringt Ihnen nichts, zu versuchen, die Leere zu füllen, wenn Sie das versuchen, setzen Sie nur die Gewohnheitsschleife fort.

Wenn Sie jedoch erkennen, dass dieses Gefühl der Leere nur aufgrund von Gedanken, Emotionen und Körperempfindungen zustande kommt, können Sie innerlich einen Schritt zurücktreten, sicherstellen, dass Sie die Schleife nicht füttern, und das Gewahrsein die Arbeit für Sie erledigen lassen, während Sie im ersten, zweiten und jetzt im dritten Gang fahren. Das Gewahrsein ist der wesentliche Antrieb für jeden dieser Gänge. Im dritten Gang hilft Ihnen ein freundliches, neugieriges Gewahrsein Ihrer Empfindungen und Gefühle dabei, von dem gewohnten Gefühl, etwas tun zu müssen, um eine Situation zu korrigieren, zur einfachen Beobachtung Ihrer Erfahrung überzugehen und zuzusehen, wie die Probleme abnehmen und von selbst verschwinden.

Neugier beruhigt die unruhige, getriebene Qualität von Tu etwas!, weil sie sich, wie bereits erwähnt, spürbar anders anfühlt: Sie ist offener und weitläufiger. Und noch besser: Das Empfinden von Offenheit und Weite, das aus der Neugierde entsteht, fühlt sich gut an. Da neugieriges Gewahrsein auf diese Weise lohnend ist – ein innerlich begründetes Verhalten, das es Ihnen ermöglicht, aus der Gewohnheitsschleife auszusteigen, sich gut zu fühlen und sich dem Lernen zu öffnen –, ist es an sich schon dieses besondere GBA. Wir werden später mehr darüber erfahren, wie sich dies auf Sorgen und andere Gewohnheitsschleifen auswirkt. Jetzt bekommen Sie erst mal mehr Gelegenheit, mehr über Neugier zu erfahren und spielerisch damit umzugehen.

Sind Sie bereit für ein paar Fahrstunden im dritten Gang?

Beginnen Sie damit, herauszufinden, welche Arten von GBAs Sie als Ersatzstrategien für Ihre alten Gewohnheiten anwenden. Fördern sie die Gewohnheitsschleife? Kleiner Tipp: Führen sie zu Unruhe, Verkrampfung, Gereiztheit und dem Verlangen nach mehr – alles Anzeichen für Gewöhnung? Oder helfen sie Ihnen, einen anderen Weg einzuschlagen?

KAPITEL 16

Die Wissenschaft der Neugier

Ich habe keine besondere Begabung, sondern bin nur leidenschaftlich neugierig.

ALBERT EINSTEIN

IM JAHR 2007 beschlossen die Verantwortlichen in New York City eine radikale Maßnahme, wobei diese »Innovation« in London ebenso wie in Washington D.C., Toronto und San Francisco schon lange keine mehr war: Sie ließen in den meisten U-Bahnhöfen und Bahnhöfen »Countdown-Uhren« für die Ankunft der Züge installieren. War dies im Rückblick die Investition von über 17,6 Millionen Dollar wert? Und ob.

Mit dieser Maßnahme wurde vor allem den zahlreichen Pendlern das Leben erleichtert. Bei der Problemlösung wurde die Neugier mit der Art und Weise verknüpft, wie wir lernen.

Um das Ganze besser zu verstehen, beginnen wir mit einer im Internet gefundenen Definition von Neugier: »Ein starker Wunsch, etwas zu wissen oder zu lernen«.

Neugier ist eine natürliche und universelle Fähigkeit, die uns allen angeboren ist, und sie entfaltet sich am stärksten im Kindesalter. Wenn die Neugier Sie packt, hilft sie Ihnen, mit einem kindlichen

Staunen zu entdecken, wie die Welt funktioniert. Leon Max Lederman, der 2018 verstorbene, ehemalige Direktor des Fermilab und Träger des Nobelpreises für Physik, sagte Folgendes zu diesem Thema:

> *Kinder sind geborene Wissenschaftler ... Sie tun alles, was Wissenschaftler tun. Sie testen, wie stark Dinge sind, sie messen die fallenden Körper, sie balancieren sich aus, sie tun alles Mögliche, um die Physik der Welt um sie herum zu lernen, also sind sie alle perfekte Wissenschaftler. Sie stellen Fragen und treiben ihre Eltern mit dem Warum, Warum, Warum in den Wahnsinn.*

Doch Neugier ist nicht gleich Neugier. Und sie wird auch nicht immer als etwas Positives angesehen.

Man könnte in diesem Sinne argumentieren, dass es die pure Neugier war, die Adam und Eva aus dem Garten Eden vertrieben hat. Im 17. Jahrhundert beschrieb der Philosoph Thomas Hobbes die Neugier als »Lust des Geistes« und der Mathematiker Blaise Pascal fügte im selben Jahrhundert hinzu, dass Neugier »nichts als Eitelkeit« sei.

Zu wissen, wie Neugier aus neurobiologischer Sicht funktioniert, ist der erste Schritt, um unser kindliches Staunen wieder zu erwecken und sein Potenzial zu nutzen.

Neugier gibt es in zwei Varianten: Angenehm und unangenehm

Im Jahr 2006 haben die Psychologen Jordan Litman und Paul Silvia die Neugier in zwei Kategorien unterteilt, die sie als I-Neugier und D-Neugier bezeichneten. Das I in I-Neugier steht für Interesse, also eine Wissbegierde, die von positiven Emotionen motiviert ist, während das D in D-Neugier für Deprivation (Entbehrung, Entzug, Wegnahme, Verlust) steht, das heißt für die Vorstellung, dass wir in einen unruhigen, unzufriedenen Zustand geraten, wenn wir eine Informationslücke haben.

Mit anderen Worten: Neugier – unser Drang nach Informationen – kann entweder einen angenehmen Zustand hervorrufen oder einen aversiven Zustand mindern.

D-Neugier: Neugier, die wie ein Juckreiz ist

Die Deprivationsneugier wird durch einen Mangel an Wissen, oft durch das Fehlen einer bestimmten Information, angetrieben. Wenn Sie beispielsweise das Bild eines Filmstars oder einer anderen berühmten Person sehen und sich nicht an ihren oder seinen Namen erinnern können, werden Sie vielleicht anfangen, sich das Gehirn zu zermartern: »Die spielte doch in dieser romantischen Komödie mit … die, in der sie …« Der Versuch, sich zu erinnern, kann Sie in einen verkrampften Zustand versetzen, so als ob Sie probieren würden, die Antwort aus Ihrem Gehirn herauszuquetschen. Sollte das Quetschen nicht funktionieren, werden Sie vielleicht den Film googeln, in dem Sie die Person gesehen haben, um die Antwort zu finden, und verspüren dann ein Gefühl der Erleichterung. Das gilt auch für Textnachrichten und soziale Medien. Wenn Sie in einer Besprechung sind oder zum Abendessen ausgehen und Sie spüren oder hören, wie eine Nachricht auf Ihrem Smartphone eingeht, wird es Ihnen möglicherweise sehr schwerfallen, bei der Sache zu sein, weil es Sie unruhig macht, nicht zu wissen, was in der Nachricht steht, als würde das Gerät ein Loch in Ihre Tasche brennen. Dieses Feuer der Ungewissheit wird erst gelöscht, wenn Sie sich die Nachricht ansehen.

Hier ist ein weiteres Beispiel. Wir kennen alle die Situation, im Stau zu stehen, ohne die Staulänge zu kennen. Sobald Sie aber auf Google Maps oder Ihrer Waze-App die voraussichtliche Zeitspanne des Staus angezeigt bekommen, fühlen Sie sich schon viel besser. Die neue Information ändert zwar nichts an der Wartezeit, aber Sie sind weniger unruhig, weil Sie nun wenigstens wissen, wie lange Sie festsitzen werden. Sie haben die Wissenslücke geschlossen und die Unsicherheit verringert. Diese Verringerung des Stresses aufgrund von Ungewissheit ist der Grund dafür, dass in vielen U-Bahn-Systemen heutzutage digitale Tafeln den Fahrgästen genau anzeigen, wie lange sie auf den nächsten Zug warten müssen. Für die Psyche der Wartenden ist es besser zu wissen, dass der nächste Zug in fünfzehn Minuten kommt, als nicht zu wissen, dass er bereits in zwei Minuten einrollen wird.

Die Linderung des negativen Zustands, das Kratzen der juckenden Stelle, ist an sich schon lohnend. Deshalb gibt es bei Fernsehserien die sogenannten »Cliffhanger«, also ein Spannung hervorrufender Schluss, der Neugier – Deprivationsneugier – auf die Fortsetzung weckt. Wir müssen unbedingt wissen, wie es weitergeht, also schalten wir nächste Woche wieder ein oder schauen uns alle Folgen in einem Rutsch an, das nennt sich dann »Binge-Watching«!

I-Neugier: Wunder der Entdeckung

Interessenneugier wird geweckt, wenn wir mehr über eine Sache erfahren möchten. Normalerweise handelt es sich dabei nicht um eine bestimmte Information wie den Namen des Filmstars, sondern um eine breitere Kategorie. Wussten Sie etwa, dass es lebenslang wachsende Tiere gibt? Beispiele sind Haie, Hummer und sogar Kängurus. Einmal wurde ein zwanzig Pfund schwerer Hummer entdeckt, dem man aufgrund seiner Größe auf 140 Lebensjahre einschätzte. Ein riesiger Hummer-Methusalem! Ist das nicht faszinierend?

I-Neugier ist wie eine Internetrecherche, bei der Sie Stunden später feststellen, dass Sie eine ganze Menge neuer Dinge gelernt haben und Ihr Wissensdurst gestillt wurde. Es ist ein gutes Gefühl, etwas Neues zu lernen. Das ist etwas anderes als die Beseitigung eines Defizits, einfach weil es gar kein Defizit gab – das heißt, Sie wussten gar nichts von der Existenz unbegrenzt weiterwachsender Tiere, aber als Sie davon erfuhren, waren Sie fasziniert davon, insbesondere von dem alten Hummer. Im Gegensatz zur D-Neugier, bei der es um Ziele geht, geht es bei der I-Neugier eher um die Reise.

Warum sind wir nun also überhaupt neugierig? Wie sich herausgestellt hat, knüpft Neugier an (Überraschung!) Lernen durch Belohnung an.

Vergessen Sie nicht, dass das belohnungsbasierte Lernen auf positiver und negativer Verstärkung beruht. Sie wollen mehr Dinge tun, die sich gut anfühlen, und weniger, die sich schlecht anfühlen. In der Zeit der Höhlenmenschen war dies wichtig, um Nahrung zu finden und Gefahren zu vermeiden.

Das könnte auch bei der Neugier der Fall sein. Die Idee, dass Neugier mit Lernen durch Belohnung zusammenhängt, wird von immer mehr Forschungsergebnissen unterstützt.

In einer Studie von Matthias Gruber und seinen Kollegen von der University of California in Davis wurden Studenten gebeten, eine Liste von Quizfragen zu beantworten und anzugeben, wie gespannt sie auf die Antwort waren. Es stellte sich heraus, dass je neugieriger sie die Antwort auf eine Frage erwarteten, desto mehr Dopamin im Gehirn ausgeschüttet wurde. Auf den Computerscans war zu sehen, wie das Gehirn bei einer spannenden Frage das Belohnungszentrum aktivierte und es starke Interaktionen zwischen dem Belohnungszentrum und dem Hippocampus, einer Hirnregion, die verantwortlich für neu angelegte Erinnerungen ist, gab. Wenn eine Frage die Studenten besonders neugierig gemacht hatte, verbesserte sich ihr Gedächtnis, das heißt sie erinnerten sich an besonders viele Informationen im Zusammenhang mit dem Test, nicht nur an die Antworten auf ihre Quizfragen.

Eine andere Studie von Tommy Blanchard und seinen Kollegen von der University of Rochester und der Columbia University untersuchte, wie die Neugier auf Informationen im orbitofrontalen Cortex kodiert wird. Sie erinnern sich: Der OFC steht mit dem Thema Belohnungswert in Zusammenhang; er weist bestimmten Dingen einen Wert zu wie Brokkoli versus Kuchen. In Studien mit Primaten fand Blanchards Team heraus, dass Primaten bereit waren, im Austausch für Informationen auf Belohnungen wie einen Schluck Wasser zu verzichten.

Zusammengenommen legen diese Studien nahe, dass der Ausdruck Wissensdurst tatsächlich mehr als nur eine Metapher ist. Die Informationsbeschaffung folgt denselben grundlegenden Verhaltensmustern wie das Lernen durch Belohnung und hat sogar einen regelrechten Belohnungswert im Gehirn. Wenn es um das Überleben geht, können wir Informationen zu der Liste mit Nahrung und Wasser hinzufügen. Das alte Gehirn (Nahrung finden, Gefahren vermeiden) tut sich mit dem neuen Gehirn (Informationen erhalten, um die Zukunft zu planen und vorherzusagen) zusammen, um uns zu helfen, am Leben zu bleiben. Aber gibt es, was Neugier anbelangt, denn auch so etwas wie ein Zuviel an Informationen?

Unterschiedliche Varianten, unterschiedliche Belohnungen, unterschiedliche Ergebnisse

Die beiden Neugiervarianten fallen in unterschiedliche Kategorien, was das Gefühl in unserem Körper angeht: Die Deprivationsneugier fühlt sich eher verschlossen an, die Interessenneugier eher offen. Und wie steht es mit den Belohnungsstrukturen? Bei der D-Neugier ist es lohnend, eine Antwort zu bekommen, aber bei der I-Neugier, der Wissbegierde, fühlt sich der Prozess des Neugierig-Seins gut an.

Dies ist aus zwei Gründen wichtig. Erstens brauchen Sie bei der Neugier aus Interesse keine Belohnungen von außen – die Neugier ist an und für sich lohnend – und zweitens geht sie quasi von Natur aus nie zur Neige.

Abgesehen davon, dass die I-Neugier eine nie versiegende Ressource ist, fühlt sie sich auch besser an, das heißt, sie ist lohnender, wenn man sie mit dem kratzenden Juckreiz der Deprivation vergleicht.

Wie können Sie dieses Wissen nun nutzen, um Ihr Neugier gesteuertes Lernen zu optimieren? Zur Veranschaulichung finden Sie nachstehend Neugier und Wissen in Form einer umgekehrten U-Kurve grafisch dargestellt. Stellen Sie sich Neugier auf der vertikalen Achse und Wissen auf der horizontalen Achse vor. Wenn Sie nur sehr wenig über eine Sache wissen, ist Ihre Neugier gering. Fangen Sie aber an, das entsprechende Wissen zu erwerben, steigt die Neugierkurve bis zu ihrem Höhepunkt an. In dem Maße, indem Sie mehr Wissen erlangen, nimmt Ihre Neugier ab, weil ihre Wissenslücken geschlossen werden.

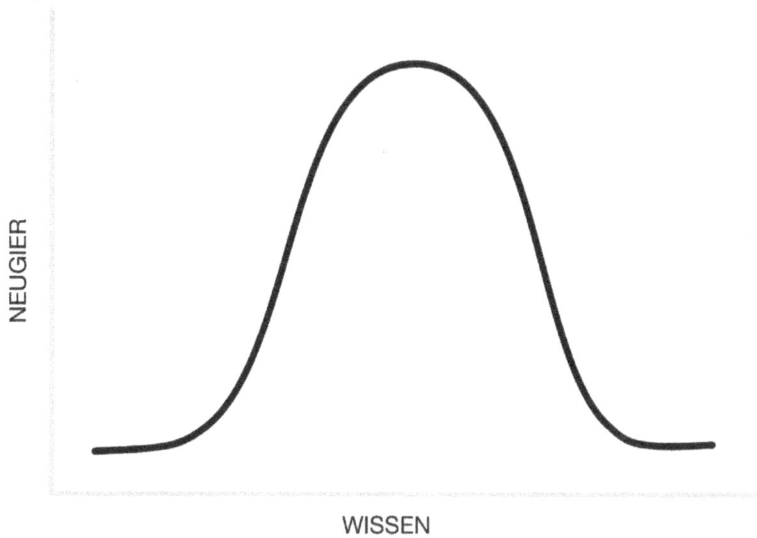

Anders ausgedrückt, scheint die Neugier in Bezug auf Informationen der Goldlöckchen-Regel des richtigen Mittelmaßes zwischen zwei Extremen zu folgen: Zu wenig Ungewissheit über etwas löst keine Neugierde vom Typ Deprivation aus; zu viel Ungewissheit löst Angst aus. Der »Sweetspot«, der optimale Punkt, befindet sich oben auf der umgekehrten U-Kurve, wenn man gerade genug Informationen hat, um die Neugier zu bewahren.

Neugier für Gewohnheitsänderung und Lernen nutzen

Die meisten von uns begegnen sich selbst und der Welt mit D-Neugier, wie einem Problem, das gelöst werden muss. Aber eigentlich sind wir alle in der perfekten Position, um Neugier aufzubauen und aufrechtzuerhalten, indem wir D- und I-Neugier einander die Bälle zuwerfen lassen. Und Sie können dieses Wechselspiel zwischen den beiden nutzen, um mit alten Gewohnheiten zu brechen und neue aufzubauen. An diesem Punkt des Buches wissen Sie schon einiges darüber, wie Ihr Geist und Ihr Gehirn funktionieren. Sie wissen, dass sich Gewohnheiten durch die Identifizierung von Belohnungen bilden.

Das hilft Ihnen, sich auf der umgekehrten U-Form-Neugierkurve nach oben zu bewegen, da Sie sich immer mehr dafür interessieren, wie Sie Ihr Gehirn dazu bringen können, nach Ihrer Pfeife zu tanzen und nicht nach der Ihrer Begierden, Gelüste und Gewohnheiten. Und ja, das ist eine Verbindung zum dynamischen Selbstbild von Carol Dweck – offen und daran interessiert zu sein, aus Erfahrungen zu lernen, anstatt sich beim ersten Anzeichen von »Misserfolg« zu verschließen (und auf der umgekehrten U-Kurve in Desinteresse oder Frustration abzurutschen).

Hoffentlich haben Sie jetzt genug Informationen, um den optimalen Kurvenpunkt zu finden und noch neugieriger auf Ihre eigenen Erfahrungen zu werden. Dann können Sie die Versuche einstellen, sich den Weg aus der Angst heraus- und in die Verhaltensänderung hineinzudenken. Stattdessen können Sie sich die Kraft der Neugier zunutze machen und sie als innere Ressource anzapfen, die sich selbst antreibt, weil sie sich lohnt. Das verhilft Ihnen dazu, am obersten Punkt der umgedrehten U-Kurve zu bleiben. Also immer neugieriger darauf zu werden, wie sich Angst anfühlt, wie sie Sorgen- und Aufschieberei-Schleifen auslöst, anstatt davon auszugehen, dass Sie alles darüber wissen und dass sich das Gefühl nie ändern wird oder dass Sie eine magische Pille oder Technik dagegen finden müssen. Auf diese Weise können Sie mit Ihren Gewohnheiten arbeiten und gespannt darauf sein, was Sie aus der Verstrickung in eine Gewohnheitsschleife lernen können.

Um noch einmal Einstein zu zitieren: »Neugier hat ihren eigenen Seinsgrund. Man kann nicht anders als die Geheimnisse von Ewigkeit, Leben oder die wunderbare Struktur der Wirklichkeit ehrfurchtsvoll zu bestaunen. Es genügt, wenn man versucht, an jedem Tag lediglich ein wenig von diesem Geheimnis zu erfassen. Diese heilige Neugier soll man nie verlieren.«

Neugier: Unsere angeborene Superkraft

Von all unseren menschlichen Fähigkeiten steht die Neugier ganz oben auf meiner Liste der wichtigsten. Sie hilft uns zu lernen, in der Welt zu überleben und bringt uns die Freude am Entdecken und Staunen – Neugier ist wirklich eine Superkraft.

Im Herbst 2019 leitete ich eine siebentägige Meditationsklausur für das olympische Wasserballteam der US-Frauen. Diese Spitzensportlerinnen hatten bei den letzten beiden Olympischen Spielen die Goldmedaille in ihrem Wettbewerb gewonnen. Kurz bevor sie im Retreat-Zentrum ankamen, hatten sie darüber hinaus die Weltmeisterschaft und eine Goldmedaille bei den Panamerikanischen Spielen gewonnen. Was sollte ich dem besten Frauenwasserballteam der Welt überhaupt noch beibringen können?

Ich leitete das Retreat in den Bergen von Colorado zusammen mit meiner guten Freundin Dr. Robin Boudette, mit der ich öfter Meditationsworkshops gemeinsam durchführe. Etwa drei Tage nach Beginn der Klausur führten wir das Team auf einer Wanderung zu einem Aussichtspunkt, von dem aus man einen atemberaubenden Blick auf das darunter liegende Tal hatte. In diesem Moment beschloss ich, die »N-Bombe« zu werfen. Die Tage davor hatten Robin und ich bereits immer wieder betont, wie wichtig es ist, bei allem, von der Meditation bis zum Essen, eine neugierige Haltung einzunehmen. Nun wollten wir die Neugier der Teilnehmerinnen so richtig wachrütteln.

Auf ein vorher abgesprochenes Zeichen hin durchbrachen Robin und ich das Schweigen mit einem lauten »Hmm …«-Mantra. Das ist die Art von »Hmm«, das wir unbewusst ausstoßen, wenn wir etwas wissen wollen, nicht zu verwechseln mit dem traditionellen Mantra »Om«. Wir baten die Teilnehmerinnen, es mit uns zu wiederholen, und plötzlich erklang ein kollektives Hmm … in den Bergen Colorados. Dieser Akt brachte uns alle aus unseren Köpfen heraus und in die direkte Erfahrung der Neugier hinein.

Während der restlichen Tage des Retreats fanden die Teilnehmerinnen immer mehr Gefallen an dieser Vorgehensweise. Wenn sie sich während einer Meditationsübung frustriert oder festgefahren fühlten, schien hmm ... ihnen beim Nachspüren zu helfen, wie sich das in ihrem Körper und Geist anfühlte, anstatt dass sie versuchten, es zu korrigieren oder zu verändern. Hatten sie sich in einer Gewohnheitsschleife von Sorgen oder Selbstverurteilung verfangen, konnte hmm ... sie dabei unterstützen, den dritten Gang einzulegen und sich aus der Schleife zu befreien. Sie fanden heraus, dass hmm ... ihnen dabei half, etwas Abstand zu gewinnen und die Bestandteile ihrer Gewohnheitsschleife als das zu sehen, was sie waren: Gedanken und Gefühle. So konnten sie vermeiden, dass ihr Geist außer Kontrolle geriet und die gewohnheitsmäßige Selbstbeurteilung weiter vorantrieb.

Die Neugier half ihnen auch dabei, in einer nicht wertenden Art und Weise präsent zu bleiben, was auch immer ihre Erfahrung war. Sie erwies sich als stärker als jede Art von Willenskraft, die sie gewohnheitsmäßig einsetzten, und brachte auch eine spielerische, ja sogar freudige Haltung in das Meditationsretreat – es ist schwer, sich selbst zu ernst zu nehmen, wenn man den ganzen Tag lang hmmt.

Im Laufe der Jahre habe ich festgestellt, dass ich diese einfache Methode lehren kann, um Menschen unabhängig von ihrer Sprache, Kultur oder ihrem Hintergrund zu helfen, sich direkt in ihre verkörperte Erfahrung fallen zu lassen und ihre natürliche Fähigkeit, neugierig zu sein, zu nutzen. Damit wird auch die »Kopf-Falle« vermieden, eine Wissenslücke füllen zu wollen, und die Menschen gelangen direkt an den idealen Punkt von Offenheit, Interesse und Neugier.

Neugier (der I-Typ, nicht der D-Typ) passt perfekt zu allen Bedingungen des dritten Ganges: Sie ist ein innerlich begründetes und daher immer verfügbares GBA-Verhalten, das es uns ermöglicht, dauerhaft aus unseren alten Gewohnheitsschleifen auszuscheren.

Nachstehend ein Beispiel dafür, wie hilfreich Neugier sein kann. Es kommt von einem Teilnehmer unseres Programms zur Überwindung von Ängsten (»Unwinding Anxiety«):

Als ich mit dem Programm begann, konnte ich die Vorteile der Neugierde zuerst nicht so recht nachvollziehen. Heute nun aber habe ich eine Welle der Panik gespürt und statt sofortiger Angst oder Furcht war meine automatische Reaktion »Hmm ..., das ist interessant.« Das hat der Panik den Wind aus den Segeln genommen! Und ich habe nicht nur gesagt, dass sie interessant ist, ich habe es tatsächlich so empfunden.

Manchmal werde ich gefragt: »Was passiert, wenn ich nicht neugierig bin?« Meine Antwort: »Nutzen Sie das Mantra, um sich direkt in Ihre Erfahrung fallen zu lassen. Hmm ..., wie fühlt es sich an, nicht neugierig zu sein?« Das hilft ihnen, aus ihrer Defizithaltung in ein neugieriges Gewahrsein ihrer unmittelbaren Empfindungen und Emotionen in ihrem Körper zu gelangen, aus ihrem denkenden Kopf in ihren fühlenden Körper.

Neugier kann man üben

Lassen Sie uns die Neugier-Übung durchgehen, die jeder Anwender der App »Unwinding Anxiety« gleich an Tag 1 durchführt. Diese Übung dient als eine Art »Panikknopf«, für den Fall, dass die Angst zuschlägt. Sie dauert etwa zwei Minuten.

Suchen Sie sich zunächst einen ruhigen Platz, an dem Sie nicht abgelenkt werden, und machen Sie es sich bequem. Sie können sitzen, liegen oder sogar stehen.

Denken Sie nun an Ihr letztes Erlebnis zurück, an dem eine Ihrer Gewohnheitsschleifen zum Tragen kam. Versuchen Sie, sich an die Szene zu erinnern, und schalten Sie direkt in den zweiten Gang: Konzentrieren Sie sich auf das Verhalten an sich.

Versuchen Sie, das Ganze noch einmal zu durchleben, und konzentrieren Sie sich dabei auf das Gefühl, das Sie in dem Moment hatten, als Sie das gewohnheitsmäßige Verhalten ausüben wollten. Wie hat sich der Drang angefühlt, es einfach zu tun?

Spüren Sie jetzt in Ihren Körper hinein.

Welches Gefühl spüren Sie im Moment am stärksten? Wählen Sie aus der Liste der nachstehenden Begriffe einen aus, der dem am nächsten kommt, was Sie spüren.

- ☐ Enge
- ☐ Druck
- ☐ Einschnürung
- ☐ Unruhe
- ☐ Flacher Atem
- ☐ Brennen
- ☐ Anspannung
- ☐ Verkrampfung
- ☐ Hitze
- ☐ Flaues Gefühl (in der Magengrube)
- ☐ Ohrensausen/Vibration

Spüren Sie es mehr auf der rechten oder linken Seite? An der Vorderseite, der Mitte oder der Rückseite Ihres Körpers? Wo fühlen Sie es am stärksten?

Lassen Sie nun Ihr inneres »Hmm …« heraus – spüren Sie es auf der rechten oder der linken Seite? In der Mitte, auf der Vorderseite oder auf der Rückseite Ihres Körpers?

Machen Sie sich keine Gedanken, welchen Bereich Sie gewählt haben. Alle sind gut.

Ist Ihnen etwas an Ihrer Neugier, an welchem Teil Ihres Körpers Sie die Empfindung hatten, aufgefallen? Hat Ihnen die Neugier geholfen, der Empfindung näher zu kommen?

Wenn die Empfindung immer noch vorhanden ist, versuchen Sie, bewusst wahrzunehmen, was sonst noch da ist. Gibt es andere Empfindungen, die Sie spüren? Was passiert, wenn Sie darauf achten? Verändern sie sich? Was passiert, wenn Sie richtig neugierig darauf sind, wie sie sich anfühlen? Nehmen Sie sie etwa eine halbe Minute ganz bewusst wahr, bleiben Sie dabei ganz passiv, beobachten Sie sie einfach. Verändern sie sich irgendwie, wenn Sie sie mit einer Haltung der Neugier beobachten?

Ein Teilnehmer unseres Programms »Unwinding Anxiety« beschrieb den Vorgang so:

> *Der »Stresstest« ist erstaunlich! Wenn man tatsächlich spürt, wo im Körper der Stress sitzt, und dann den Empfindungen auf den Grund geht, verändert sich die Erfahrung völlig. Indem ich mich dem Stress und dem Unbehagen zuwende, stelle ich fest, dass sich die Körperempfindungen in Quellen großen Interesses verwandeln und das Negative verlieren, das ich ihnen beigemessen habe. Neugierde übertrumpft Angst! Das habe ich schon oft gehört, aber es tatsächlich von innen zu erfahren, ist noch einmal etwas ganz anderes. Ich merke, wie das funktioniert, und das gibt mir das Gefühl, dass ich es schaffen kann.*

Diese kurze Übung sollte Ihnen nur einen Eindruck der Ausübung von Neugier vermitteln – Ihre natürliche Fähigkeit unterstützen, gewahr zu sein und sogar neugierig auf das zu sein, was in Ihrem Körper und Geist gerade passiert, anstatt sich in einer Gewohnheitsschleife zu verfangen. Wenn Sie gemerkt haben, dass Sie durch Ihre Neugierde auch nur eine Sekunde mehr mit Ihren Gedanken, Emotionen und Körperempfindungen in Kontakt gekommen sind als in der Vergangenheit, haben Sie gerade einen großen Schritt nach vorne gemacht.

Das ist der dritte Gang: Ein Prozess, bei dem Sie aus Ihren alten Gewohnheitsschleifen heraustreten und in den gegenwärtigen Moment eintreten. Indem Sie hmm ... als Mantra verwenden, wecken Sie Ihre kindliche Faszination, vor allem, wenn Sie sie schon lange nicht mehr ausgelebt haben. Hmm ... hilft Ihnen, sich in Ihre direkte Erfahrung fallen zu lassen, anstatt in Ihrem Kopf festzusitzen und zu versuchen, etwas gegen diese lästigen Gewohnheitsschleifen zu unternehmen oder sich selbst zu »reparieren«.

Wann immer Sie den Drang verspüren, ein gewohnheitsmäßiges Verhalten an den Tag zu legen – oder sogar, während Sie mitten in diesem Verhalten stecken – üben Sie, in den dritten Gang zu schalten. Und versuchen Sie, die Haltung der Neugier auch schon im zweiten

Gang einzubringen, indem Sie fragen: »*Was bringt mir das?*«, sodass Sie sich für die Erfahrung öffnen und in ein dynamisches Selbstbild übergehen können (hinsehen und lernen).

KAPITEL 17

Daves Geschichte, Teil 3

NACHSTEHEND ERFAHREN SIE, wie Dave mithilfe seiner gesteigerten Neugier seine Angstzustände besiegen konnte.

Bei einem Besuch in der Klinik erzählte mir Dave, dass sein Vater ihn als Kind körperlich misshandelt hatte. Es kam vor, dass er einfach da saß, niemanden störte und sein Vater ihn aus heiterem Himmel schlug, ohne ersichtlichen Grund – nicht, dass es überhaupt einen Grund geben könnte, ein Kind zu schlagen; es war dann jeweils, als würde Dave einfach als praktischerweise gerade vorhandener Sandsack fungieren, an dem sein Vater seinen Frust herauslassen konnte. Dave erkannte im Laufe unserer Gespräche, dass sein Gehirn als Folge der frühen Misshandlungen ständig angespannt und wachsam war. Weil Daves Vater ihn wahllos und scheinbar grundlos schlug, hatte das Gehirn nicht lernen können, zu unterscheiden, welche Umgebungen sicher und welche gefährlich waren. Erinnern Sie sich an das Prinzip der *sporadischen (intermittierenden) Verstärkung,* das wir in Kapitel 3 behandelt haben? Es ist nicht nur darauf beschränkt,

Menschen süchtig nach Spielautomaten und sozialen Medien zu machen. Daves Gehirn konnte seine belohnungsbasierten Lernprozesse nicht nutzen, um Verhaltensweisen als sicher oder unsicher einzustufen, also nahm es als Schutzmechanismus vorsichtshalber an, dass nichts sicher war. Mehr als drei Jahrzehnte lang war Dave quasi permanent auf der Hut vor Gefahren und hatte eigentlich immer große Angst.

Während der Therapie wurde Dave vieles klar. Er erkannte, dass seine ständige Angespanntheit eine Gewohnheit war, die er als Identität angenommen hatte.

Um dagegen anzugehen, gab ich ihm eine einfache Aufgabe. Ich sagte ihm, dass er sich jedes Mal, wenn er wieder das Gefühl hatte, in Alarmbereitschaft zu sein, einen Moment Zeit nehmen sollte, diesen Zustand aufmerksam zu betrachten. Außerdem sollte er dann jeweils überprüfen, ob tatsächlich eine Gefahr bestand. Als Erstes, so bat ich ihn, solle er diese Übung einmal direkt gleich noch im Therapiezimmer durchführen und mir über seine Empfindungen berichten. Er tat wie geheißen und sagte dann: »Verrückt, die Gefühle verschwinden einfach, wenn ich mich ihnen bewusst zuwende.«

»Besteht hier jetzt Gefahr?«, fragte ich.

»Keine Gefahr ... alles ist ruhig«, antwortete Dave.

Der Gewohnheitsmodus der hohen Alarmbereitschaft konnte mit dieser Übung als das erkannt werden, was er war: Empfindungen in Bezug auf Gefahr. In Abwesenheit von Gefahr merkte Dave, indem er sich einfach für diese Empfindungen interessierte, dass sie nicht nur unbegründet waren, sie signalisierten Gefahr, obwohl keine vorhanden war, sondern auch von selbst wieder verschwinden würden.

Mit dieser Übung im Gepäck ging Dave nach Hause. Er brauchte nur etwas Zeit und Wiederholungen, um die alten Gedächtnissysteme seines Gehirns von »nicht sicher« auf »sicher« zu aktualisieren. Wichtig war, dass ich nicht versuchte, ihm Sicherheit zu vermitteln. Und ich gab ihm auch nicht den Auftrag, sich selbst davon zu überzeugen, dass er sicher war. Stattdessen sollte er trainieren, seinem Gehirn genauere Informationen zu geben.

Mit der Zeit lernte Dave, dass er nicht ständig angespannt sein musste. Ironischerweise meldete sich Daves Gehirn, das noch die die alte Gewohnheitsbrille trug, während er sich an ausgedehnten ruhigen Momenten erfreute, die sich fast schon seltsam und auf jeden Fall anders anfühlten. Es fragte nach, ob etwas nicht stimmte, ob Dave denn nicht Angst haben müsste.

Dave hat ein klassisches »Savannenverhalten« an den Tag gelegt. Vergessen Sie nicht, dass sich unser Gehirn entsprechend dem Lebensprinzip »Sicherheit zuerst« entwickelt hat. Wenn wir bei unseren Streifzügen in die Tiefen der Savanne vorstoßen, müssen wir auf der Hut vor Gefahren sein. Wir können uns erst dann entspannen, wenn wir uns ein Bild von dem neuen Territorium machen konnten und keine Anzeichen von Gefahr gefunden haben. Daher rührt der moderne Begriff der »Komfortzone«. Wenn wir uns an einem Ort befinden, der uns vertraut ist, fühlen wir uns wohl. Dabei kann es sich um einen physischen Ort handeln, der sich sicher anfühlt wie unser Zuhause, um eine Aktivität, die wir gut beherrschen, beispielsweise einen Lieblingssport oder ein Musikinstrument, oder sogar um einen geistigen Raum, in dem wir uns aufhalten – wie das Unterrichten von Seminaren zur Änderung von Gewohnheiten, mein Lieblingsthema, Mathe nicht so sehr.

Sobald wir uns aus unserer Komfortzone hinausbewegen, warnt uns unser Überlebensgehirn, dass wir uns in unbekannte Bereiche begeben – dort draußen könnten Gefahren lauern. Wenn wir die Welt entweder als sicher oder unsicher ansehen, gibt es nur die Optionen Komfort oder Gefahr: Wir befinden uns entweder in unserer Komfortzone oder in der Gefahrenzone, die viele meiner Patienten als Panikzone bezeichnen, weil sie sich so unwohl fühlen, dass sie in Panik geraten. Dave hat es mir so beschrieben: Nicht ängstlich zu sein, machte ihn ängstlich, weil es etwas Ungewohntes für ihn war. Mit anderen Worten: Das Unbehagen, sich in einem neuen geistigen Raum aufzuhalten, selbst wenn dieser neue Ort ein Garten der Ruhe war, veranlasste sein Überlebensgehirn, nach Gefahren Ausschau zu halten. Wer weiß, die Ruhe könnte trügerisch sein.

Doch es gibt noch eine andere Möglichkeit. Wenn wir noch einmal auf Carol Dwecks statisches versus dynamisches Selbstbild zurückkommen, können wir eine Zone zwischen Komfort und Gefahr hinzufügen: die Wachstumszone. Die Welt außerhalb unserer Komfortzone ist nicht immer gefährlich. Wir können das überprüfen, und dann wissen wir Bescheid. Ganz gleich, ob wir uns mit einer neuen Idee, einem unbekannten Ort oder einer Person, die wir gerade erst kennengelernt haben, vertraut machen – wir können uns dem Neuen mit Furcht annähern oder eine neugierige Haltung einnehmen. Je neugieriger wir sind, desto offener sind wir dafür, zu lernen und zu wachsen, indem wir uns mit dem Neuen auseinanderzusetzen. Wenn wir uns dagegen beim ersten Anzeichen eines Unwohlseins verschließen oder uns wieder in unseren sicheren Raum flüchten, werden wir nicht vorankommen. Es ist wichtig, sich immer vor Augen zu halten, dass Veränderungen beängstigend sein können, aber keineswegs müssen. Je mehr wir es schaffen, uns in das Unbehagen einer Andersartigkeit hineinzugeben – zu erkennen, dass wir vielleicht nur deshalb nervös sind, weil etwas neu für uns ist – desto mehr fühlen wir uns in unserer Wachstumszone zu Hause. Auf diese Weise entwickeln wir uns weiter. Und der Bonus ist: Je wohler wir uns in unserer Wachstumszone fühlen, desto größer wird sie.

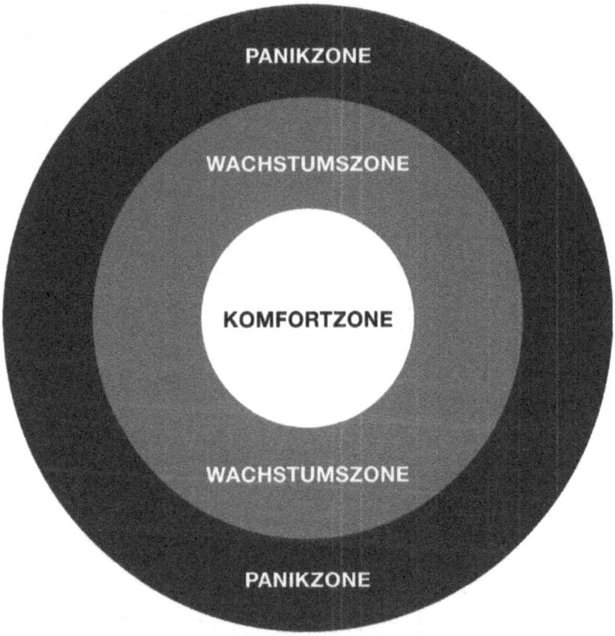

Als Dave und ich darüber sprachen, fiel uns als Vergleich das Vorhandensein alter Freunde ein. Alte Freunde geben einem das Gefühl von Vertrautheit. Aber es ist nicht bei allen ratsam, auch heute noch mit ihnen abzuhängen. Von jenem Schulfreund beispielsweise, der sich immer über Sie lustig gemacht hat, halten Sie besser Abstand. Dave konnte auch dieser Tatsache gewahr werden und bemerkte, dass die Angst aufgrund ihrer Vertrautheit seltsamerweise ein Trost für ihn gewesen war. Als er begann, die alte Gewohnheitsschleife der Angst abzulegen, lernte Dave, mehr und mehr in seiner Wachstumszone zu leben und mit Leichtigkeit, Ruhe und sogar Freude vertrauter zu sein und sich wohlzufühlen. Er fand neue Freunde, die vielleicht zu lebenslangen Begleitern werden würden.

In diesem Buch weise ich immer wieder darauf hin, wie wichtig Neugierde ist. Neugier ist eine Superkraft, die uns hilft, alte gewohnheitsmäßige Verhaltensweisen durch das einfache »Verhalten« des neugierigen Gewahrseins zu ersetzen. Bei allem Unangenehmen, insbesondere bei Angst und Panik, neigen wir dazu, die Flucht zu ergreifen, was dann zu einem erlernten Verhalten wird. Doch mit Neugier können wir lernen, uns dem Unangenehmen zuzuwenden oder uns sogar darauf einzulassen. So können wir uns aus unseren alten Gewohnheitsschleifen befreien (es ist erstaunlich, wie beruhigend Sorgen sind, nicht wahr?). Wir lernen, die Empfindungen in unserem Körper und Geist zu ergründen und sie als das zu sehen, was sie sind: Gedanken und Empfindungen, die einfach kommen und gehen.

Neugier ist nicht das Gleiche wie Willenskraft oder Mut. Bei Mut geht es um Entschlossenheit, aber er erfordert eine enorme Menge an Energie, die sich irgendwann erschöpft und uns möglicherweise entkräftet zurücklässt. Einfach ausgedrückt: Anstrengung kostet Kraft. Wenn ich Mountainbike fahre, hilft mir neben der körperlichen Kraft die Willenskraft, mich in einen niedrigen Gang einen Hügel hinauf zu quälen, damit ich es bis zum Gipfel schaffe. Bei einer technisch anspruchsvollen Abfahrt mit kniffligen Fels- und Wurzelpassagen bringt mich eine solche Schinderei jedoch nicht weiter.

Bei Neugier geht es um etwas anderes. Wenn Sie neugierig auf etwas sind, zieht es Sie automatisch an, weil es sich gut und lohnend anfühlt. Je neugieriger und offener Sie für Ihre Erfahrungen sind, desto größer sind Ihre Energiereserven zum Auskundschaften und zum Beschreiten neuer Wege. Beim Mountainbiken ist Neugier der Schlüssel zum Erfolg: Anstatt mich blindlings auf einen technisch anspruchsvollen Streckenabschnitt zu stürzen, kann ich kreativ all die verschiedenen Möglichkeiten ausloten, meinen Weg durch den Abschnitt zu finden.

Wenn es um Ihre persönlichen Hindernisse, Hürden und Gewohnheiten geht, haben Sie eine lange Strecke zu bewältigen, bis Sie das reiche und unendlich faszinierende Gebiet Ihres Geistes ausgelotet haben. Ermüden Sie sich also nicht, indem Sie versuchen, sich vorwärts zu kämpfen. Lassen Sie sich von Ihrer Neugier treiben und bauen Sie so Ihre Fähigkeit auf, zukünftige Herausforderungen zu meistern. Sparen Sie Ihre Kräfte für die Momente, in denen Sie sie wirklich brauchen.

Außerdem führt Neugier Sie auf natürliche Weise von einem statischen Selbstbild zu einem dynamischen Selbstbild. Je größer Ihre Neugierde und Ihre Offenheit gegenüber Ihren Erfahrungen sind, desto größer sind Ihre Energiereserven, die Sie sich für das Erlernen neuer Fähigkeiten erschließen können. Die Funktion der Neugier ist es, Ihnen beim Lernen zu helfen, und das können Sie nur durch aktive Teilnahme erreichen.

Im Laufe einiger Monate hatte Dave die Macht der Neugier für sich entschlüsselt. Er schrieb mir eine E-Mail:

Ich denke, es ist wichtig, aufzuzeigen, welche Fortschritte ich gemacht habe – dass ich mich anfangs quasi kaum noch getraut habe, mein Bett zu verlassen, und nun gestern mit einem Uber durch ganz Rhode Island gefahren bin. Vor drei Wochen war ich zu ängstlich, um meine Freundin zum Flughafen zu bringen, gestern habe ich ohne jede Probleme jemanden dorthin chauffiert. Vor zwei Monaten habe ich es nicht geschafft, einen Supermarkt auch nur zu betreten, jetzt denke ich nicht einmal mehr darüber nach, wenn ich Einkäufe zu erledigen habe. Ich habe große Fortschritte gemacht, was meine Gesundheit angeht. Ich bin nicht mehr süchtig nach Pillen oder abhängig von ihnen, um mein Leben zu führen. Ich habe meine gesamte Einstellung geändert und bin nun ein glücklicherer Mensch.

Das soll nicht heißen, dass Daves Ängste auf magische Weise verschwunden sind. Aber indem er seine Neugier nutzt und seine Furchtreaktion durch ein GBA ersetzt, anstatt sich von der Angst vor sich her treiben zu lassen, ist Dave wieder auf dem Fahrersitz und erschließt sich neue Horizonte, zu seinen Bedingungen.

Tief durchatmen

Erwachsene neigen dazu, bei vielen Dingen gehemmt zu sein. Vielleicht fällt es Ihnen deshalb schwer, in der Öffentlichkeit »hmm ...« (zu sich) zu sagen, selbst wenn es leise und scheinbar spontan geschieht. Sie könnten Ihre Neugier aber an Orten üben, an denen Sie sich weniger befangen fühlen, wie etwa unter der Dusche, wo Sie niemand hören kann: »Hmm ..., wonach riecht diese Seife eigentlich?« Vielleicht haben Sie Kinder – dann beobachten Sie sie mal, wie sie ihrer Neugierde ganz unbefangen freien Lauf lassen und machen Sie am besten gleich mit. Darüber hinaus werde ich Ihnen aber auch eine Technik des dritten Gangs beibringen, die Sie jederzeit einsetzen können, um sich aus alten Gewohnheitsschleifen zu befreien. Es handelt sich dabei um eine subtile, nicht verunsichernde Übung, die Sie in Gesellschaft von anderen und sogar bei der Arbeit durchführen können.

ATEMÜBUNG

Im dritten Gang geht es darum, ein leicht verfügbares GBA zu finden, das Ihnen hilft, Ihre Gewohnheitsschleife zu durchbrechen, ohne den Gewohnheitsschleifenprozess zu fördern.

Wir Mediziner kennen alle die ABC-Regel. Das ist ein Maßnahmenschema, nach dem in der Notfallmedizin bei einer Reanimation vorgegangen wird. A steht für »Airway« (Atemwege freimachen und offen halten), B für »Breathing« (Beatmen) und C für »Circulation«

(Herzdruckmassage). Im Idealfall stellt der Notfallarzt nach dem ersten Abchecken eines Patienten fest, dass die Atmung vorhanden ist. Der Patient ist dann nur bewusstlos, nicht leblos, sodass gar keine Wiederbelebungsmaßnahmen erforderlich sind.

Wenn Sie in einer Besprechung sitzen, ist die Wahrscheinlichkeit ziemlich groß, dass alle TeilnehmerInnen atmen. Dementsprechend könnten Sie, wenn Sie während der Besprechung bemerken, dass Sie sich in einer Gewohnheitsschleife verfangen, wie zum Beispiel andere zu unterbrechen oder sich bei Kritik defensiv zu verteidigen, ganz unbemerkt auf Ihre Atmung achten, damit Sie die Gewohnheitsbestie nicht weiter füttern müssen. Ihr Atem ist nämlich ein großartiges GBA des dritten Ganges.

1. Ihr Atem ist immer verfügbar.
2. Indem Sie Ihrem Atem Aufmerksamkeit schenken, können Sie sich aus Ihrer Gewohnheitsschleife befreien.
3. Das Atmen nährt nicht den Prozess der Gewohnheitsschleife selbst.

Es gibt unzählige Anleitungen und ganze Bücher, die Ihnen beibringen, wie Sie bewusst Ihren Atem wahrnehmen, um sich im gegenwärtigen Moment zu »verankern«. Solche Bücher sind durchaus hilfreich. Eines meiner Lieblingsbücher zu diesem Thema ist *Die vier Säulen der Achtsamkeit* von Bhante Henepola Gunaratana.

Ich habe Ihnen die Essenz des Buches nachstehend kurz so zusammengefasst, dass sie Ihnen im praktischen Leben, so wie im erwähnten Beispiel einer Besprechung, von Nutzen sein könnte.

Nehmen Sie eine bequeme Sitzhaltung ein (falls es sich um ein Steh-Meeting handelt, versuchen Sie, bequem zu stehen). Schließen Sie nicht die Augen, sonst denken alle, Sie würden schlafen. Stellen Sie sich die Frage: »Woher weiß ich, dass ich atme?« und seien Sie neugierig, wo Sie die körperlichen Empfindungen spüren, ein leises Hmm … ist hier angebracht. Vielleicht bemerken Sie, wie sich Ihr Bauch abwechselnd einzieht und nach vorne wölbt. Oder, wenn Sie etwas nervös sind und flach atmen, wie sich beim Atmen Ihr Brustkorb bewegt. Falls Sie feststellen, dass Sie durch die Nase atmen, sind Sie schon ziemlich weit, denn das geschieht in der Regel unmerklich.

Sobald Sie erst einmal herausgefunden haben, wo Sie Ihre körperlichen Empfindungen beim Atmen wahrnehmen, achten Sie einfach immer weiter auf Ihre Atmung. Wird Ihnen das irgendwann entweder zu langweilig oder zu anstrengend, können Sie Ihre Neugier anstacheln, indem Sie die natürlichen Prozesse Ihres Körpers beobachten, die Ihren Atemzyklus bestimmen, wie beispielsweise, wann das Ein- und Ausatmen jeweils stoppt und sich in die andere Richtung umkehrt oder wie lange die Pause zwischen den beiden Atemzügen ist. Glauben Sie mir – es ist wirklich faszinierend, sich selbst beim Atmen zu beobachten!

Um die Atemübung auf Momente der Angst, des Verlangens und andere Dinge, die mit Gewohnheitsschleifen einhergehen, anzuwenden, versuchen Sie die folgende Variante.

Nutzen Sie Ihre Neugier, um wahrzunehmen, wo sich das Angstgefühl oder der Drang, die letzte Aussage Ihres Kollegen zu korrigieren, in Ihrem Körper am stärksten bemerkbar macht. Atmen Sie nun langsam durch die Nase in diesen Körperteil ein.

Achten Sie nicht auf anatomische Korrektheit, sondern lassen Sie es einfach geschehen.

Lassen Sie den Atem direkt in das Gefühl der Angst oder des Drangs/Verlangens fließen und halten Sie ihn dort einige Sekunden lang, bevor Sie ausatmen.

Sie könnten sich dabei vorstellen, dass beim Ausatmen etwas von diesem Gefühl mit Ihrem Atem herausströmt.

Falls Ihnen das zu »esoterisch« klingt, überprüfen Sie einfach, ob sich das störende Gefühl mit diesem Atemzyklus verändert hat.

Dann machen Sie es noch einmal. Atmen Sie langsam und tief ein und stellen Sie sich vor, dass Ihr freundlicher, neugieriger Atem direkt in Ihre Angst geht.

Lassen Sie zu, dass Ihr Atem das Gefühl der Angst für eine Sekunde in eine warme Decke aus Neugierde und Liebenswürdigkeit einhüllt, und atmen Sie dann aus, lassen Sie los.

Achten Sie darauf, ob sich das Gefühl mit dem Ausatmen löst.

Sie können dies während ein paar Atemzügen, eine Minute oder zwei, einige Male wiederholen – bis Ihr Chef misstrauisch wird, weil Sie zu ruhig und zufrieden aussehen.

Hier ein Beispiel aus dem realen Leben für den produktiven Einsatz des Atemgewahrseins, das von einem Testteilnehmer unseres Pilotprojekts von »Unwinding Anxiety« stammt. Er führte die Atemübung während der Arbeit durch.

> *Ich hatte in einem Meeting das Gefühl, dass ich Angst hatte, einen schwierigen Punkt anzusprechen. Ich spürte, wie mein Atem ein wenig flach wurde, also wurde ich neugierig und beobachtete ihn weiter und machte mir Gedanken dazu (»Ich frage mich, warum« und »Oh, hier ist die Angst«). Und so habe ich das durchgestanden und die Angst ging weg! Dritter Gang!*

Dieses Beispiel war eigentlich eher eine Mischung aus Atmung, Neugier und einer Wahrnehmungsübung, die Sie später noch lernen werden, aber Sie haben schon verstanden, worum es hier ging.

Hier ist ein weiteres Beispiel:

> *Ich war heute in einer Besprechung, in der ich ein negatives Feedback erhielt, das mich überraschte. Es war sehr interessant zu spüren, wie mir das die Schamesröte ins Gesicht trieb und meine Stressreaktion auslöste, aber dann nahm ich innerlich Abstand. Es gelang mir, länger ruhig zu bleiben, besser zuzuhören und auch die Stressreaktion der anderen Kollegen deutlich wahrzunehmen. Der nächste Schritt bestand darin, einen Grad der Ruhe zu erreichen, der es mir ermöglichte, in diesem Moment klar zu denken und eine schlüssige Antwort zu formulieren.*

Beachten Sie, dass Neugier keine Superkraft ist, die Ihnen auf magische Weise Hellsichtigkeit verleiht oder Ihnen auf Anhieb klare und stimmige Antworten für Ihre Kollegen liefert. Sie hilft Ihnen einfach, einen Schritt zurückzutreten und sich nicht in einer Gewohnheitsschleife zu verfangen.

Der Atem ist ein praktisches Objekt, an dem Sie sich festhalten können, wenn Sie merken, dass Sie von der Klippe einer Angstgewohnheitsschleife abzurutschen drohen. Denn was fühlt sich besser an: in einer Gewohnheitsschleife festzustecken, die Sie schon ewig zu ändern versuchen und über die Sie sich vielleicht auch noch aufregen, oder sich daraus zu befreien?

Vielleicht fragen Sie sich auch, warum die bewusste Wahrnehmung Ihres Atems nicht einfach nur eine weitere Ablenkung ist. Nun, das liegt daran, dass diese Achtsamkeit Sie erdet und im gegenwärtigen Moment hält. Mit anderen Worten: Sie bleiben bei Ihrer unmittelbaren Erfahrung, im Augenblick, anstatt zu versuchen, ihr zu entkommen.

Versuchen Sie also heute noch, ganz unbefangen mit dem Aufbau Ihrer geistigen Neugiermuskeln zu spielen, falls Sie das noch nicht getan haben, und probieren Sie aus, wie es ist, noch ein wenig Praxis des Atemgewahrseins hinzuzufügen. Beides sind großartige Übungen im dritten Gang, die Ihnen dabei helfen, aus Ihren alten Gewohnheitsschleifen herauszukommen und neue zu entwickeln – Gewohnheiten, die lohnender sind.

KAPITEL 18

Das Gute an Regentagen

VOR DER ERFINDUNG des Internets und anderer Massenablenkungswaffen bedeutete das Drinnenbleiben an einem Regentag in meiner Kindheit, dass man Fantasie an den Tag legen und sich etwas zum Spielen suchen musste. Für mich hieß das oftmals, im Namen der Wissenschaft irgendein Spielzeug auseinanderzunehmen. Unter dem Motto »Lass uns herausfinden, wie es funktioniert« holte ich mir einen Hammer, einen Schraubenzieher oder ein anderes Werkzeug, das ich brauchte, um ein Spielzeug zu zerlegen und in sein Innerstes zu blicken.

Eines Tages war ich oben in meinem Zimmer mit einem besonders kniffligen Demontageproblem beschäftigt – und dachte dummerweise, dass mir dafür ein Messer gute Dienste tun könnte. Als Pfadfinder hatte ich den richtigen Umgang mit Messern gelernt und durfte ein oder zwei Messer besitzen und manchmal auch tragen. Leider drückte ich beim Zerlegen zu fest, sodass das Messer abrutschte und eine große Wunde in der Mitte meines linken Daumens hinterließ.

Vielleicht hatte ich den sechsten Sinn eines zukünftigen Arztes und befolgte instinktiv die Notfallanweisung »Rufen Sie zuerst die Notrufnummer 911 an«, was vor der Erfindung des Mobiltelefons bedeutete, die Treppe hinunterzurennen und meine Mutter zu suchen. Auf dem Weg improvisierte ich eilig einen »Druckverband«, und zwar mit dem Zeigefinger und dem Daumen der anderen Hand. Ich muss es mit genug Blut im Kopf zu meiner Mutter geschafft haben, um nicht in Ohnmacht zu fallen, denn ich erinnere mich, dass ich mit der Ernsthaftigkeit eines Kindes, das sozusagen nichts über Anatomie oder Medizin weiß, schrie: »Ich muss eine Arterie getroffen haben!« Um mir gegenüber fair zu sein, muss ich anmerken, dass der Schnitt tief genug war, um eine bis heute bleibende Narbe, die meinen linken Daumenabdruck fast perfekt halbiert, zu hinterlassen. Meine zum Glück klügere Mutter beruhigte mich, dass alle Handarterien noch heil waren, und verarztete die Wunde.

Was war geschehen? Nun, ich war so sehr damit beschäftigt gewesen, das Spielzeug auseinanderzunehmen, dass ich nicht mehr darauf geachtet hatte, auf welche Weise ich es tat.

Auslösereiz: Frustration darüber, dass Spielzeug nicht zerlegt werden kann
Verhalten: Ignorieren der korrekten Vorgehensweise für den Umgang mit einem Messer; fest zustoßen
Resultat: Daumenverletzung

Zur Erklärung der Gewohnheitsschleife: Natürlich habe ich mir früher nicht gewohnheitsmäßig in den Daumen geschnitten, aber ich hatte eine ziemlich tief verwurzelte Angewohnheit, alles schnellstmöglich zu erledigen. Dementsprechend nahm ich mir oft nicht die Zeit, erst einmal tief einzuatmen und zu überlegen, welches Werkzeug das genau richtige für eine Aufgabe war – egal ob es sich um eine lockere Schraube handelte oder irgendetwas, das zusammengebaut werden musste.

Auslösereiz: Frustration und keine Lust zu pausieren, um erst das richtige Werkzeug für die Aufgabe zu suchen

Verhalten: Versuch, mit dem Ende eines Gabelgriffs die lockere Schraube im Küchenschrank anzuziehen

Resultat: Die Schraube ist kaputt und muss nun entfernt und ersetzt werden

Ich war schon ziemlich weit im Erwachsenenalter, als ich dieses Gewohnheitsmuster erkannte. Und was mir geholfen hat, damit zu brechen, war, all die Schrauben und Bolzen zu sehen, die ich beschädigt hatte, indem ich mir irgendein Utensil schnappte, das gerade zur Hand war (zweiter Gang). Mir wurde klar, wie viel schneller und sauberer ich eine Arbeit erledigen konnte, wenn ich mir die dreißig Sekunden Zeit nahm, um in die Garage zu gehen und das richtige Werkzeug zu holen (dritter Gang).

Regeln sind umsonst, wenn wir uns in Gewohnheitsschleifen verfangen. Haben Sie schon einmal versucht, Gewohnheiten mithilfe von Regeln zu ändern, wie etwa »Kein Zucker mehr« oder »Immer nett sein« oder »Ein Glas Alkohol nur, wenn mein Lieblingsverein das Pokalfinale gewinnt«? Wie gut haben diese Regeln funktioniert? Nachdem Sie drei Tage lang keinen Zucker gegessen haben, befinden Sie sich in einem ernsthaften Zuckerentzug und schnauzen alle an, dass sie aus dem Weg gehen sollen, während Sie sich auf den Weg zum Schnapsschrank machen, weil Sie betrunken waren, als Sie die Pokal-Abmachung mit sich selbst getroffen haben, und das deshalb nicht zählt.

Das Problem ist, dass Regeln dafür gemacht sind, gebrochen zu werden, besonders von Kindern, die sie für »doof« halten. Warum? Weil Kinder noch nicht aus Erfahrung gelernt haben. Der präfrontale Cortex kann dem limbischen System kommunizieren, dass Messer gefährlich sind, aber das limbische System reagiert nicht auf Argumente. Es muss den Schmerz der Wunde spüren, um seine Lektion zu lernen. Das ist genau das, was mir damals passiert ist: Man musste mir nicht mehr sagen, dass ich in Zukunft vorsichtig sein soll, wenn ich ein Messer benutze. Ich hatte meine Lektion mit diesem einen verhängnisvollen Schnitt gelernt und befolge seither die vernünftige Regel, beim Umgang mit Messern aufzupassen.

Sich in einer Gewohnheitsschleife zu verfangen und nicht aufzupassen, kann zu einer nicht sehr guten Kombination aus Panik (ich habe mich geschnitten und sehe Blut, also muss es ziemlich schlimm sein) und voreiligen Schlüssen (ich habe eine Arterie getroffen) führen. Nachstehend noch eine weitere Geschichte, die zeigt, wie wichtig es ist, aufmerksam zu sein und einen kühlen Kopf zu bewahren, wenn Blut im Spiel ist.

Eines Abends, als ich als Medizinstudent im dritten Jahr ganz aus dem Häuschen war vor lauter Aufregung, tatsächlich im Krankenhaus zu sein und echte Patienten zu versorgen, war es auf den Stationen ziemlich ruhig, sodass der behandelnde Arzt, unser Teamleiter, die Medizinstudenten und Assistenzärzte als teambildende Maßnahme für einen sogenannten »lehrreichen Moment« um sich versammelte. »Lehrreiche Momente« sind oft mit praktischen Übungen verbunden, bei denen so unterschiedliche Dinge wie Handschuhe, Fäkalien und Initiationsrituale eine Rolle spielen können. Ich war also auf einiges gefasst.

Doch anstatt einen von uns zu einer charakterbildenden Maßnahme zu zwingen, erzählte uns der Arzt zu meiner Überraschung eine Geschichte aus der Zeit, als er selbst noch ein Assistenzarzt gewesen war. Bevor er fortfuhr, sagte er uns, wir sollten uns den Satz merken: »Wenn jemand möglicherweise stirbt, messen Sie zuerst Ihren eigenen Puls.«

Als junger Assistenzarzt also hatte unser Teamleiter einmal Dienst auf der Intensivstation, ohne groß etwas zu tun zu haben. Doch plötzlich hörte er, wie der Herzmonitor eines der Patienten von dem üblichen Piep, Piep, Piep, »Patient lebt, alles in Ordnung« zu dem Piiiiieeeeep, »Patient könnte tot sein« wechselte. Er sprang auf, raste quer durch den Raum und landete innerhalb von Millisekunden mit seiner Faust auf dem Brustkorb des Patienten, um ihm einen möglicherweise lebensrettenden präkordialen Schlag zu verpassen. Präkordialer Faustschlag ist der Fachausdruck für einen kräftigen Schlag auf die Brust, der – vielleicht gegen die eigene Intuition – ein großartiges Mittel sein kann, um ein stillstehendes Herz wieder zum Schlagen zu bringen.

Zu seiner Überraschung rief der Patient aus: »Hey, wieso haben Sie das getan?« Bei der nachträglichen Analyse der Ereignisse stellte der nun sehr beschämte Assistenzarzt fest, dass der Herzfrequenzmesser von dem Patienten abgerutscht war, während er schlief ... und wenn man von der anderen Seite des Zimmers aus nicht die Vitalzeichen kontrolliert, kann man einen schlummernden Patienten leicht mit einem toten Patienten verwechseln.

Unser Teamleiter fuhr fort und erklärte uns, dass (a) vor dem Ereignis seine Aufmerksamkeit nicht auf den Patienten gerichtet war, (b) er in Panik geraten war und infolgedessen (c) voreilige Schlüsse gezogen hatte, anstatt sich daran zu erinnern, zunächst die Vitalwerte zu überprüfen. Daher hatte er (d) die falsche Maßnahme ergriffen und dem armen Patienten möglicherweise Schaden zugefügt.

Hätte der Arzt zuerst sich selbst den Puls gefühlt, hätte er vielleicht in aller Ruhe nachgesehen und feststellen können, dass der Patient einen Puls hatte und dass einfach das Messgerät abgerutscht war. Ohne Stress, aber dafür mit aktivem präfrontalem Cortex, wäre er dann wohl zu dem Schluss gekommen, einfach den Monitor behutsam wieder an den hoffentlich noch schlafenden Patienten anzuschließen.

Glücklicherweise wurde damals letztendlich nicht der Patient, sondern nur das Ego meines Professors beschädigt.

DER VERSUCH, sich eine schlechte Angewohnheit abzugewöhnen, ist oftmals sehr anstrengend. Der Ansatz, es unbedingt schaffen zu wollen, und alles nur irgend Mögliche dafür zu tun, kann einen hohen Preis haben, einschließlich erhöhter Frustration und Stress, wenn es mit der Brechstange dann nicht funktioniert. Sollte dies bei Ihnen der Fall sein, können Sie Ihren präfrontalen Cortex auf Trab halten, indem Sie Wege finden, wie Sie sich selbst helfen, aufmerksam zu sein und die Wellen des Stresses zu bewältigen. Das ist besser, als sich in Frustrationsschleifen zu verstricken und die Dinge damit noch schlimmer zu machen. Neugier ist eine großartige Einstellung, und eine Übung im dritten Gang, um sie zu fördern, kann in Situationen wie der auf der Intensivstation helfen. Ein paar Atemzyklen, in denen Sie ganz bewusst atmen, sind ebenfalls eine einfache Möglichkeit, Ihren präfrontalen Cortex aktiv zu halten, um schädliche Konsequenzen vermeiden zu können. Nachstehend beschreibe ich Ihnen eine weitere Dritte-Gang-Übung, die besonders hilfreich bei lästigen Dingen wie heftiger Gier wie Heißhungeressen sein kann, aber auch bei schwerwiegenderen Ereignissen wie ausgewachsenen Panikanfällen.

RAIN

Begierden ebenso wie auch Angstzustände schleichen sich langsam an, und ehe Sie sich versehen, sind Sie in die eine oder andere Gewohnheitsschleife verstrickt. Aber Sie müssen nicht Sklave solcher Gewohnheitsschleifen sein. Je mehr Sie sich dessen gewahr werden, dass Verlangen und Heißhunger nur Körperempfindungen sind, die Sie austricksen wollen, desto besser stehen Sie sie durch.

Hier ist ein Akronym, das Ihnen hilft, präsent zu bleiben, damit Sie nicht ausrasten, wenn eine Angstschleife auftritt. Das Akronym wurde vor über zwanzig Jahren von Michele McDonald, einer amerikanischen Meditationslehrerin, entwickelt. Die Bedeutung des vierten Buchstabens habe ich in Anlehnung an die von dem burmesischen Meditationslehrer und Meister Mahasi Sayadaw entwickelten Meditationsmethoden leicht abgewandelt.

RECOGNIZE/RELAX: Registriere und realisiere, was gerade in dir aufsteigt und lasse dich relaxt darauf ein, beispielsweise dein Verlangen.
ACCEPT/ALLOW: Akzeptiere, dass es da ist.
INVESTIGATE: Inspiziere Körperempfindungen, Gefühle und Gedanken.
NOTE: Nimm wahr/benenne in jedem einzelnen Moment, was geschieht.

Das Wahrnehmen und Benennen ist vergleichbar mit dem Beobachtereffekt der Quantenphysik, laut dem der Akt der Beobachtung das beobachtete Phänomen verändert. Mit anderen Worten: Wenn wir den körperlichen Empfindungen eines Verlangens Aufmerksamkeit schenken, verfangen wir uns allein durch das Beobachten weniger in der Gewohnheitsschleife. Ich werde Ihnen in einem späteren Kapitel noch spezifische Anweisungen zum Wahrnehmen und Benennen als eigenständige Praxis geben.

Nachstehend habe ich Ihnen die grundlegenden RAIN-Übungen zusammengefasst. Sie können lernen, auf der Welle der Angst zu surfen.

REGISTRIEREN/REALISIEREN Sie zunächst, dass die Stresswelle sich aufbaut und lassen Sie sich entspannt darauf ein.

Beißen Sie nicht auf die Zähne, reißen Sie sich nicht zusammen! Lassen Sie einfach los, Sie haben sowieso keine Kontrolle darüber, ob und wann die Welle kommt. Es ist sogar in Ordnung, wenn Sie ein wenig lächeln. Wirklich!

AKZEPTIEREN Sie die Welle so, wie sie ist. Versuchen Sie nicht, sie wegzuschieben oder zu ignorieren.

Lenken Sie sich nicht ab und versuchen Sie nicht, etwas gegen die Welle zu unternehmen. Dies ist Ihre Erfahrung. Da kommt sie!

Um die Welle der Angst zu erwischen, müssen Sie sie genau INSPIZIEREN und beobachten, während sie sich aufbaut. Seien Sie neugierig. Fragen Sie sich: »Was geht gerade in meinem Körper vor?« Suchen Sie nicht danach. Betrachten Sie, was sich am deutlichsten abzeichnet. Lassen Sie es auf sich zukommen.

Werden Sie neugierig. Woher kommt das Gefühl in Ihrem Körper?

Wie fühlt es sich wirklich an?

Ist es ein Engegefühl in der Brust? Ist es ein Brennen im Bauch oder ein Magengrummeln? Ist es eine innere Unruhe, die Sie dazu drängt, etwas zu tun – vielleicht weglaufen?

Und schließlich NEHMEN Sie die Erfahrung wahr und benennen Sie sie. So bleiben Sie im Hier und Jetzt, neugierig und konzentriert, und reiten auf der Welle. Fassen Sie sich kurz und verwenden Sie einfache Sätze oder einzelne Wörter. Das hilft Ihnen, nicht zu viel nachzudenken oder sich etwas auszudenken.

Stattdessen bleiben Sie in der direkten Erfahrung dessen, was mit Ihnen geschieht. Sie könnten zum Beispiel Notiz nehmen von Anspannung, Aufsteigen, Brennen, Hitze, Unruhe, wenn die Gefühle auftauchen und ihren Höhepunkt erreichen, und dann Vibration, Enge, Kribbeln, Abschwächung, Entspannung, Erleichterung und Ausdehnung, wenn sie abklingen. Wenn Gedanken auftauchen, nehmen Sie sie einfach zur Kenntnis und verfangen Sie sich nicht in der Analyse oder im Reparaturmodus! Nehmen Sie Ihre tatsächliche Erfahrung wahr.

Folgen Sie dieser Welle, bis sie gebrochen und vollständig verebbt ist. Wenn Sie abgelenkt werden oder Ihre Gedanken abschweifen, kehren Sie einfach zur Beobachtung, zum »Inspizieren« zurück, indem Sie die Frage wiederholen, was Ihr Körper gerade fühlt. Bleiben Sie bei diesem Gefühl, bis es vollständig verschwunden ist. Surfen Sie, bis Sie Boden unter den Füßen haben.

Sie werden feststellen, dass RAIN auf der Neugierpraxis aufbaut, die Sie bereits gelernt haben. Das Ausloten Ihrer Gefühle hilft Ihnen, sich zu konzentrieren und neugierig auf Ihre momentanen Erfahrungen zu werden. Wenn Sie sich auf Ihre Neugier einlassen und diese Übung immer besser beherrschen, werden Sie vielleicht feststellen, dass sie sogar ein wenig Spaß machen kann. Wirklich!

Es folgt ein Beispiel von einer Teilnehmerin unseres Programms »Unwinding Anxiety«.

Zunächst analysiert sie ihre Gedanken, damit sie ihrer Gewohnheitsschleifen gewahr wird (erster Gang), und beleuchtet sogar die Ergebnisse (zweiter Gang):

Ich habe mehr über meine Gewohnheitsschleifen nachgedacht und versucht, sie den ganzen Tag über zu beobachten. Dabei habe ich mich vor allem auf die Auslöser bei der Arbeit konzentriert. Einer, der mir aufgefallen ist, ist, dass es mich verunsichert, wenn in einem Meeting mein Vorgesetzter nach mir das Wort ergreift. Ich habe dann das Gefühl, dass er glaubt, ich würde mich nicht gut genug ausdrücken. Dies wiederum führt dazu, dass ich fürchte bei Projekten keinen Mehrwert mehr zu bringen, und dann bin ich erst recht verunsichert und nervös und äußere mich einfach gar nicht mehr. Oder es passiert, dass ich versuche, mich zu »rehabilitieren«, indem ich etwas anderes sage, und das dann aber danach gleich wieder bereue.

Dann schaltet sie mit RAIN in den dritten Gang:

Ich hatte heute eine interessante Erfahrung mit RAIN. Ich musste an einer Besprechung teilnehmen, bei der ich wusste, dass jemand anwesend sein würde, dem ich sonst nach Möglichkeit aus dem Weg gehe. Wir waren früher befreundet, aber dann hat er mich mal so richtig abblitzen lassen, sodass ich heute Schmerz und negative Gefühle empfinde, wenn ich an ihn denke oder ihn sehe. Ich spürte, wie ich mich vor dem Meeting fürchtete, und wurde neugierig, wie sich diese Angst anfühlte. Da ich schon wusste, dass die Angstgefühle unwillkürlich auftauchen würden, beschloss ich, mein Bestes zu tun, um diese Gefühle bewusst wahrzunehmen. Und das hat ziemlich gut funktioniert! Ich konnte »Anspannung« oder »schnelleres Herzklopfen« benennen. Zuerst hatte ich Bedenken, dass das Wahrnehmen schwierig sein würde, da ich auch die Diskussion moderieren musste, aber letztendlich war es gar kein so großes Problem. Ich glaube sogar, dass es mir geholfen hat, denn um etwas bei mir registrieren zu können, musste ich die ganze Zeit präsent bleiben, anstatt mich in einer Gedankenschleife aus Selbstverurteilung und Verletzung zu verlieren. Auch wenn die Besprechung kein Zuckerschlecken war, war ich letztendlich stolz darauf, wie ich sie gemeistert habe. Ich war auch in der Lage, diesen Erfolg zu würdigen, was mir geholfen hat, den ganzen Tag besser zu bewältigen.

Beachten Sie, wie die Funktion ihres präfrontalen Cortex nach ein paar Momenten RAIN aktiviert bleibt. Sie ist in der Lage, präsent zu sein und sogar die Besprechung zu leiten, anstatt sich in einer Gewohnheitsschleife der Selbstverurteilung zu verlieren.

Wenn Sie das nächste Mal bemerken, dass sich eine Gewohnheitsschleife bildet, probieren Sie die RAIN-Methode aus.

Unten finden Sie eine kartengroße Kurzbeschreibung von RAIN, die Sie fotokopieren oder mit Ihrem Smartphone abfotografieren und so zum Nachschlagen immer bei sich tragen können.

RAIN

Registrieren und realisieren Sie, was in diesem Moment geschieht.
Akzeptieren Sie es: Schieben Sie es nicht weg und versuchen Sie nicht, es zu ändern.
Inspizieren Sie Körperempfindungen, Gefühle und Gedanken: Fragen Sie: »Hmm …, was geht gerade in meinem Körper vor?«
Nehmen Sie zur Kenntnis, was in Ihrem Erleben geschieht.

KAPITEL 19

Nur die Liebe zählt

VOR EINIGER ZEIT lernte ich eine dreißigjährige Frau kennen, die wegen ihrer Essstörung mit periodischen Heißhungeranfällen (Binge-Eating-Störung, BES) an mich überwiesen worden war. Mit einem Body-Mass-Index von über 40 (normal ist ein Wert im Bereich von 18,5 bis 25) fiel sie in die Kategorie extrem fettleibig und erfüllte alle Kriterien einer BES: Sie schlang das Essen hastig hinunter, aß große Mengen bis zu starkem Völlegefühl, auch wenn sie eigentlich gar keinen Hunger hatte, und litt danach an Schuldgefühlen und Ekel über sich selbst.

Bei der Anamnese beschrieb sie mir, wie sie seit etwa ihrem achten Lebensjahr von ihrer Mutter psychisch misshandelt worden war. Als Folge dieses chronischen Traumas lernte sie mit der Zeit, dass sie durch Essen die unangenehmen Gefühle »betäuben« konnte. Sie verschlang an etwa zwanzig von dreißig Tagen im Monat ganze Pizzas in XL-Größe, manchmal sogar mehrmals am Tag.

Lassen Sie uns kurz innehalten und überlegen, was hier jeweils vor sich ging:

Auslösereiz: Unangenehme Emotion
Verhalten: Essanfall
Resultat: Kurze Erleichterung in Form von Selbstbetäubung

Sobald die schlechten Gefühle verschwunden sind und der präfrontale Cortex reaktiviert ist, kommen jedoch die Schuldgefühle und Schuldzuweisungen wegen des unerwünschten Verhaltens, was wiederum ein Auslöser für weitere negative Emotionen ist, sodass der PFC sich wieder abmeldet und das Höhlenmenschengehirn wieder anspringt – und dann fängt alles noch mal von vorne an. Stellen Sie sich das Ganze als eine »Echo«-Schleife vor – eine Schleife, die durch die ursprüngliche (Essanfall-) Schleife ausgelöst wird.

Die Patientin steckte in dieser Echo-Gewohnheitsschleife fest, weil ihr altes Gehirn, wie bei allen Menschen, über lediglich sehr einseitige Fähigkeiten verfügt: Es weiß nur, wie man überlebt. In dieser Situation nützte es deshalb wenig, dass dem denkenden Gehirn, dem präfrontalen Cortex, die Irrationalität des Verhaltens der Frau durchaus klar war. Indem ich der Patientin ihre Gewohnheitsschleife aufzeigte, konnte ich ihr bereits einen großen Schritt weiterhelfen. Ich spielte dabei nicht den Arzt, der sie »belehrte« oder ihr ein schlechtes Gewissen wegen ihrer mangelnden Willenskraft einredete und damit möglicherweise die Schleife erneut auslöste. Stattdessen erhielt sie Einblick in ihre tiefsitzende Verunsicherung und merkte, dass ich deren Ursprung verstand. Mein Einfühlungsvermögen half ihr, die Tür zu Vertrauen und zu den folgenden Schritten zu öffnen.

Ich habe die Frau einige Monate lang in meiner Klinik betreut und ihr dabei geholfen, ihre Gewohnheitsschleifen zu erkennen, zu sehen, was sie davon hat, und Achtsamkeitsübungen zu erlernen, um sich aus ihnen zu befreien. Der Grund, warum ich diese Patientin hier erwähne, ist die Echo-Gewohnheitsschleife:

Auslösereiz: Schuldgefühle wegen eines Essanfalls (unangenehmes Gefühl)
Verhalten: (erneuter) Essanfall
Resultat: Kurze Erleichterung in Form einer erneuten Betäubung

Als sie bemerkte, dass diese Gewohnheitsschleife ganz und gar nicht hilfreich war, nahmen die Intensität, Häufigkeit und Dauer ihrer Essanfälle ab. Und, wichtiger noch, sie erkannte im Rahmen des Heilungsprozesses eine andere Gewohnheitsschleife: die der Selbstverurteilung. Sie stellte fest, dass sie sich fast jedes Mal, wenn sie in den Spiegel schaute, dafür verurteilte, zu dick oder unattraktiv zu sein. Dies wirkte sich auch auf andere Aspekte ihres Lebens aus, einschließlich des Ausgehens und der Partnersuche. Die Gewohnheit, sich selbst abzulehnen, führte zu einer Spirale, in der sie immer isolierter und deprimierter wurde. Auch wenn die Anzahl der Heißhungerattacken abnahm, war ihr ganzes Selbst noch nicht geheilt.

Der nächste Schritt war nun, sie mit der Achtsamkeitspraxis »Liebende Güte« bekannt zu machen.

Liebende Güte

Die Praxis der Liebenden Güte, auch bekannt als Metta, aus der alten Pali-Sprache, kann uns helfen, sanfter zu werden und sowohl andere als auch uns selbst so zu akzeptieren, wie wir sind. Das hilft uns, die Vergangenheit loszulassen und etwas für die Gegenwart daraus zu lernen.

Liebevolle Güte ist nicht einfach ein positives Selbstgespräch oder ein Schulterklopfen, wenn wir uns schlecht fühlen. Sie ist vielmehr eine Fähigkeit, die wir alle haben und jederzeit abrufen können – eine Voraussetzung für nachhaltige GBAs. Ihre Grundlage ist ein echtes Wohlwollen gegenüber uns selbst und anderen. Wie ich bereits früher geschrieben habe, hat mein Labor nachgewiesen, dass liebevolle Güte die Aktivität in den Teilen des Gehirns, die mit der Gewohnheitsschleife der Selbstverurteilung verbunden sind, wie dem posterioren cingulären Cortex (PCC), verringern kann. Indem wir uns in liebevoller Güte üben, lernen wir auch, klarer zu sehen, wann wir das Gegenteil tun, also uns selbst verurteilen. Und wenn wir dann merken, dass das Urteil nicht hilfreich ist, werden wir es eher und nachhaltig fallen lassen, weil sich Güte und Freundlichkeit einfach besser anfühlen.

Die Praxis der Liebenden Güte oder Allgüte besteht aus drei Teilen:

1. Sie formulieren einige Sätze der liebenden Güte und wiederholen Sie immer wieder. Das hilft Ihnen, zentriert zu bleiben.
2. Sie sehen ein Bild des Menschen vor sich, dem Sie liebevolle Güte senden.
3. Sie nehmen ein Gefühl der Güte und Freundlichkeit wahr, das in Ihrem Körper aufsteigt, während Sie die Übung durchführen.

Setzen Sie sich zunächst an einem ruhigen Ort in eine bequeme Position und achten Sie bewusst auf Ihre Atmung. Diese Übung bitte keinesfalls beim Autofahren durchführen!

Und nun – als Kontrast zur Liebenden Güte – erinnern Sie sich an eine Situation, die Sie in letzter Zeit gestresst oder Ihnen Angst gemacht hat. Nehmen Sie wahr, wie sich das in Ihrem Körper anfühlt. Fühlt er sich angespannt oder entspannt an? Konzentrieren Sie sich ein paar Augenblicke lang auf die mit der Erinnerung an die Situation auftretenden Empfindungen.

Stellen Sie sich nun vor, dass eine gute Freundin zur Tür hereinkommt, die Sie schon lange nicht mehr gesehen haben. Wie fühlt sich das an?

Achten Sie auf Unterschiede zwischen diesem Gefühl und demjenigen, das auftrat, als Sie sich an die angstmachende Situation erinnerten. Wann fühlten Sie sich verkrampft und wann offen und entspannt?

Denken Sie nun wieder an Ihre liebe Freundin oder vielleicht an jemanden, der Ihnen ein Vorbild ist, oder an jemanden, der sich Ihnen gegenüber liebevoll, großzügig oder weise gezeigt hat. Das kann sogar ein Haustier sein; Haustiere sind wirklich gut darin, bedingungslose Liebe zu zeigen.

Vergegenwärtigen Sie sich die liebevollen Eigenschaften und die Freundlichkeit dieser Person oder des Haustieres Ihnen gegenüber. Achten Sie auf ein Gefühl, das in Ihrem Körper aufsteigt. Wärme, Erweiterung, vielleicht in der Brust/im Herzen?

Wenn Sie nicht sofort etwas bemerken, ist das auch in Ordnung – horchen Sie einfach während der Übung immer wieder in Ihren Körper hinein.

Wünschen Sie diesem Wesen nun alles Gute, indem Sie einige kurze Sätze Ihrer Wahl im Geiste (innerliches Sprechen) mehrmals wiederholen. Nachstehend finden Sie einige Vorschläge. Aber wählen Sie nur Sätze, die Sie wirklich ansprechen, oder lassen Sie die Sätze ganz weg und verankern Sie einfach das Gefühl in Ihrem Herzen.

»Mögest du glücklich sein«, atmen Sie es ein; »Mögest du glücklich sein«, atmen Sie es durch Ihren ganzen Körper.

»Mögest du gesund sein«, atmen Sie es ein; »Mögest du gesund sein«, atmen Sie es durch Ihren ganzen Körper.

»Mögest du frei von Leid sein«, atmen Sie es ein; »Mögest du frei von Leid sein«, atmen Sie es durch Ihren ganzen Körper.

»Mögest du gütig zu dir selbst sein«, atmen Sie es ein; »Mögest du gütig zu dir selbst sein«, atmen Sie es durch Ihren ganzen Körper.

Wiederholen Sie diese Sätze in Ihrem Tempo etwa eine Minute lang. Verwenden Sie die Sätze und das Gefühl der bedingungslosen Liebe in Ihrem Körper als Anker, um im Moment zu bleiben. Wenn Ihnen das Gefühl gerade schwach oder erzwungen erscheint, entspannen Sie sich und konzentrieren Sie sich auf die Sätze. Indem Sie diese natürliche Fähigkeit allmählich wiedererwecken, wird sie sich mit der Zeit verstärken; versuchen Sie nicht, sie zu erzwingen.

Wenn Ihre Gedanken abschweifen, nehmen Sie einfach zur Kenntnis, wo sie hingewandert sind, und kehren Sie dann wieder zu den Sätzen zurück. Verankern Sie das Gefühl der bedingungslosen Liebe, wenn Sie es in Ihrer Mitte spüren.

Denken Sie jetzt an sich selbst. Vergegenwärtigen Sie sich einige Ihrer guten Eigenschaften. Achten Sie darauf, ob Sie sich verschließen oder sich dagegen sträuben, sich diese guten Eigenschaften bewusst zu machen. Wir sind alle gut darin, uns selbst herabzusetzen. Achten Sie darauf, wie sich das anfühlt, und versuchen Sie, es für den Moment beiseitezuschieben.

Richten Sie nun die gleichen Sätze, die Sie für andere formuliert haben, an sich selbst.

»Möge ich glücklich sein«, atmen Sie es ein; »Möge ich glücklich sein«, atmen Sie es durch Ihren ganzen Körper.

»Möge ich gesund sein«, atmen Sie es ein; »Möge ich gesund sein«, atmen Sie es durch Ihren ganzen Körper.

»Möge ich frei von Leid sein«, atmen Sie es ein; »Möge ich frei von Leid sein«, atmen Sie es durch Ihren ganzen Körper.

»Möge ich gütig zu mir selbst sein«, atmen Sie es ein; »Möge ich gütig zu mir selbst sein«, atmen Sie es durch Ihren ganzen Körper.

Wie zuvor wiederholen Sie diese Sätze im Geiste, in Ihrem eigenen Tempo. Verwenden Sie die Sätze und das Gefühl der warmen, sich ausdehnenden, bedingungslosen Liebe in Ihrem Körper als Anker, um im gegenwärtigen Moment zu bleiben. Wenn Ihre Gedanken abschweifen, nehmen Sie einfach zur Kenntnis, wo sie hingewandert sind, und kehren Sie dann wieder zu den Sätzen und zu dem Gefühl von Wärme oder Ausdehnung in Ihrer Brust zurück. Sollten Sie Widerstand oder Anspannung oder andere Körperempfindungen bemerken, reagieren Sie darauf mit Neugier: »Hmm ..., Anspannung, interessant.« Nehmen Sie es zur Kenntnis und fahren Sie dann fort, die Sätze zu wiederholen.

Und nun beenden Sie diese geführte Übung.

Sie können diese Übung nicht nur auf sich selbst und geliebte Menschen ausweiten, sondern auch auf Menschen, denen Sie neutral gegenüber stehen, wie Nachbarn, und sogar auf schwierige Menschen in Ihrem Leben. Mit der Zeit werden Sie feststellen, dass die Übung des Loslassens von Anspannung und des Übergangs zu warmen, offenen Energien Ihr Herz für Güte öffnen wird.

Liebende Güte ist nicht unbedingt einfach

Liebende Güte zu praktizieren, kann anfangs eine echte Herausforderung sein.

Obwohl ich schon länger regelmäßig meditierte, sträubte ich mich zunächst, die Liebende-Güte-Meditation zu praktizieren. Anfangs erschien mir das esoterischer Humbug zu sein. Erst nach mehreren

Jahren des Übens von Liebender Güte begann mir zu dämmern, wie hilfreich und wertvoll dies ist.

Als ich meine Facharztausbildung anfing, hatte ich schon einige Jahre Liebende Güte praktiziert. Wenn ich diese Übung machte, spürte ich oft ein Gefühl der Wärme in meiner Brust und dass sich etwas in meinem verengten Körper lockerte. Nicht immer, aber oft. Damals wohnte ich ein paar Kilometer vom Krankenhaus entfernt und fuhr mit dem Fahrrad zur Arbeit. Während dieser Fahrten spürte ich definitiv eine Verengung oder ein Zusammenziehen, wenn mich jemand anhupte oder anschrie. Ich bemerkte, dass ich in eine seltsame Gewohnheitsschleife geraten war.

Auslösereiz: Angehupt werden
Verhalten: Den Autofahrer anschreien, eine beleidigende Geste machen oder absichtlich vor das Auto fahren
Resultat: Das Gefühl genießen, es dem Autofahrer gezeigt zu haben

Mit diesem Gefühl von kleingeistiger Selbstgerechtigkeit kam ich dann im Krankenhaus an.

Da ich irgendwann feststellte, dass ich meinen Patienten auf diese Weise nicht gerade Heiterkeit und gute Laune mitbrachte, begann ich zu testen, was mit meiner Verkrampfung und Einstellung geschah, wenn ich die Autofahrer nicht mehr anschrie, sondern ihr Hupen als Auslösereiz ansah, um Liebende Güte zu praktizieren. Erst einen Satz für mich selbst: »Möge ich glücklich sein«, dann einen Satz für den Autofahrer: »Mögest du glücklich sein«. Das half, den Zyklus von Selbstgerechtigkeit und dem Gefühl von verkrampfter Enge aufzubrechen.

Auslösereiz: Angehupt werden
Verhalten: Zwei Sätze Liebevoller Güte verteilen: einen Satz an mich selbst, einen an den Fahrer
Resultat: Die verkrampfte Enge ist weg

Nach einer Weile merkte ich, dass ich bei der Ankunft im Krankenhaus viel milder gestimmt war. Die verspannte Enge war weg. Dann kam mir plötzlich die glorreiche Idee, dass ich nicht zu warten brauchte, bis jemand mich anhupte, damit ich üben konnte, den Menschen Gutes zu wünschen. Ich konnte das bei jedem machen, der mir begegnete. Ich probierte es aus und kam bald nur noch ausgesprochen fröhlich zur Arbeit. Als mir der Unterschied zwischen den Ergebnissen dieser beiden Gewohnheitsschleifen bewusst wurde – die verkrampfte Enge in der ersten und das freudige Gefühl der Öffnung in der zweiten –, erkannte ich, dass liebevolle Güte die lohnendere Art zu sein ist. Das Leben fühlt sich nicht mehr wie ein Kampf an.

Vielleicht sträuben Sie sich, so wie ich damals, mit der Praxis der Liebenden Güte zu beginnen. Aus irgendeinem Grund widerstrebt sie Ihnen oder Sie trauen sich nicht zu, sie richtig hinzubekommen. Wenn das bei Ihnen der Fall ist, möchte ich Ihnen mit zwei Sätzen aus Leonard Cohens berühmtem Song »Anthem« antworten: »There's a crack in everything. That's how the light gets in.« Zu Deutsch: »In allem gibt es einen Riss. So kommt das Licht herein.« Machen Sie sich keine Sorgen, dass Sie nicht perfekt sein könnten. Der Riss, den wir alle haben und für einen Makel oder eine Schwäche halten, ist in Wirklichkeit unsere Stärke.

Die Lösung des Problems

Im Fall meiner Patientin mit Essattacken habe ich ihr die Liebevolle Güte als ein GBA vorgestellt, das sie aus der Abwärtsspirale von Isolation und Depression herausführen könnte. Es brauchte ein paar Versuche, aber nach einer Weile fing sie an, Liebevolle Güte regelmäßig zu praktizieren, vor allem, wenn sie sich wieder einmal selbst verurteilen wollte und sich in einer Ausnahmesituation befand. In den meisten Fällen gelang es ihr damit, ihre depressiven Grübeleien abzuschütteln. Letztendlich konnte sie sich auf diese Weise selbst von ihren Essanfällen befreien und benötigte irgendwann meine therapeutische Hilfe nicht mehr.

Etwa vier Monate nach ihrer letzten Therapiesitzung kam sie noch einmal zu einer Nachuntersuchung in meine Klinik, nur um sicherzugehen, dass alles in Ordnung war. Sie hatte zwanzig Kilo abgenommen, aber noch wichtiger war, dass sie mir Folgendes sagte: »Ich bin dankbar für diesen Ansatz, denn ich habe das Gefühl, dass ich mein Leben zurück habe. Ich kann jetzt ein einziges Stück Pizza statt einer ganzen essen und es sogar genießen.«

Beachten Sie, dass sie nicht auf Vermeidung oder eine andere Strategie zurückgreifen musste, um ihre Gewohnheitsschleife(n) zu durchbrechen. Und was sie beschrieb, war auch keine Zauberei – sie brachte einfach alle drei Gänge zusammen und wandte sie im wirklichen Leben an. Sie war in der Lage, ihre Gewohnheitsschleifen zu erfassen (erster Gang), zu erkennen, dass es schmerzhaft war, sich selbst zu ohrfeigen (zweiter Gang), und das GBA der Liebenden Güte einzusetzen (dritter Gang). So konnte sie sich aus den Gewohnheitsschleifen befreien und stattdessen etwas Schönes verwirklichen: sich selbst.

Probieren Sie also die Liebevolle Güte auch einmal in Ihrem Leben aus. Entdecken Sie, wie Neugier und Freundlichkeit Ihnen helfen können, so zu handeln, dass Sie selbst und andere davon profitieren. Die Liebevolle Güte wird Sie dabei unterstützen, Probleme besser zu lösen und mit der Welt zu interagieren. Sie können sie wie ein Ritual praktizieren, während Sie auf einem Stuhl oder einem Meditationskissen sitzen, oder wenn Sie sich zum Einschlafen hinlegen. Sie können sie aber auch ausüben, wenn Sie spazieren gehen und sich selbst und jedem, dem Sie auf dem Weg begegnen, diese Sätze anbieten. Je mehr Sie die Sätze üben, anstatt sich zu verurteilen oder zu quälen, desto mehr werden Sie sich angewöhnen, sich zu öffnen, präsent zu sein, sich zu erlauben, einfach Mensch zu sein. Und desto mehr werden Sie auf die natürlichen Belohnungen zurückgreifen, die bereits in Ihnen vorhanden sind: Wärme, Weite, Frieden oder was auch immer Ihr Erleben beschreibt.

KAPITEL 20

Die Warum-Gewohnheitsschleife

AMY (NICHT IHR RICHTIGER NAME) ist eine Patientin von mir. Sie ist Ende dreißig, glücklich verheiratet und Mutter von drei Kindern im Teenageralter. Sie hat ziemlich viel um die Ohren und meistert den scheinbar unmöglichen Spagat, den so viele Frauen zu bewältigen haben: sich um ihre Kinder und ihren Mann zu kümmern und trotzdem berufstätig zu sein. Viele Frauen hatten und haben es noch schwerer als sie – meine Mutter, die meine Heldin ist!, hat vier Kinder allein großgezogen und in der Abendschule Jura studiert –, aber Amy kam zu mir, weil sie von der Angst geplagt wurde, nicht mehr alles unter einen Hut bringen zu können.

Als ich mit Amy zu arbeiten begann, schickte ich sie nach der ersten Sitzung mit der Anweisung nach Hause, ihre Gewohnheitsschleifen zu skizzieren. Es ist hilfreich, wenn meine Patienten zwischen den Therapiesitzungen Hausaufgaben machen. Wenn sie ihre Gewohnheiten im Kontext ihres wirklichen Lebens und nicht in einem therapeutischen Rahmen aufzeichnen, bekommen sie nicht nur ein besseres

Gefühl dafür, was vor sich geht, sondern wir machen auch effizientere Fortschritte während der Behandlung. Beim nächsten Gespräch können wir in medias res gehen, anstatt kostbare Zeit darauf zu verwenden, zuerst die Geschehnisse der letzten Zeit zu analysieren und daraus die Gewohnheitsschleifen zu formulieren.

Zum zweiten Termin kam Amy ganz aufgeregt in mein Praxiszimmer. Sie verschwendete keine Zeit, setzte sich und fing sofort an zu erzählen. Sie beschrieb, wie einfach bereits jede Kleinigkeit sie in lähmende Angstzustände versetzte. Sie trug viel Verantwortung, was an sich keine große Sache war, aber in letzter Zeit schien ihr alles über den Kopf zu wachsen, sodass sie ihre Kinder und ihren Mann grundlos anschnauzte (nicht dass es jemals einen Grund gäbe, unsere Lieben anzuschnauzen). Amy fügte hinzu, dass sie ihren Job mochte und er eigentlich auch gar nicht sonderlich stressig war, sie aber trotzdem nur schon bei dem Gedanken, zur Arbeit fahren zu müssen, Angstzustände entwickelte. Ihre To-do-Liste wurde immer länger, denn anstatt die Dinge einfach zu erledigen und dann abzuhaken, machte sie sich beim Blick auf die Liste Sorgen, fühlte sich erschöpft vom Stress und schlief immer wieder mitten am Tag ein. Wenn sie wieder aufwachte, begann alles von vorn. Sie nutzte ihre Energie nicht auf produktive Weise. Ihre Ängste absorbierten sie, sie flammten beim kleinsten Auslöser auf.

In jener Sitzung machte Amy eine Bemerkung, die mir einen wichtigen Hinweis darauf gab, wo sie feststeckte: »Ich fühle, wie mich die Angst überkommt, und ich frage mich ständig, warum ich Angst habe«, sagte sie.

Amy fügte noch hinzu, dass die für das Auslösen ihrer Ängste verantwortlichen Situationen gemäß ihrer Wahrnehmung willkürlicher Natur waren. Besonders nervte es sie, wenn ihr wohlmeinender Ehemann oder Freunde sie fragten, was los sei, um ihr dann den gut gemeinten Rat zu geben, doch zu einem Psychiater zu gehen.

Ich sagte: »Die fragen dann wahrscheinlich: ›Geht es dir denn immer noch nicht besser?‹, stimmt's?«

»JA!«

Amy fuhr fort: »Wenn ich doch nur selbst wüsste, warum …«

Amy war in eine mentale Falle getappt, so wie schon viele andere Menschen vor ihr. Sie glauben, dass sie nur die Ursache ihrer Ängste herausbekommen müssen, um sie zu überwinden. Das mag funktionieren, wenn es darum geht, Autos oder Geschirrspüler zu reparieren, aber unser Geist kann nicht wie ein Haushaltsgerät instand gesetzt werden.

Die Falle besteht in der Denkweise, dass Psychiater wie Mechaniker sind: Wir gehen zu ihnen, um unsere Ängste beseitigen zu lassen. Meistens besteht diese »Reparatur« in dem Versuch, die Wurzel der Angstzustände freizulegen. Und sobald dies geschafft ist, so glauben wir, werden wir geheilt sein.

Auslöser sind das Ergebnis eines erlernten Verhaltens, das wir dann mit einem Reiz verbinden. Dieser Auslöser kann alles Mögliche sein. Etwas zu sehen, etwas zu fühlen oder auch nur einen Gedanken zu haben, kann eine gewohnheitsmäßige Reaktion auslösen, die eine Gewohnheitsschleife in Gang setzt. Natürlich denken wir, dass wir, wenn wir diese Auslöser identifizieren können, sie in Zukunft entweder vermeiden oder – noch besser – abstellen können. So bleiben wir in der Vergangenheit verhaftet. Doch wir können Vergangenes nicht ändern, wir können nur daraus lernen und unsere Verhaltensweisen in der Gegenwart anpassen und dadurch neue Gewohnheitsschleifen in der Zukunft anstoßen.

Amy war in den Kaninchenbau des »Warum« hinabgestiegen. Sie versuchte verzweifelt herauszufinden, warum sie an Ängsten litt, und wenn sie endlich die Antwort hätte, so meinte sie, könnte sie das Problem lösen und ihre Angstzustände würden verschwinden. Paradoxerweise verfing sie sich gerade dadurch dabei immer mehr in einer Warum-Schleife:

Auslösereiz: Angstzustand
Verhalten: (Vergeblich) den Grund für die Ängste zu entdecken versuchen
Resultat: Angstzustand wird verstärkt

In den ersten zehn Minuten der Therapiesitzung war Amy bereits dreimal in ihrer Warum-Schleife stecken geblieben, als sie mir versuchte zu beschreiben, womit sie zu kämpfen hatte. Es gibt nichts Besseres, als das Problem unmittelbar zu demonstrieren, damit Arzt oder Ärztin ein Bild davon bekommt, was los ist.

Nach dem dritten Mal fragte ich sie: »Wie fühlt es sich an, wenn Sie den Grund nicht herausfinden können?«

»Es macht es schlimmer«, sagte Amy.

Selbst wenn sie einen Auslösereiz eindeutig identifizieren konnte, war dieser Auslöser nicht das Problem. Amys Problem war vielmehr die Frage nach dem Warum. Als Erstes ließ ich sie tief durchatmen, damit sie sich beruhigte. Dann spielten wir gemeinsam die Schleife der Warum-Gewohnheit durch. Allein das beruhigte Amy sichtlich, denn sie konnte erkennen, wie sie ihre Angst selbst schürte. Nun schlug ich ihr etwas Radikales vor.

Ich fragte: »Was ist, wenn das Warum keine Rolle spielt?«

»Was?«, sagte sie und war augenscheinlich etwas verwirrt.

Es kommt nicht in Wirklichkeit darauf an, was die Sorgen oder Ängste auslöst, aber es kommt darauf an, wie man darauf reagiert. Wenn Amy in eine Warum-Schleife gerät, gießt sie Öl ins Feuer und macht es noch schlimmer. Lernt sie dagegen, sich aus dieser Schleife zu befreien, kann sie nicht nur das Feuer der Angst löschen, sondern gleichzeitig lernen, wie sie es in Zukunft vermeidet, ein weiteres Feuer zu entfachen. Beim Achtsamkeitstraining ist die klare Unterscheidung zwischen Warum und Was entscheidend. Menschen mit Angstzuständen müssen lernen, sich auf das zu konzentrieren, was in einem Moment geschieht, anstatt sich durch die bohrende Frage nach dem Warum davon abzulenken. Welche Gedanken und Gefühle haben sie? Welche Empfindungen zeigen sich in ihrem Körper?

Am Ende der Sitzung gab ich Amy Hausaufgaben mit nach Hause.

»Wann immer Sie bemerken, dass sich eine Warum-Gewohnheitsschleife entwickelt, atmen Sie dreimal tief ein. Und beim Ausatmen sagen Sie sich jeweils: Das Warum spielt keine Rolle.«

Das Ziel war es, ihr zu helfen, Angst zur Kenntnis zu nehmen, sich auf das zu konzentrieren, was im Moment passiert, und sich nicht in einer Warum-Schleife zu verfangen. Amy hatte nun ein konkretes Hilfsmittel zur Befreiung aus ihren Warum-Schleifen.

Wir alle verfallen von Zeit zu Zeit in den Mechaniker-Modus und denken, dass unsere Gehirne wie Autos sind. Und wenn es ein physiologisches Problem gibt, beispielsweise einen Gehirntumor, ist die westliche Medizin ja auch wirklich fantastisch darin, es zu beheben. Doch der Versuch, etwas aus der Vergangenheit zu reparieren, das eine Gewohnheitsschleife ausgelöst hat, wird nie funktionieren, denn vorbei ist eben vorbei. An dieser Stelle kommt das Sprichwort über Vergebung ins Spiel, das ich in Kapitel 14 erwähnt habe: »Vergebung bedeutet, die Hoffnung auf eine bessere Vergangenheit zu begraben.« Auslöser zu vermeiden, ist nicht nur fast unmöglich, auch wenn es meine Patienten es immer wieder versucht haben, sondern es geht auch nicht an die Wurzel des Problems. Wir müssen lernen, die Vergangenheit loszulassen und uns auf die Gegenwart zu konzentrieren, denn wir können nur mit dem arbeiten, was jetzt gerade da ist: Gewohnheitsschleifen, die wir aktuell ausleben. Jedes Mal, wenn wir uns in einer Warum-Schleife verfangen, verbrennen wir uns die Finger, während wir gleichzeitig immer mehr Öl ins Feuer gießen.

Prüfen Sie, ob Sie eine Warum-Schleife (oder zwei) gebildet haben, und nehmen Sie wahr, wie es sich anfühlt, sich zu verbrennen. Konzentrieren Sie sich auf das Was und nicht auf das Warum. Achten Sie darauf, was passiert, wenn Sie es in Worte fassen und dann aus der Schleife aussteigen, indem Sie etwas Einfaches wie die erwähnte Atemübung anwenden und sich daran erinnern, dass das Warum keine Rolle spielt. Und dann schauen Sie mal.

Die Augen sind die Fenster zur Seele – oder zumindest zum gegenwärtigen emotionalen Zustand

Haben Sie sich jemals gefragt, warum viele professionelle Pokerspieler bei Turnieren eine dunkle Sonnenbrille tragen? Damit ihre Augen ihre Strategie nicht preisgeben. Das Schlimmste, was einem Pokerspieler passieren kann, ist, sich zu verraten – eine Veränderung im Verhalten oder Gebaren, die Aufschluss über seine Karten gibt.

Es ist sehr schwierig, unwillkürliche Augenbewegungen und Mienenspiele zu unterdrücken oder zu verbergen, daher die dunklen Sonnenbrillen.

Ihre Augen können in der Tat ein Fenster zu Ihrem aktuellen emotionalen Zustand sein. Wenn Sie verstehen, wie Augen und Emotionen verbunden sind, können Sie darauf aufbauend eine einfache Übung anwenden, die Ihnen hilft, mit Angst, Furcht, Frustration und anderen emotionalen Zuständen umzugehen. Gleichzeitig hilft Ihnen diese Übung dabei, sich die Neugier zur Gewohnheit zu machen. Sind Sie bereit, dies ein wenig zu vertiefen? Dann wollen wir gleich loslegen.

Lassen Sie uns mit der Wissenschaft beginnen. Was tun wir instinktiv mit unseren Augen, wenn wir Angst haben? Wir öffnen sie ganz weit. Charles Darwin stellte die Theorie auf, dass wir im Angesicht von Unsicherheit die Augen weiter öffnen, um eine größere Menge an visuellen Sinnesinformationen darüber zu sammeln, ob »da draußen« eine Gefahr lauert. In Kombination mit weiteren Gesichtsausdrücken von Angst dient die Augenerweiterung auch als soziales Signal, um andere wissen zu lassen, dass wir Angst haben. Durch den Kontrast zwischen der Sklera (der weißen Augenhaut, die den Augapfel umschließt) und dem Rest des Auges zeigt sich dies beim Menschen besonders ausgeprägt. Auch wenn wir kein Wort sagen, können andere aus unserem Gesicht ablesen, dass möglicherweise Gefahr im Anzug ist.

Dieses unwillkürliche Weiten der Augen kann die kognitive Verarbeitung von Umweltereignissen sowohl bei der Person, die ihre Augen weit öffnet, als auch bei der Person, die dies beobachtet, steigern. Dies wurde in einem interessanten Experiment der Psychologen Daniel Lee, Joshua Susskind und Adam Anderson aus dem Jahr 2013 nachgewiesen. Sie baten die Teilnehmer zunächst, mit ihrem Gesichtsausdruck Angst darzustellen, dann einen neutralen Gesichtsausdruck anzunehmen und schließlich noch mimisch Ekel auszudrücken. Die Forscher entdeckten, dass die Angstmimik insbesondere die Fähigkeit der Teilnehmer verbesserte, kognitive Wahrnehmungsaufgaben auszuführen, während die Mimik des Ekels, bei der sich die Augen verengen, ihre Fähigkeit, eine solche Aufgabe zu lösen, jedoch stark verminderte.

In einem zweiten Experiment untersuchten die Forscher, ob die Wahrnehmung von Angst in den Augen eines anderen einen kognitiven Nutzen für den Beobachtenden hat. Und es war dann tatsächlich so, dass sich bei den Probanden die Leistung bei einer kognitiven Aufgabe deutlich verbesserte, wenn ihnen vorher Bilder von Gesichtern mit weit geöffneten Augen, also mit mehr weißer Augenhaut, gezeigt worden waren.

Dass wir unsere Augen weit öffnen, geschieht nicht nur aus Furcht, sondern auch bei der Informationsaufnahme generell. Wenn wir etwas bemerken und darüber staunen, machen wir die sprichwörtlichen großen Augen. In einer interessanten Variation der erwähnten Studie drehten die Forscher die Bilder auf den Kopf, sodass die Teilnehmer den Gesichtsausdruck nicht als Furcht deuten konnten, sondern einfach nur sahen, wie stark geöffnet die Augen waren. Die Forscher stellten dann fest, dass offensichtlich nicht die wahrgenommene Angst in den Augen für die Verbesserung der Aufgabenleistungen der Probanden verantwortlich war. Vielmehr ergab sich diese schlichtweg aufgrund des von ihnen registrierten Verhältnisses von Iris zu Sklera (größere Augen = mehr sichtbares Weiß).

Darwins von der Wissenschaft bestätigte Vermutung hat wichtige Auswirkungen auf das Lernen im Allgemeinen. Es ergeben sich konkrete Tipps und Tricks daraus, die Ihnen helfen können, Gewohnheiten zu ändern.

Lassen Sie uns mit dem assoziativen Lernen beginnen. So lernen wir, Körperempfindungen und -haltungen mit Emotionen zu koppeln. Wenn Sie sich in Gefahr befinden, ziehen Sie sich instinktiv zusammen, machen sich so klein wie möglich und schützen mit Armen und Beinen Ihren Kopf und die lebenswichtigen Organe.

Wenn wir eine Körperhaltung oder einen Gesichtsausdruck immer wieder mit einer Emotion verbinden, werden die beiden schließlich untrennbar. Es ist dann kaum noch möglich, das eine ohne das andere zu haben. Wer zum Beispiel die Schultern anspannt und hochzieht, wird sehr wahrscheinlich feststellen, sich ein wenig gestresst zu fühlen. Das liegt daran, dass wir in unserem Leben in Stresssituationen schon oft die Schultern hochgezogen haben. Wenn wir glücklich sind, neigen wir dazu, eine entspanntere Körperhaltung einzunehmen. Dieser Prozess wird somatische Gedächtnisbildung genannt, weil wir Erinnerungen bilden, die Körperempfindungen (aus dem Griechischen: *soma* für Körper) mit Gedanken und Emotionen in Zusammenhang bringen.

Sie können sogar damit spielen. Prüfen Sie, ob Sie irgendwelche Verspannungen in den Schultern haben, von heute oder der letzten Woche oder sogar von dem letzten Jahr! Atmen Sie nun tief ein, halten Sie den Atem drei Sekunden lang an und entspannen Sie beim Ausatmen Ihre Schultern. Fühlen Sie sich jetzt eher gestresst oder eher entspannt?

Auch Ihre Augen haben ein somatisches Gedächtnis. Wir haben gelernt, weit geöffnete Augen mit der Aufnahme neuer Informationen in Verbindung zu bringen. Wenn Sie nun Ihre Augen aus Furcht oder Verwunderung weit öffnen, signalisiert dies Ihrem Gehirn, dass Sie in der Lage sind, neue Informationen zu erfassen. Verengen Sie die Augen hingegen, aus Abscheu oder Wut, schließt das Gehirn daraus, dass Sie im Moment nicht bereit sind zu lernen, sondern stattdessen handeln wollen.

Lassen Sie uns ein wenig experimentieren:

Öffnen Sie Ihre Augen ganz weit und denken Sie an etwas, das Sie angewidert, frustriert oder wütend gemacht hat. Versuchen Sie, die Augen weitmöglichst aufzumachen und achten Sie darauf, wie angewidert, frustriert oder wütend Sie werden können. »Das ist wirklich nur noch ekelhaft!« Oder: »Oh Mann, das ärgert mich dermaßen!« Wie gut hat das funktioniert? Nicht gut, schätze ich. Weder bei Abscheu noch bei Wut denken wir so etwas wie »Was ist eigentlich genau passiert? Ist das ein Grund zum Zornig-Sein? Ich muss mir erst noch mehr Informationen beschaffen …« In solchen Augenblicken ist unser Gehirn nicht im Modus zum Sammeln von Informationen, sondern stattdessen darauf bedacht, auf das zu reagieren, was die

Wut ausgelöst hat. Unsere Augen verengen sich dann mit laserartigem Fokus. Dieser wütende Gesichtsausdruck mit verengten Augen ist so fest verankert, dass Ihr Gehirn, wenn Sie die Augen weit öffnen und versuchen, sich zu ärgern, zu sich selbst sagt: »Das geht nicht«, weil Ihr Gesichtsausdruck und Ihre Gefühle nicht übereinstimmen. Es ist sehr schwer, mit weit geöffneten Augen wütend zu werden.

Lassen Sie uns noch eine andere Übung machen. Schließen Sie die Augen bis auf einen Schlitz und versuchen Sie dann, neugierig zu sein. Wieder keine Chance: Ihr Gehirn ist daran gewöhnt, dass Ihre Augen vor Neugierde und Staunen wirklich weit geöffnet sind, denn beide sind ja schließlich mit dem Informationssammelmodus verknüpft. Auch bei dieser Übung gibt es wieder eine Diskrepanz: Ihr Gehirn sagt: »Hey, Moment mal. Wenn du echt neugierig bist, sollten deine Augen offen sein. Bist du sicher, dass du neugierig bist?«

Die Augen sind ganz generell ein gutes Erkennungsmerkmal von Emotionen. Die Menschen verknüpfen den Augenausdruck schon so lange mit Gefühlen, dass die beiden sehr eng miteinander verbunden sind. Wenn wir das wissen, können wir dieses einfache System nutzen, um von Frustration und Angst zu Neugier zu kommen. Und so geht es:

Wenn Sie das nächste Mal frustriert oder ängstlich sind, versuchen Sie dies.

1. Halten Sie inne und benennen Sie das Gefühl (»Oh, das ist Gefühl X«).
2. Prüfen Sie, wie schmal oder weit Ihre Augen sind.
3. Öffnen Sie die Augen weit und stoßen Sie vielleicht ein »Hmm …« aus, um Ihre Neugier anzuregen. Halten Sie die Augen zehn Sekunden lang weit offen und beobachten Sie, was mit der Angst oder welcher schwierigen Emotion auch immer geschieht. Wird sie stärker oder schwächer? Oder verändert sie sich sonst irgendwie?

Sobald Sie den Dreh raus haben, schauen Sie, wie oft Sie diese Übung im Laufe des Tages wiederholen können. Wann immer eine schwierige Emotion auftaucht, probieren Sie aus, ob Sie sich mit dieser Übung dem Gefühl stellen und daraus und über sich selbst lernen können, während Sie gleichzeitig daran arbeiten, die Gewohnheit der Neugier zu festigen.

KAPITEL 21

Auch Ärzte bekommen Panikattacken

BISHER ENTHÄLT UNSERE Achtsamkeits-Toolbox schon einige Werkzeuge, mit denen Sie Ihr Gehirn schnell dazu bringen können, vom ersten und zweiten Gang in den dritten zu schalten. Neugier ist eine Grundvoraussetzung, Liebende Güte hilft Ihnen, sich von selbstverurteilenden Gewohnheitsschleifen zu befreien, und RAIN unterstützt Sie dabei, dem abendlichen Verlangen nach Paprikachips nicht nachzugeben.

Wie wäre es mit einem Werkzeug, das Sie immer mal wieder zwischendurch, zu jeder Tageszeit anwenden können?

Die Achtsamkeitspraxis wird oft als ein Weg bezeichnet zu lernen, wie man im Leben antwortet und auf etwas eingeht, anstatt gedankenlos zu reagieren. Der Drang, etwas rasch zu tun, ist vielfach eine Reaktion auf etwas Unangenehmes. Wenn Sie nicht achtsam sind, reagieren Sie gewohnheitsmäßig, um das unangenehme Gefühl loszuwerden. Das ist so, als würden Sie auf Autopilot schalten, oder, wie es jemand in einem unserer Programme ausdrückte, »mit geschlossenen Augen fahren«. Sie wissen nicht, wohin Sie fahren, aber es ist eigentlich klar, dass es nicht in die richtige Richtung geht.

Wenn Sie aufmerksam sind und Ihren unangenehmen Gefühlen ein akzeptierendes, neugieriges Gewahrsein entgegenbringen, werden Ihnen die Augen aufgehen und Sie werden den Raum finden, um zu antworten, anstatt zu reagieren. RAIN hilft Ihnen, diesen Raum zu öffnen, weil Sie nicht in der gewohnten Reaktivität gefangen sind.

Eines unserer weiblichen Community-Mitglieder sagte, sie fühle sich eher wie ein »Mensch, der tut, als ein Mensch, der ist«. Sie würde, so erklärte sie, tun, tun, tun, um sich besser zu fühlen, aber hatte sich im Prozess des Tuns verloren und aufgehört zu sein.

Mit ein wenig Freiraum können auch Sie sein, anstatt zu tun. Wenn Sie Ihre eingefleischten Reaktionen auf unangenehme Emotionen wie Furcht und Angst auflisten (erster Gang) und ausloten, welche Auswirkungen Ihre gewohnheitsmäßigen Reaktionen (zum Beispiel sich sorgen, vermeiden, aufschieben usw., zweiter Gang) haben, haben Sie ausreichend Geschwindigkeit aufgenommen, um in den dritten Gang zu schalten und Platz für ein anderes Verhalten zu schaffen, wie neugierig zu werden oder RAIN zu praktizieren. Möglicherweise genügt allein schon Neugier, damit Sie auf Ihr Surfbrett steigen und auf den Wellen reiten können.

Neugierig zu sein hilft Ihnen, Ihr belohnungsbasiertes Lernsystem zu überlisten, indem Sie gewohnheitsmäßige Reaktionen durch Gewahrsein ersetzen und die Belohnung von »zusammengezogen, fühlt sich ein wenig besser an« zu »erweiterte Neugier, fühlt sich ziemlich gut an« ändern. Da sich Neugier besser anfühlt als Angst, schließlich ist sie das größere, bessere Angebot, wird das Feststellen, wie es sich anfühlt, neugierig im Vergleich zu ängstlich zu sein, dieses neue Verhalten natürlich verstärken. Und das Beste ist, dass Sie sich nicht langweilen werden, wenn Sie neugierig sind. Wie die amerikanische Schriftstellerin Ellen Parr es ausdrückte: »Das Mittel gegen Langeweile ist Neugier. Gegen Neugier gibt es kein Mittel.«

Nehmen wir uns einen Moment Zeit, um zu betrachten, wie es Ihnen mit der RAIN-Praxis bisher ergangen ist. Konzentrieren Sie sich auf Ihre geistige Einstellung. Haben Sie sich dabei ertappt, wie Sie versucht haben, ein Verlangen zu unterdrücken? Nach dem Motto: Ich mache RAIN, dann muss dieser Drang weggehen?

Dies wäre ein Beispiel für überstürztes Schalten direkt vom ersten gleich in den dritten Gang. Vergessen Sie nicht, dass Sie sich nicht einfach mit Ihrer Gedankenkraft dazu bringen können, eine Gewohnheit zu ändern, sonst hätten Sie es früher bereits getan. Genauso wenig, wie Sie sich zum Entspannen zwingen können, können Sie einen Drang oder ein negatives Gefühl nicht zwingen, einfach zu verschwinden, wenn Sie RAIN anwenden. Damit gießen Sie höchstens noch Öl ins Feuer. Sie laufen Gefahr, sich in einer weiteren Schleife zu verfangen: Wenn ich RAIN praktiziere, dann werde ich mich besser fühlen! Stress ist dann der Auslöser dafür, dass Sie versuchen, RAIN zu *erzwingen*.

Auslösereiz: Unangenehmes Gefühl oder Verlangen
Verhalten: RAIN durchführen
Resultat: Frustration darüber, dass RAIN nicht geholfen hat

Neugier lässt sich nicht erzwingen. Wir haben uns so lange mit dem Thema Neugier befasst, weil es wirklich wichtig ist, vor dem Schalten in den dritten Gang Neugier an den Tag zu legen. Jedes Mal, wenn Sie das Gefühl haben, etwas erzwingen zu müssen oder das Anwenden von RAIN als Zwang empfinden, der Ihnen nur weiteren Stress macht, sollten Sie neugierig werden und bewusst wahrnehmen, wie sich Verkrampfung oder Zwang anfühlt. Und wenn Sie in ein Reaktionsmuster verfallen oder Ihre Gedanken außer Kontrolle geraten, können Sie wieder in den zweiten Gang schalten und sich fragen: »Was habe ich davon?«

Der dritte Gang ist nicht besser als die anderen

Behalten Sie immer im Hinterkopf, dass der dritte Gang nicht besser als der zweite oder erste Gang ist. Sie brauchen alle drei. An manchen Tagen fahren Sie einen steilen Berg hinauf und nutzen nur den ersten Gang. An anderen Tagen ist die Straße flacher oder hat weniger Kurven, sodass Sie im zweiten und dritten Gang fahren können. Alle Gänge bringen Sie vorwärts. Das ist wirklich wichtig: Egal, welchen Gang Sie einlegen, Sie kommen voran.

Achten Sie von Zeit zu Zeit darauf, ob Sie sich möglicherweise Selbstvorwürfe machen, weil Sie nicht immer im zweiten oder dritten Gang fahren. Vielleicht sagen Sie sich: »Ich sollte schon längst in den dritten Gang geschaltet haben« oder »Ich müsste diese schlechte Angewohnheit schon längst abgelegt haben«. Aber vielleicht ist das selbst auch eine Gewohnheitsschleife? Hören Sie besser auf, so streng zu sich zu sein und ANALYSIEREN SIE, warum Sie es sind.

Wahrnehmen und Benennen

Wir wollen noch eine andere Übung versuchen.

Lassen Sie uns noch einmal auf das N in RAIN zurückkommen. Es steht für »Nimm wahr und benenne«. Achtsames Wahrnehmen und Benennen helfen Ihnen, aus dem Autopilot-Modus auszusteigen. Aber wussten Sie, dass Sie dies auch dann praktizieren können, wenn Sie nicht kurz davor sind, von einem Gewohnheitsschleifen-Wal verschluckt zu werden? Es wird Ihnen helfen, Ihre Fähigkeiten zu stärken, sodass Sie in jedem Moment mit Ihrer jeweiligen Erfahrung des Lebens voll präsent sein können.

Beginnen Sie mit Ihren fünf Sinnen – Sehen, Hören, Tasten, Riechen und Schmecken. Hinzu kommen noch das Spüren körperlicher Empfindungen (Interozeption) und das Denken. Achten Sie darauf, was bei Ihnen zu einem beliebigen Zeitpunkt am stärksten ausgeprägt ist.

Wenn Sie die Straße entlanggehen, fällt Ihnen vielleicht eine Bewegung ins Auge – das bezeichnen Sie dann als »sehen«. Einen Moment später nehmen Sie vielleicht das Singen eines Vogels wahr, Sie »hören« es. Wenn ein Gedanke auftaucht wie »Was ist das für ein Vogel?«, würden Sie dies als »denken« bezeichnen. Sie benennen immer das, was gerade die vorherrschende Erfahrung bei Ihnen ist. Ganz einfach.

Vielleicht macht Sie das Singen glücklich, dann bezeichnen Sie das bei Ihnen gerade vorherrschende Erleben als »Fühlen«. Jedes Mal, wenn Sie Ihre Erfahrung wahrnehmen und benennen, befinden Sie sich im gegenwärtigen Moment, anstatt sich in Gedanken zu verlieren oder auf Autopilot zu sein.

Wenn Sie auf Autopilot sind, passiert es leicht, dass Sie mit den Gedanken abschweifen. Der Vogel, den Sie zwitschern hören, könnte Sie beispielshalber zu einem Gedankenstrom verleiten wie: »Wie schön der Vogel singt ... So wunderbar ... Was für ein Vogel das wohl ist – eine Grasmücke? ... Neulich erst hab ich doch eine Sendung gesehen, in der es um die Zerstörung des Lebensraums von Grasmücken und anderen Vögeln ging ... Schlimm, dass die Menschen nicht mehr auf die Umwelt achten ... Mein Nachbar trennt nicht mal seinen Abfall ... Der ist so ein Ignorant.« Und so weiter und so fort.

In einem Moment lauschen Sie fröhlich dem Gesang eines Vogels, und im nächsten Moment sind Sie wütend auf Ihren Nachbarn. Wie ist das passiert? Autopilot. Ein untrainierter Geist fährt in jede beliebige Richtung, die er gerade will, und bringt sich dabei meist selbst in Schwierigkeiten.

Die Praxis des Wahrnehmens und Benennens trainiert Ihren Achtsamkeitsmuskel. Sie hilft Ihnen dabei, kein Öl ins Feuer zu gießen, egal ob es sich um Wut, Furcht oder eine andere schädliche Emotion handelt. Wenn Ihr Geist wie wild in der Gegend herumfegt, nennen Sie das einfach »Denken, Fühlen oder sogar Angst«. Indem Sie diese Praxis und andere Methoden des dritten Gangs erfolgreich anwenden, wird Ihr Gehirn so umprogrammiert, dass alte Gewohnheiten sich in neue umwandeln.

Nehmen Sie sich also jetzt dreißig Sekunden Zeit. Lassen Sie sich in die Achtsamkeit fallen und benennen Sie, was in Ihrem Erleben am stärksten ist: Sehen, Hören, Denken, Fühlen, Riechen oder Schmecken.

Achten Sie danach auf den Unterschied zwischen dieser Vorgehensweise und der des Sich-in-Gedanken-Verlierens oder Von-einer-Emotion-mitreißen-Lassens. Das ist der Unterschied zwischen dem Beobachten eines Feuers, das bis auf die Glut herunterbrennt, und dem Zulassen, dass es aufflackert und sich ausbreitet.

Eine Teilnehmerin unseres Programms sprach wie folgt über ihre Stressessen-Schleife.

In der Vergangenheit litt ich so an Angstzuständen, dass ich vor einer Verabredung noch einen Umweg machte, um irgendwo etwas zu essen, nur um den Aufruhr der Enge in meiner Brust und meiner Kehle zu beruhigen, selbst wenn das bedeutete, dass ich zu spät kam ... Wenn ich heute merke, dass diese Gefühle auftauchen, schenke ich ihnen Beachtung und kann denken: »Hey, das ist kein Hunger, das ist Stress«, und erst dann bewusst entscheiden, was ich tun werde.

Erkennen Sie, wie das Wahrnehmen und Benennen eine kleine, achtsame Pause verschafft, einen Raum, der es Ihnen ermöglicht, festzustellen, was tatsächlich vor sich geht? Es bewahrt Sie davor, von einer Emotion oder dem Drang, etwas zu tun, um sie loszuwerden, aufgesaugt zu werden.

Die Praxis des Wahrnehmens und Benennens ist relativ einfach. Wie ein Surfbrett, das Sie im Ozean über Wasser hält, hilft sie Ihnen, im gegenwärtigen Moment zu bleiben, anstatt von einer starken Welle von Emotionen überrollt zu werden und zu ertrinken. Falls Sie aber bereits voll und ganz im Moment präsent sind, benötigen Sie das Surfbrett nicht mehr.

Wenn Sie mit dem Wahrnehmen und Benennen beginnen, kann es sich wie Arbeit anfühlen. Machen Sie sich darüber keine Sorgen. Es wird leichter werden, je mehr Sie sich daran gewöhnen. Sie sollten dies *mehrmals am Tag kurz* trainieren. Ich schreibe es kursiv, dann merken Sie es sich besser; das ist wichtig für die Bildung einer neuen Gewohnheit. Auf diese Weise wird ein neuer Pfad im Gehirn angelegt, der das Wahrnehmen und Benennen zu Ihrer neuen Gewohnheit macht. Achten Sie auf Gewohnheitsschleifen wie »Ich muss perfekt sein« oder »Das ist zu schwierig für mich, ich mache es bestimmt falsch. Ich bin ein Versager. Ich kann genauso gut aufgeben und stattdessen in die sozialen Medien gehen oder ein Eis essen« und fassen Sie sie einfach unter der Rubrik »Denken« zusammen.

Wenn Sie Ihre Achtsamkeitsmuskeln durch RAIN, Wahrnehmen und Benennen und andere Übungen aufbauen, werden Sie Ihre Gewohnheitsschleifen allmählich klarer sehen. Mit der Zeit werden diese schließlich von selbst verschwinden, ohne dass Sie sie verjagen müssen.

Versuchen Sie am besten noch heute, das Wahrnehmen und Benennen zu üben, nicht nur, wenn Sie RAIN anwenden, sondern wenn Sie die Straße entlang gehen, Auto fahren oder nur einfach auf Ihrer Couch sitzen. Denken Sie daran, dass es vor allem die über den ganzen Tag verteilten kurzen Momente sind, die dazu beitragen, eine neue feste Gewohnheit zu schaffen.

Auch Ärzte bekommen Panikattacken

Als ich Medizin studierte, gab es einen unausgesprochenen Kodex, der besagte, dass Studenten besonders widerstandsfähig sein mussten, fast übermenschlich. Das bedeutete, niemals müde oder hungrig zu sein; wir durften nicht einmal zugeben, dass wir auf die Toilette mussten. Wir sollten »abgehärtet sein«. So wurde uns nie beigebracht, wie man richtig mit Stress oder Ängsten umgeht.

Ich war besonders gut darin, den Stress zu unterdrücken. So war es keine Überraschung, dass ich während meiner späteren Assistenzzeit öfters mal mitten in der Nacht mit regelrechten Panikattacken aufwachte. Mein Herz raste und ich hatte Symptome wie Tunnelblick, Kurzatmigkeit und ein starkes Gefühl von drohendem Unheil.

Bereits während meines Medizinstudiums hatte ich mit dem Meditieren begonnen, also etwa zehn Jahre Praxis hinter mir, als die Panikattacken begannen. Auch das Wahrnehmen und Benennen hatte ich schon oft geübt, und es war mir zur Gewohnheit geworden.

Dementsprechend nahm ich bewusst »Engegefühl«, »Atemnot«, »Tunnelblick«, »Herzrasen« und so weiter zur Kenntnis, als ich das erste Mal mit so einem Anfall aufwachte. Am Ende ging ich dann meine mentale Diagnose-Checkliste durch und konnte feststellen, dass ich tatsächlich eine ausgewachsene Panikattacke erlebt hatte.

Es war nicht so, dass ich dachte: »Oh nein, um Gottes willen, ich hatte eine Panikattacke.« Stattdessen hatte mein Gehirn einfach nur wahrgenommen und benannt, was passiert war, ohne es zu dramatisieren oder zu kommentieren. Paniksymptome/-anfälle werden erst durch eine entsprechende Interpretation zu einer Panikstörung: Wir machen uns dann Sorgen über das nächste Mal, wenn wir uns Sorgen machen werden; wir bekommen Angst, dass wir Angst bekommen könnten.

Panikattacken können alle typischen Paniksymptome umfassen, einschließlich Herzklopfen oder Herzrasen, Schwitzen, Zittern, Kurzatmigkeit oder Ohnmacht, starke Todesangst. Eine Panikstörung liegt erst vor, wenn »die Betroffenen sich mehr als einen Monat andauernd sorgen, dass sie noch mehr Panikattacken haben und/oder ihr Verhalten ändern, um solche Attacken zu vermeiden«. Dies ist ein entscheidender Unterschied, den ich erst im Laufe meiner beruflichen Tätigkeit als Arzt erkannte. Panikattacken sind einfach nur Panikattacken, was sie im jeweiligen Moment natürlich nicht minder furchtbar für den Betroffenen macht. Erst wenn wir anfangen, uns Sorgen zu machen, dass wir eine weitere Attacke haben könnten, wird dies zu einem Problem, das unser Leben beeinträchtigt. Dave kam damals zu mir, weil er so besorgt war, beim Autofahren eine Panikattacke zu bekommen, dass er sein Fahrverhalten stark eingeschränkt hatte: Er fuhr nicht mehr auf Schnellstraßen und auch sonst nur noch, wenn es wirklich gar nicht anders ging. Dave hatte maladaptive Gewohnheitsschleifen gebildet, um Panikauslöser zu vermeiden.

Auslösereiz: Autofahren (insbesondere auf Schnellstraßen)
Verhalten: Autofahren vermeiden
Resultat: Keine Panikattacken

Vergessen Sie nicht, dass unser Gehirn auf das Überleben ausgelegt ist. Es versucht sein Bestes, um uns zu helfen, Gefahren zu vermeiden, und Panikattacken fühlen sich eben wie Gefahren an. Eines der extremsten Symptome, an das ich mich bei meinen eigenen Anfällen erinnern kann, ist das Gefühl, zu ersticken und zu sterben. Daves Gehirn hatte diesbezüglich nur einen einzigen Trick auf Lager: Wenn X eine Panikattacke auslöst, vermeide X.

Zum Glück für Dave begriff er in der Therapie, dass sein Gehirn anpassungsfähig ist. Indem er verstand, wie sein Gehirn lernt, konnte er ihm neue Tricks beibringen. Eine von Daves entscheidendsten neuen Einsichten bestand darin, dass seine Sorgen über zukünftige Panikattacken nur eine Geschichte waren, nicht die Realität. Sie waren einfach nur eine Geschichte, die er sich selbst erzählte.

Solche Geschichten können ein Eigenleben entwickeln. Jedes Mal, wenn wir sie uns neu erzählen – oh nein, ich könnte eine Panikattacke bekommen, wenn ich Auto fahre – wird sie in unserem Gehirn verfestigt. Wir glauben sie dann nicht nur, sondern lernen auch, sie mit bestimmten Emotionen zu verbinden, sodass ein Gedanke wie »Werde ich eine Panikattacke bekommen?« eine bestimmte Emotion wie Furcht oder Sorge auslösen kann. Erinnern Sie sich daran, was ich im vorherigen Kapitel über die Bildung des somatischen Gedächtnisses geschrieben habe? Das trifft auch hier wieder zu.

In Kapitel 8 habe ich eine Patientin erwähnt, die sich so sehr mit der Gewohnheitsschleife der Angst identifiziert hatte, dass sie diese als »tief in den Knochen steckend« bezeichnete. Wir können uns nicht nur mit Gewohnheitsschleifen identifizieren, sondern auch so sehr in unsere eigenen Gedanken, Emotionen und Geschichten verstrickt sein, dass wir nicht mehr merken, was wirklich ist. Wir sind extrem angespannt, geraten in helle Wut oder ertrinken in einer Pfütze aus Tränen, alles möglicherweise ausgelöst durch einen Kollegen oder einen Freund, der uns auf die Schulter klopft oder sonst etwas völlig Harmloses tut.

Während meines Medizinstudiums und meiner Facharztausbildung lehrten mich die Achtsamkeitsmeditationen, dass ich nicht meine Gedanken bin, auch nicht meine Emotionen und meine Körperempfindungen. Ich muss mich mit keinem von ihnen identifizieren. Gewohnheitsmäßig neigen wir dazu, alles Unangenehme zu verdrängen. Wenn ich damals Panikattacken hatte, konnte ich durch Wahrnehmen und Benennen der Empfindungen, Emotionen und Gedanken einfach beobachten, wie sie kamen und gingen, anstatt sie wegzuschieben. So musste ich keine Jammer- und Leidensgeschichte erzählen und konnte die Panikepisoden abschließen, ohne sie weiter zu kommentieren. Dadurch vermied ich, diese Episoden aufzubauschen und in die Länge zu ziehen. Das half mir auch, keine assoziativen somatischen Erinnerungen mit physiologischen Erfahrungen zu bilden, wie zum Beispiel zu bemerken, dass mein Herz schneller schlägt und dann zu denken, dass ich jetzt sicher gleich eine Panikattacke bekomme. Wenn mein Pulsschlag beschleunigt ist, nachdem ich in den vierten Stock hochgestiegen bin, muss das keine Panik auslösen. Es ist aller Wahrscheinlichkeit einfach nur ein Zeichen dafür, dass mein Herz genau das Richtige tut: mehr Blut in die Muskeln zu pumpen.

Dank meiner intensiven Achtsamkeitspraxis konnte ich vermeiden, über den Ereignishorizont in das schwarze Loch der Panikstörung zu geraten. Zu durchschauen, wie mein Geist funktioniert, half mir, damit umzugehen. Ich identifizierte mich nicht mehr mit der Panik und entwickelte nicht die Gewohnheitsschleife der Sorge, eine weitere Panikattacke bekommen zu können. Ich hatte in diesem Jahr mehrere Panikattacken, aber sie lösten sich alle schnell wieder auf. Und mit jedem weiteren Anfall wuchsen meine Neugier und mein Selbstvertrauen. Ich wusste jetzt, dass ich mit meinem Gehirn effektiv arbeiten konnte.

Jetzt denken Sie vielleicht etwas wie: »Na klar, er hat ja auch zehn Jahre lang Achtsamkeitsmeditation praktiziert und hat gelernt, wie es geht. Ich verfüge nicht über so viel Erfahrung!« Glauben Sie mir, Sie können es auch, ganz gleich, wie alt, tiefsitzend oder fest verwurzelt Ihre Gewohnheit ist. Sie entwickeln gute Achtsamkeitsgewohnheiten durch kurze Momente der Übung viele Male am Tag. So wie Dave es innerhalb weniger Monate geschafft hat, können wir alle lernen, mit unserem Geist zu arbeiten. Es geht einfach darum, dass wir uns zum Ziel setzen, gute Gewohnheiten zu entwickeln.

Wenn Sie die in diesem Buch vorgeschlagenen Vorgehensweisen ausprobiert haben, konnten Sie bereits erste eigene Erfahrungen mit GBAs wie Neugier und Güte machen. Nun können Sie RAIN und das Wahrnehmen und Benennen zu der Praxisliste des dritten Ganges hinzufügen, denn wie ich Ihnen oben geschildert habe, ist die Gewohnheit des Wahrnehmens und Benennens sicherlich lohnender als eine Panikattacke zu haben und sich dann so sehr zu sorgen, dass man letztendlich eine Panikstörung entwickelt.

Bei allen Vorgehensweisen im dritten Gang ist es wichtig, dass Sie ganz klar sehen und spüren, wie lohnend sie sind. Sie können dies verstärken, indem Sie in den zweiten Gang zurückschalten, nachdem Sie eine Übung im dritten Gang gemacht haben oder sogar einen Dritten-Gang-Moment hatten. Fragen Sie sich einfach: »Was habe ich aus dieser Praxis/dem Moment im dritten Gang mitgenommen?« und genießen Sie, wie gut es sich anfühlt. Indem Sie vom zweiten Gang hochschalten und dabei so richtig auf Touren kommen, sind Sie motiviert, in Zukunft mehr im dritten Gang zu machen. Sie geben Gas, fühlen sich gut und der größere Belohnungswert der Dritte-Gang-Praktiken wird in Ihrem Gehirn verankert. Dies ist besonders wichtig für gewohnheitsmäßige Selbstzweifler und den Rest von uns, die die lohnenden Momente gerne schnell wieder vergessen. Aufgrund unseres durchgeplanten und hektischen Lebens ziehen wir, wenn keine Gefahr in Sicht ist, oft schnell weiter, sodass das Gute in unserem Gehirn gar nicht richtig registriert wird. In der Psychologie wird das Phänomen, dass sich negative Gedanken, Gefühle oder Erlebnisse psychisch stärker als neutrale oder positive auswirken, auch wenn diese in gleicher Intensität auftreten, »Negativitätsbias« (oder Negativitätseffekt) genannt. Diese Tendenz ist der Grund, warum der Stachel einer Zurechtweisung stärker empfunden wird als die Freude über ein Lob. Indem Sie das durchschauen und sich durch das Hochschalten in den dritten Gang darüber hinwegsetzen, können Sie bewusst destruktive Muster durchbrechen und positiver in die Zukunft blicken. Achtsamkeit hilft uns, das Negative und das Positive voll und ganz zu spüren und uns nicht in dem einen oder dem anderen zu verfangen.

Hoffentlich haben Sie bereits herausgefunden, dass Gewohnheiten wie Freundlichkeit und Neugier an sich schon gute Gewohnheiten sind. Beides wird Sie nicht plötzlich oder auf magische Weise ins Fitnessstudio verfrachten und zum Training zwingen, wie ein Drillfeldwebel, der Ihnen ins Ohr schreit. Die Magie solcher Gewohnheiten zeigt sich auf eine andere Art und Weise: Sie ziehen Sie auf natürliche Weise an, weil sie sich gut anfühlen. Und wenn Sie in alten Drillfeldwebel-Selbstmotivationsgewohnheiten feststecken, haben Sie hoffentlich aus eigener Erfahrung gemerkt, wie gut das innere Anschreien tatsächlich funktioniert (es funktioniert nicht), sodass Sie dies nun ad acta legen können.

Wenn Sie das Ganze aus einem größeren Blickwinkel betrachten, werden Sie vielleicht feststellen, dass Fitnessstudios sicher gut für das Training sind, Sie aber nicht Ihr ganzes Leben im Fitnessstudio verbringen können. Es kann hilfreich sein, sich jeden Tag etwas Zeit und Raum für »formalere« Meditationspraktiken zu nehmen und dann ohne Unterbrechung zu meditieren, zum Beispiel Atemgewahrsein, Wahrnehmen und Benennen – ähnlich, als würden Sie ins Fitnessstudio gehen, um Krafttraining zu machen. Noch wichtiger ist, dass Sie, indem Sie Ihre geistigen Muskeln aufbauen, Werkzeuge wie RAIN und Wahrnehmen und Benennen in Ihr tägliches Leben einführen. Sobald Sie erkannt haben, dass die ganze Welt Ihr geistiges Fitnessstudio ist, können Sie auf lange Sicht formales und formloses Meditieren miteinander verschmelzen. So wie Sie den ganzen Tag über aktiv sein können, indem Sie die Treppe statt den Aufzug nehmen, können Sie jeden Moment des Tages »trainieren«, indem Sie Ihr Gewahrsein und Ihre Neugier zum Tragen bringen. Wenn Sie die Belohnungshierarchie Ihres Gehirns immer weiter verfeinern, rücken nicht lohnende Gewohnheiten wie sitzende Lebensweise, Junkfood essen oder sich Sorgen machen auf der Liste nach unten und lohnende Gewohnheiten wie aktiv sein, gesund essen oder neugierig sein dafür nach oben. Denken Sie daran, dass Sie sich gute Gewohnheiten der Achtsamkeit in vielen kurzen, über den Tag verteilten Momenten aneignen können.

Wenn Sie sich also motivieren und nicht zwingen wollen, nach dem Fassen der Neujahrsvorsätze länger als einen Monat ins viel zitierte Fitnessstudio zu gehen, versuchen Sie es mit den Werkzeugen aus diesem Buch. Können Sie geistige und körperliche Übungen finden, die Ihnen Spaß machen, und dabei den Belohnungen Beachtung schenken, sodass sich die Übungen als GBA in Ihrem Gehirn festsetzen? Wenn meine Frau zum Beispiel nicht motiviert ist, laufen zu gehen, erinnert sie sich daran, wie gut sie sich nach der letzten Laufeinheit gefühlt hat. Diese Erinnerung führt meistens zu einem Grinsen, das sie schnell dazu bringt, sich ihre Laufschuhe anzuziehen und loszudüsen. Und zu gütigem Verhalten kann man sich beispielsweise motivieren, indem man sich an eine gute Tat erinnert und sich vor Augen führt, wie gut es einem danach gegangen ist. Bei mir funktioniert das jedenfalls.

Können Sie die Süße finden, die mit gesunder Ernährung, sportlicher Betätigung, ehrenamtlicher Arbeit oder was auch immer die Gewohnheit ist, die Sie gerne pflegen würden, einhergeht?

KAPITEL 22

Evidenzbasierter Glaube

SIE NÄHERN SICH dem Ende des Buches. Wie geht es weiter? Haben Sie ein gutes Mantra oder eine gute Gedankenstütze gefunden, die Sie sich selbst vorsagen können, um sich in die Achtsamkeit zu versetzen und die Gänge einzulegen, so wie die kleine Lokomotive, die ihre Fähigkeit zum Bergauffahren entdeckt hat? Kann Ihr gegenwärtiger Auslöser zu der Achtsamkeitsglocke – ding! – werden, die das Schalten in den dritten Gang und ein neues Verhalten auslöst, dessen Belohnung größer und besser ist als Ihre alte Gewohnheit?

So wie viele meiner Patienten und Studenten fragen Sie sich jetzt vielleicht: »Werde ich wirklich in der Lage sein, meine persönlichen Verhaltensmuster erfolgreich zu verändern?« Darauf antworte ich, dass es im Grunde nur darum geht, sich auf die Herausforderung einzulassen und die Arbeit zu tun. Es ist wie vor einer Prüfung – wenn Sie bisher noch nicht so viel gebüffelt haben, wie Sie glauben, dass Sie es könnten oder sollten, machen Sie sich keine Sorgen, sondern setzen Sie sich hin und lernen Sie. Dann werden Sie die Prüfung schaffen.

Wiederholen Sie das neue Denkverhalten regelmäßig, damit es zur Gewohnheit werden kann. Trainieren Sie Ihren Geist: üben Sie, Ihre Gewohnheitsschleifen zu analysieren; üben Sie, die Ergebnisse Ihrer Verhaltensweisen genauer zu betrachten; üben Sie, einem Drang nicht nachzugeben und zu lernen, mit den dann auftauchenden Gedanken und Gefühlen zu leben. Auf diese Weise lernen Sie, Ihr System so zu regulieren, dass Sie das Gefühl verkrampfter Enge, das mit Verlangen (»Juckreiz«), Zwängen und Sorgen einhergeht, sowie das Gegenteil, die mit Freundlichkeit und Neugier verbundene Ausweitung, deutlich wahrnehmen können. Sie lernen den Unterschied zwischen äußeren Belohnungen: Sie brauchen etwas, um sich besser zu fühlen, und inneren Belohnungen: Sie spüren die Erleichterung, die sich einstellt, wenn Sie neugierig und freundlich sind.

Glaube

Eines der wichtigsten Elemente beim Erlernen einer neuen Fähigkeit ist das Vertrauen in sich selbst, der Glaube, dass Sie es schaffen können.

Es gibt zwei grundlegende Arten des Glaubens. Die erste ist der Sprung, den Sie wagen, ohne ihn vorher geübt zu haben – einfach im Vertrauen, dass es klappen wird, weil Sie gesehen haben, wie andere gesprungen sind oder weil Ihre Intuition Ihnen sagt, dass es der richtige Weg ist. Ein solcher Sprung ins Ungewisse kann beängstigend sein, weil Sie sich auf unbekanntes Terrain begeben. Vielleicht haben Sie diesen Schritt getan, als Sie zum ersten Mal mit RAIN einen Drang oder ein Verlangen vollständig überwunden haben.

Die zweite Art des Glaubens baut auf der ersten auf. Ich nenne sie evidenzbasierten Glauben.

In der Medizin prüfen wir die aktuell besten Beweise für Entscheidungen in der Versorgung eines individuellen Patienten. Wenn Sie ein Medikament zur Senkung Ihres Blutdrucks erhalten, möchten Sie vorher wissen, ob seine Wirksamkeit nachgewiesen wurde. Medizinische Forscher wie ich führen Untersuchungen durch, die diese

Nachweise liefern. Daher kommt auch der Begriff »nachweisorientierte Medizin«, oder fachsprachlich: *evidenzbasierte Medizin.*

Mein Labor hat zum Beispiel klinische Studien durchgeführt, um herauszufinden, ob die Unterweisung in Achtsamkeit bei Menschen, die mit dem Rauchen oder dem übermäßigen Essen aufhören wollten oder sich nicht mehr in Ängsten verstricken wollten, funktionieren würde. Wir haben diese Art der Therapie zunächst anhand persönlicher Gespräche und dann in klinischen Studien mit digitalen Therapeutika – einer App – getestet. Die getesteten Methoden entsprechen genau denen, die ich Ihnen in diesem Buch beschreibe – und sie haben sich tatsächlich als wirksam erwiesen!

Wie bereits schon erwähnt, haben wir in einer Studie festgestellt, dass konsequentes Achtsamkeitstraining fünfmal besser funktioniert ist als die derzeit führende Behandlung zur Raucherentwöhnung. Und nota bene ist Rauchen die am schwersten aufzugebende chemische Sucht. Nikotin macht ja noch viel abhängiger als Kokain, Alkohol oder Heroin. Das liegt an einer Reihe von Faktoren, unter anderem daran, dass das Nikotin beim Rauchen von Zigaretten sehr schnell in den Blutkreislauf gelangt. Dies treibt den Dopaminspiegel im Gehirn weiter in die Höhe und macht den Betroffenen somit noch stärker abhängig.

Ebenfalls schon erwähnt habe ich unsere Studien in Bezug auf Esssucht – mit dem Ergebnis einer Reduzierung der Essattacken um 40 Prozent, unter anderem durch die Senkung des Belohnungswerts – und Angst: 57-prozentige Verringerung von Angstsymptomen bei Ärzten und 63-prozentige Verringerung von Angstsymptomen bei Menschen mit Generalisierter Angststörung. Und nicht nur mein Labor hat Beweise für das Achtsamkeitstraining gefunden. Es gibt inzwischen Hunderte von veröffentlichten wissenschaftlichen Arbeiten über die klinische Wirksamkeit und sogar die neurowissenschaftlichen Grundlagen der Achtsamkeit.

Meine Mitarbeiter haben die Gehirne von Menschen gescannt, während sie meditierten, und festgestellt, dass Meditation mit etwas Übung unsere Standard-Gehirnaktivitätsmuster verändert. Andere Forscher haben herausgefunden, dass Meditation sogar die Größe des Gehirns verändern kann. Die Evidenzbasis, die Faktenlage, die das Achtsamkeitstraining unterstützt, wird stetig solider.

Aber ich verlange nicht, dass Sie mir blind vertrauen oder nur deshalb Vertrauen in dieses Training setzen, weil es sich bei anderen als erfolgreich erwiesen hat. Ich möchte, dass Sie während des Trainings eigene Erfahrungen machen und so den Nachweis für seine Wirksamkeit erbringen. Wie oft haben Sie schon in sich hineingehorcht und waren wirklich neugierig darauf, wie sich Angst in Ihrem Körper anfühlt? Wie oft haben Sie es geschafft, Ihre Auslöser und gewohnheitsmäßigen Verhaltensweisen herauszuarbeiten? Wie oft haben Sie schon die verschiedenen Gänge eingelegt?

Jedes Mal, wenn Sie in einen Drang hineinatmen, ein Verlangen mithilfe von RAIN überstehen, die Wärme der Freundlichkeit spüren oder destruktive Gedankenmuster mit der Praxis des Wahrnehmens und Benennens loslassen können, bauen Sie damit Ihre ganz persönliche Evidenzdatenbank auf. Sobald Sie einer Sache bewusst Aufmerksamkeit schenken anstatt im Nebel zu stochern, sehen Sie die Ergebnisse in Echtzeit. Sie tragen auf diese Weise ständig Beweise dafür zusammen, dass die Methode für Sie funktioniert.

Nehmen Sie sich einen Moment Zeit und denken Sie sorgfältig über all die Erfolgserlebnisse nach, die Sie im Laufe der Lektüre dieses Buches bereits hatten. Wenn Sie fleißig geübt haben, müsste da bereits einiges zusammengekommen sein. Indem Sie Ihre Beobachtungen zusammenführen, können Sie ein faktengestütztes Vertrauen in das Programm aufbauen. Sollten sich Zweifel oder Skepsis einstellen, nehmen Sie sie zunächst einmal einfach als »Zweifel« oder »Skepsis« zur Kenntnis. Erinnern Sie sich daran, dass Sie bereits über ausreichend Evidenz verfügen, auf die Sie Ihr Vertrauen stützen können. Ihr Glaube ist evidenzbasiert, nicht blind. Sie können es. Entspannen Sie sich einfach und machen Sie weiter.

Ein Teilnehmer unseres »Eat Right Now«-Programms stellte einmal die folgende Überlegung an:

Wir müssen daran glauben, dass wir die neuen Gewohnheiten beibehalten können, und dieser Glaube kann durch die persön-

lichen Beweise, die wir gesammelt haben, gestärkt werden. Ich habe gesehen, wie dieses Programm funktioniert und welchen Nutzen die Methoden haben, wenn ich sie richtig anwende. Ich habe aber auch feststellen müssen, wie schnell ich zu meinen alten Gewohnheiten zurückkehre, sobald ich das Training schleifen lasse. Um die neuen Gewohnheiten wirklich zu verinnerlichen, ist Fleiß erforderlich. Dazu gehört auch der Glaube, dass ich die Übungen zu meinen neuen Gewohnheiten machen kann, und nicht aufgeben und zu meinen alten Gewohnheiten zurückkehren werde.

In der Tat weise Worte. Genauso wie beim Erlernen eines Musikinstruments müssen Sie ständig üben, um Ihre schon erworbenen Fähigkeiten zu erhalten.

Üben Sie also weiter und bauen Sie evidenzbasierten Glauben auf, nehmen Sie »Zweifel« wahr, wenn sie auftauchen, und spüren Sie die Freude, sie loszulassen, anstatt sich in ihnen zu verstricken.

Warum versuchen Sie nicht, den ganzen Tag über achtsam und neugierig zu sein? Sie können achtsam sein, während Sie darauf warten, dass Ihr Tee zieht, wenn Sie morgens zum Bus gehen oder sogar während Sie auf der Toilette sind. Wie sehr können Ihnen diese kurzen Achtsamkeitsmomente, die Sie immer wieder üben, dabei helfen, im ersten, zweiten und sogar dritten Gang zu fahren und so Ihr Selbstvertrauen zu stärken, damit Sie richtig in Fahrt kommen?

Meine Aufschieberitis

Wenn ich als Kind etwas wirklich wollte, dann war ich jeweils wild entschlossen, es auch in die Tat umzusetzen, und konnte hochkonzentriert sein. Doch dieses Konzentrieren hatte seinen Preis. Wie bei dem in einem vorherigen Kapitel beschriebenen Vorfall mit dem Messer konnte ich mich so sehr in etwas versenken, dass ich bezüglich anderer Dinge wie ein zerstreuter Professor agierte. Meine

Fokussierung wurde von Interesse angetrieben. Etwas zu tun, was mich begeisterte, war keine Anstrengung für mich. Wenn mich etwas jedoch nicht interessierte, stellte ich mich bockig und musste mehr oder weniger dazu gezwungen werden. Ich tat dann jeweils nur das absolute Minimum, um es als »erledigt« abhaken zu können.

Meine Mutter begriff schnell, dass es viel einfacher war, mein Interesse zu wecken, anstatt mich zu etwas zu zwingen. Wenn ich interessiert war, erledigte ich die Arbeit nicht nur, sondern machte sie auch gut. Als ich dann aber flügge geworden war und nicht mehr von der Fürsorge meine Mutter profitieren konnte, fand ich bei jeder anstehenden Aufgabe, die mir langweilig erschien, Wege, um mich abzulenken.

Auslösereiz: Abgabetermin für eine Hausarbeit
Verhalten: Artikel auf der Website der *New York Times* lesen (wieder mal)
Resultat: Über die Nachrichtenlage gut informiert, mit der Hausarbeit im Rückstand

Im Laufe der Jahre, während ich Meditation praktizierte, Neurowissenschaften studierte und begann, mit Patienten zu arbeiten, lernte ich viel darüber, wie mein eigener Geist funktioniert. Ich erkannte allmählich, wie wenig lohnend das Aufschieben war. Und mir wurde klar, worin der eigentliche Grund für meine persönlichen Verschleppungstechniken lag, warum ich immer wieder Dinge hinauszögerte. Wenn ich zum Beispiel eine wissenschaftliche Abhandlung anfertigen musste, weil es »gut für meine Karriere« war, setzte ich mich zum Schreiben hin und bemerkte dann, wie sich in meinem Magen ein großer, weißglühender Angstknoten bildete. Ich lernte rasch, dass das richtige Schmerzmittel darin bestand, die Website der *New York Times* aufzurufen, um sicherzugehen, dass die Welt nicht aus den Fugen geraten war, seit ich das letzte Mal nachgesehen hatte (fünf Minuten zuvor). Dies entspricht einer einfachen Formel, die jeder kennt, von Ärzten über Eltern bis hin zu Marketingfirmen:

Auslösereiz: Schmerz
Verhalten: Schmerzmittel nehmen
Resultat: Schmerzlinderung

Letztendlich wurde mir dann irgendwann klar, dass ein Großteil meiner Bauchschmerzen daher rührte, dass ich gar nicht genug mit einem Thema vertraut war, um eine Arbeit darüber schreiben zu können. Dementsprechend blieben mir jeweils nur zwei unbefriedigende Optionen: (1) mit brennenden Bauchschmerzen dasitzen und auf meinen leeren Computerbildschirm starren oder (2) die Website der *New York Times* aufrufen. Als ich aber begriffen hatte, wie wenig hilfreich diese Gewohnheitsschleife war, erkannte ich, dass ich einfach gründlich recherchieren musste, bevor ich mich zum Schreiben hinsetzte. Dadurch war das Problem behoben.

Und dann habe ich etwas entdeckt, das den ganzen Prozess noch weiter beschleunigte: tatsächliche Erfahrung.

Hier ist meine schmerzlindernde Formel gegen Prokrastination:

Interesse + Wissen + Erfahrung = Freude am Schreiben + gutes Produkt = Flow.*

Mit anderen Worten: Wenn ich ein Thema finden konnte, welches mich interessierte, und ich sicher war, dass ich genug über das Thema wusste, um das Bauchweh zu lindern, konnte ich schreiben und dabei Spaß haben. Ich *interessierte* mich zum Beispiel für Achtsamkeit und dafür, Menschen dabei zu helfen, ihre Gewohnheiten zu ändern. Im Laufe der Jahre hatte ich mehr und mehr *Wissen* über belohnungsbasiertes Lernen und Neurowissenschaften erworben und *Erfahrungen* durch meine eigene Meditationspraxis, meine Arbeit in der Klinik und die Entwicklung von Therapien gesammelt. Als ich dies alles zusammenbrachte, konnte ich mich

* Flow lässt sich in etwa mit »völlig in etwas aufgehen« übersetzen. Es ist der geistige Zustand, in dem eine Person voll und ganz in eine Aktivität eintaucht und die Welt herum buchstäblich vergisst. In einen Flow-Zustand gelangen Menschen, wenn sie sich einer Tätigkeit voll hingeben und ihre volle Konzentration darauf richten. Ein Flow-Erlebnis ist oft eine Quelle des Glücks.

nicht nur hinsetzen und schreiben, sondern hatte auch noch *Freude* daran.

Auf diese rettende Formel kam ich an einem schicksalhaften Samstag im Jahr 2013. Es war ein heller, kalter Wintermorgen, und ich war relativ früh wach und hatte das seltsame Gefühl, unbedingt aufschreiben zu müssen, was mir im Kopf herumging. Ich schnappte mir meine Unterlagen, setzte mich an den Esszimmertisch und klappte meinen Laptop auf. Drei ungestörte und wie im Flug vergehende Stunden später hatte ich ein Papier mit dem Titel »Ist es so schwer, aufmerksam zu sein, und wenn ja, warum? Achtsamkeit, die Faktoren des Erwachens und belohnungsbasiertes Lernen« fertig. Und mit fertig meine ich, dass es wirklich nichts mehr hinzuzufügen gab.

Normalerweise werden extern begutachtete Papiere viel bearbeitet, es wird mit den Gutachtern über Details hin und her diskutiert und so weiter. Dies war hier ganz und gar nicht der Fall. Ich schickte die Arbeit an zwei potenzielle Koautoren, um sicherzugehen, dass sie stimmig und fehlerfrei war, und reichte sie mit nur wenigen Änderungen zur Veröffentlichung ein. Ich erhielt als Rückmeldung ein paar wenige Änderungsvorschläge und dann wurde die Arbeit unüblich schnell zur Veröffentlichung in einer wissenschaftlichen Fachzeitschrift angenommen. Wenn ich auf diese Erfahrung zurückblicke, wird mir klar, dass das alles nur möglich war, weil ich mich lange genug mit dem Thema beschäftigt hatte. Um die Sprache der Chemie zu benutzen: Das Papier befand sich bereits in der Phase der »übersättigten Lösung« und brauchte nur noch einen Impfkristall, um die Kettenreaktion der Kristallisation in Gang zu setzen. Für mich war dieser Kristallisationskeim ein Gespräch über die Zusammenhänge zwischen Achtsamkeit und belohnungsbasiertem Lernen, das ich ein paar Tage zuvor mit jemandem geführt hatte.

Ich hatte mich mit dem Prinzip und der Erfahrung des Flow schon befasst, aber nicht erkannt, dass ich beim Schreiben in den Flow kommen kann. Wie es jeder gute Wissenschaftler tun würde, testete ich, ob dieses Experiment wiederholbar war. Ich begann mit einigen »Pilotstudien« (Aufsätze, Blogs und dergleichen) und stellte mich dann der großen, abschließenden Frage: Könnte ich im Flow ein ganzes Buch schreiben?

Zuerst prüfte ich, ob ich einen ausreichenden Hintergrund für das Projekt hatte:

1. Interesse: Ich war daran interessiert, ein Buch über wissenschaftliche Zusammenhänge von Achtsamkeit und Suchtbekämpfung zu schreiben.
2. Wissen: Ich beschäftigte mich seit etwa zwanzig Jahren mit Achtsamkeit und seit zehn Jahren mit Süchten.
3. Erfahrung: Ich praktizierte seit rund zwanzig Jahren Achtsamkeit und behandelte seit etwa neun Jahren Patienten mit Suchterkrankungen.

Der Rahmen stimmte also. Nun schuf ich noch weitere wichtige Voraussetzungen:

1. Ausreichend Nahrungsvorräte
2. Keine Ablenkungen
3. Mentalmassage

Ich dachte mir, dass ich mich am besten auf das Schreiben eines Buches konzentrieren kann, wenn mich nicht der Hunger aus dem Haus treibt und ich keine Ablenkungen wie die Website der *New York Times* in Reichweite habe. Was ich noch brauchte, war etwas, das die mir schwer im Magen liegenden Angstknoten auflösen konnte, wenn sich mein Magen aufgrund von Schreibblockade-auslösenden Gedanken wie »Was soll ich als Nächstes schreiben?« total verkrampfte.

Ende Dezember 2015 schuf ich diese Bedingungen, indem ich mich zwei Wochen lang komplett zurückzog und das Haus nicht mehr verließ. Das Internet und mein Smartphone schaltete ich aus. Meine Frau war für die Weihnachtsferien zu Verwandten an die Westküste geflogen und so lenkte mich außer meinen Katzen niemand ab. Vorher hatte ich Essen für zwei Wochen gekocht und portionsweise eingefroren, sodass ich bei Hunger einfach nur etwas in die Mikrowelle stellen musste.

Nachdem alles vorbereitet war, gab ich mir selbst einfache Anweisungen: sitzen, gehen, schreiben, und das immer wiederholen; schreiben aber nur, wenn ich im Flow war. Ich würde meine üblichen Meditationsübungen machen, indem ich viel im Sitzen und Gehen meditierte und mich nur bei Verspüren eines entsprechenden inneren Drangs an den Schreibtisch setzen. Und das Wichtigste: Ich würde sofort vom Schreibtisch aufstehen und wieder meditieren, wenn ich auch nur den kleinsten Anflug von Verkrampfung verspürte, der mir signalisierte, dass ich aus dem Flow herausgefallen war. Mein Ziel war es, dass die Meditation alle Schreibblockaden auflöst.

Zwei Wochen später war eine schon ganz ordentliche Rohfassung meines ersten Buches, *Das gierige Gehirn*, fertig. Das Experiment hatte funktioniert! Ich hatte meine Hypothese bewiesen. Und noch dazu war das Ganze ein wirklich angenehmer Prozess gewesen. Aber für seriöse Wissenschaft sind Wiederholungen nötig. Wissenschaftliche Experimente müssen nachprüfbar und in ihren Ergebnissen reproduzierbar sein.

Im Dezember 2019 flog meine Frau also erneut an die Westküste, um über die Weihnachtsferien Verwandte zu besuchen, und ließ mich mit unseren Katzen allein, damit ich mich komplett zurückziehen konnte. Ich habe somit die Jahreszeit, die Katzen und den ganzen Rest gleich gelassen, um das Experiment unter fast identischen Bedingungen wie 2015 durchzuführen. Allerdings zog ich mich dieses Mal nur neun Tage zurück und hatte nicht die Absicht, ein Buch zu verfassen, sondern wollte stattdessen die Texte für ein praxisnahes Kartenspiel mit kurzen Übungen zur Veränderung von Gewohnheiten schreiben. Das Ganze war somit keine perfekte Replikation meines Experiments, aber es war gut genug.

Die ersten dreieinhalb Tage lang spürte ich keinerlei Inspiration zum Schreiben. Wann immer der Gedanke »Soll ich etwas schreiben?« aufkam, folgte der oben schon erwähnte Schmerz in der Magengrube. Also meditierte ich weiter im Gehen und Sitzen. Und dann kam der Morgen des Dienstag, 24. Dezember. An diesem Tag spürte ich die Angstknoten im Magen nicht und setzte mich daraufhin an den Schreibtisch, um zu sehen, was passieren würde. Ich war mir nicht sicher, ob ich wirklich bereit war, etwas zu schreiben, also öffnete ich das Ventil ein klein wenig. Es war ja schließlich nur ein Kartenspiel. Kein ganzes Buch, keine große Sache. Doch offensichtlich hatte sich ein gewisser Druck in meinem System aufgestaut, denn plötzlich strömten all die Dinge, die ich je erlebt und geschrieben hatte, wie von selbst auf meinen Computerbildschirm. Und jetzt, während ich diesen Satz hier niederschreibe, haben wir Montag, den 30. Dezember 2019, sieben Tage später. Dies ist das letzte Kapitel eines neuen Buches.*

Zählt das als Wiederholung?

Es deutet jedenfalls darauf hin, dass der Teil der Gleichung »Interesse + Wissen + Erfahrung = Freude am Schreiben = Flow« wahr ist.

Die Erfahrung war für mich wieder einmal sehr angenehm. Nur die Zeit wird zeigen, ob der letzte Teil der Gleichung stimmt: ein gutes Produkt. Und dieser Teil hängt von Ihnen ab, während Sie Ihre Reise fortsetzen. Wenn Sie das Gefühl haben, dass Sie mehr als die drei Gänge brauchen, um Ihren eigenen, evidenzbasierten Glauben daran zu entwickeln, es schaffen zu können – vielleicht wünschen Sie sich, dass Sie diese magische Pille finden, die Ihre Ängste plötzlich für immer verschwinden lässt oder Ihre anderen Angewohnheiten auf wundersame Weise in Ordnung bringt – dann fragen Sie sich ehrlich: »Wie oft passiert es, außer im Märchen, dass Wünsche dieser Art wahr werden?«

Wenn Sie sich lieber auf die Wissenschaft stützen und Ihrer eigenen Erfahrung vertrauen wollen, dann blicken Sie darauf zurück, wie weit Sie bereits gekommen sind, einfach dadurch, dass Sie gelernt haben, wie Ihr Geist funktioniert, und Sie mit Ihrem Geist arbeiten. Bauen Sie Ihr eigenes Vertrauen weiter auf, von Augenblick zu Augenblick.

---

* Letztendlich ist es nun das vorletzte Kapitel geworden. Ich fügte 2020 noch ein Kapitel am Anfang dazu, wegen der aufkommenden Covid-19-Pandemie, und ein letztes, abschließendes Kapitel, das durch den Mord an George Floyd angeregt wurde.

KAPITEL 23

Angstabstinenz

SCHON SEIT JAHREN leite ich zusammen mit meiner Kollegin Dr. Robin Boudette eine wöchentliche Live-Online-Videogruppe für Menschen aus der ganzen Welt, die mit Ängsten und anderen störenden Gewohnheiten zu kämpfen haben. Wir kommunizieren jeweils eine Stunde über die Videoplattform Zoom. Die Themen werden nicht von Robin und mir vorab festgelegt, sondern sie ergeben sich aus den Beiträgen der Teilnehmer, die erzählen, was sie gerade plagt, wo sie feststecken und wie sie versuchen, sich aus ihren Gewohnheitsschleifen zu befreien. So bleiben wir sozusagen am Puls der Zeit. Diese wöchentliche Stunde ist durchaus immer eine Herausforderung für uns, da wir nie im Voraus wissen, wer teilnehmen wird, welche Themen aufs Tapet kommen und was für Fragen gestellt werden.

Diese Videogruppe hat nichts mit einer Gruppentherapie zu tun, denn es ist schwer vorstellbar, wie das mit mehr als 150 Menschen in einem zweidimensionalen Raum aussehen sollte. Wir verwenden einfache Fragemethoden, um die »Probleme« der Teilnehmer zu verstehen, und geben ihnen dann mit der *Mission Impossible*-Ermutigung »Deine Mission, falls du sie annimmst« ein paar Tipps, die sie in der nächsten Woche ausprobieren können. Und wir versuchen, jedes Gespräch in weniger als zehn Minuten abzuschließen, damit wir in der Stunde so viele Themen wie möglich behandeln können. Dabei kommen uns die Beschränkungen durch die modernen Aufmerksamkeitsspannen zugute, die sich daraus ergeben, dass die Leute in der Regel ihre Massenablenkungswaffen direkt neben dem Bildschirm liegen haben. Die drei Gänge bilden bei unseren Gesprächen einen Gerüstrahmen, an dem sich die Menschen festhalten können und der auch den anderen Zuschauern am Bildschirm hilft, der Erzählung zu folgen und selbst aus dem Prozess zu lernen.

Eines Tages schilderte uns ein Mann um die dreißig sein Problem: Er wandte regelmäßig die »Dritte Gang«-Übung von RAIN oder andere Achtsamkeitsübungen an, um auflodernde Angst zu lindern, aber er schaffte es dann jeweils nicht, auch den Rest des Tages ruhig zu bleiben. Nachdem er die Übungen durchgeführt und festgestellt hatte, dass sie tatsächlich hilfreich waren, machte er sich gleich wieder Sorgen um die Zukunft. Wie er es ausdrückte: »Aber was ist mit den nächsten vierundzwanzig Stunden?«

Sein Dilemma erinnerte mich an meine Klinikpatienten – nicht an diejenigen mit Angstzuständen, sondern an die, die mit Alkoholsucht zu kämpfen haben. Viele meiner Patienten gehen regelmäßig zu den Anonymen Alkoholikern oder nehmen an einem ähnlichen 12-Schritte-Programm teil, das ihnen bei der Bewältigung ihrer Abhängigkeit hilft. Bei den Anonymen Alkoholikern geht es darum, zuzugeben, dass man sein Verhalten nicht kontrollieren kann. Revolutionär für ein Programm, das in den 1930er-Jahren entwickelt wurde und sich gegen die jahrhundertelangen Behauptungen der Philosophen wandte, Willenskraft sei das Maß aller Dinge, und es geht darum, vergangene Fehler zu analysieren, sie sich einzugestehen, Personen, denen man Unrecht getan hat, zu entschädigen, und schließlich die Botschaft an andere Suchtbetroffene weiterzugeben. Das Hauptmotto der Anonymen Alkoholiker lautet dabei »Ein Tag nach dem anderen«.

Wenn Patienten zu mir kommen, nachdem sie jahrzehntelang unkontrolliert getrunken haben, können sie sich nicht vorstellen, wie es wäre, innerhalb von vier Wochen abstinent zu sein. Sie können sich auch nicht vorstellen, sich das Trinken innerhalb einer Woche abzugewöhnen, denn eine ihrer weiteren eingefahrenen Gewohnheiten besteht darin, sich einzureden, dass sie morgen aufhören werden. Sie schwören sich, dass dies ihr letzter Drink war und sie ab morgen nüchtern durch die Straßen fahren werden, ohne einen Blick in den Rückspiegel ihres früheren Alkoholikerlebens zu werfen. Damit sind sie so wie meine Patienten, die ihre letzte Zigarette oder ihr letztes Eis essen wollen, weil der morgige Tag die Wende bringen wird und der heutige aber so anstrengend war und sie sich einen kleinen Genuss verdient haben. Ihr Gehirn redet ihnen ein, dass das Aufhören zwar das Beste ist, was sie für sich selbst tun können, jedoch noch nicht heute. Nebenbei bemerkt: In Mary Karrs Buch »Lit: A Memoir« in dem sie auf wunderbare und bewegende Weise von ihren Kämpfen mit dem Trinken erzählt, ist das »Morgen«-Mantra sehr treffend und wirklichkeitsnah beschrieben.

Wenn dann der nächste Tag anbricht, überwiegt bei einem Alkoholiker natürlich der Drang zu trinken bei Weitem die Klarheit, die er am Abend zuvor hatte, als er sich schwor, mit der Misshandlung seiner Leber aufzuhören. Er fragt sich dann morgens etwas wie »Habe ich das wirklich gesagt?« Aber inzwischen sind ja schon wieder so viele Stunden vergangen, in denen vielleicht einiges passiert ist. Ein paar Stunden ohne einen Drink können sich wie eine Ewigkeit anfühlen für jemanden, dessen Gehirn juckt und unruhig wird, wenn der Blutalkoholspiegel sinkt. Deshalb heißt es ja auch »Ein Tag nach dem anderen«.

Sobald jemand es schafft, ein paar Tage abstinent zu sein, wird das Mantra »Ein Tag nach dem anderen« zum Lebensretter. Wenn ihm dann morgens der vor ihm liegende Tag wie eine Ewigkeit erscheint, kann er ihn in kleine Einheiten einteilen und das Motto ändern in »Eine Stunde nach der anderen« oder gar »Eine Viertelstunde nach der anderen«. Patienten, die in meiner Praxis sitzen und sagen, dass sie morgen unmöglich den ganzen Tag abstinent bleiben können, frage ich: »Und was ist mit jetzt? Sie sind jetzt nüchtern. Glauben Sie, dass Sie in den nächsten fünf Minuten die Finger vom Alkohol lassen können?« Das ist natürlich eine Fangfrage, denn sie sitzen ja vor mir und ich frage sie nicht erst am Ende der Sitzung.

Nachdem sie darüber nachgedacht haben, worauf ich mit dieser Frage wohl hinaus will, antworten sie in der Regel: »Ja, sicher, das kann ich.«

»Okay, und was ist, wenn Sie die Praxis wieder verlassen haben. Glauben Sie, dass Sie die erste Stunde danach nüchtern bleiben können?«

Mithilfe von Bewältigungsstrategien, den regelmäßigen AA-Treffen und der Telefonnummer ihres »Sponsors« – bei den Anonymen Alkoholikern ist ein Sponsor eine Art von Mentor/Betreuer, der schon längere Zeit »trocken« ist, viel Erfahrung mit dem Programm hat und insbesondere in Notlagen wie akutem Suchtdruck für seinen Schützling erreichbar ist – kommen die meisten meiner Patienten im Allgemeinen zurecht. Ein wichtiger Aspekt von »Ein Tag nach dem anderen« – vielleicht sogar seine ganze Kraft – besteht darin, nicht zu weit in die Zukunft zu schauen. Vergessen Sie nicht, dass unser Gehirn Ungewissheit hasst. Je weiter etwas in der Zukunft liegt, desto mehr kann zwischen jetzt und dann geschehen. Vielen meiner Patienten, die auf einen Stapel Bibeln geschworen haben, nüchtern zu bleiben, passiert dann zwischen jetzt und morgen alles Mögliche, was die Abstinenz gefährdet. Für ihr Gehirn ist das Morgen gleichbedeutend mit einer Menge Unwägbarkeiten. »Was kann und wird vielleicht schiefgehen?« denken sie, während sie die Minuten bis zum Schlafengehen zählen. Aber die Möglichkeit eines Unglücks oder eines Fehlers zwischen jetzt und in einer Stunde ist viel geringer, womit der Weg zur Abstinenz sicherer ist und weit weniger Minuten umfasst. Erst recht gilt das für zwischen jetzt und in fünf Minuten. Mit der Gewissheit geht auch eine Verringerung der Angst einher, denn der/die Betroffene muss sich keine Sorgen mehr über den »unsicheren Ausgang« machen, der in der Definition von Angst enthalten ist. Meine Patienten können tief durchatmen und für den heutigen Tag planen – also einen Tag nach dem anderen in Angriff nehmen.

Wenn das zu beängstigend ist, können sie auch eine Stunde oder sogar einen Moment nach dem anderen angehen. Die Aneinanderreihung von Momenten führt zu Stunden, die Aneinanderreihung von Stunden zu Tagen der Nüchternheit, und so weiter. Doch das alles hängt davon ab, dass sie nur von einem Moment zum nächsten denken.

Das bringt mich zurück zu meinem Zoomkonferenzteilnehmer, der mich an meine Klinikpatienten erinnerte, als er Stein und Bein schwor, mit seinen Ängsten nicht arbeiten zu können. Es war ihm unvorstellbar, am nächsten Tag nicht ängstlich zu sein, selbst wenn er im gegenwärtigen Moment ganz ruhig war. Also beschrieb ich ihm, wie meine Klinikpatienten abstinent werden. Ich schilderte ihm, dass sie nicht an morgen denken, da ihr verflixtes Gedankenkarussell sie sonst in Schwierigkeiten bringen würde. Als er zustimmend nickte, fragte ich ihn, ob er sich nicht vorstellen könne, dieses Prinzip auch auf seine Ängste anzuwenden und »angstabstinent« zu werden? Nicht morgen oder heute Nachmittag, sondern jetzt sofort. Das leuchtete ihm ein. Er wusste, dass er seine Achtsamkeitsfähigkeiten nutzen konnte, um seine Ängste für fünf Minuten zu beruhigen. Vor allem aber erkannte er, dass der Gedanke an die morgige Angst ihn jetzt schon ängstlich machte und dass er sofort, in diesem Moment aus dieser Schleife aussteigen konnte. Also verabschiedete ich mich von ihm und gab ihm einen Auftrag mit auf den Weg, den er gerne akzeptierte: Verschaffen Sie sich etwas Angstabstinenz, nicht morgen, sondern jetzt. Wenn Sie sich Sorgen um das Morgen machen, wenden Sie Ihre Achtsamkeitsfähigkeiten an, um die Gedanken an die Zukunft bewusst wahrzunehmen, und dann sehen Sie weiter.

Dies ist ein entscheidendes Prinzip für jeden, der mit Ängsten oder anderen Gewohnheiten zu kämpfen hat. Es stimmt zwar, dass vergangenes Verhalten wahrscheinlich der beste Indikator für zukünftiges Verhalten ist – daher die Bildung von Gewohnheiten –, aber das, was wir im gegenwärtigen Moment tun, und nicht das, was wir in der Vergangenheit getan haben, bestimmt die Wahrscheinlichkeit, ob wir diesen Weg fortsetzen oder ändern. So klischeehaft es auch klingen mag, wir leben jetzt. Wie beim Auffädeln einer Perlenkette ist

Zeit ein Konzept, das »diesen Moment«, der gerade vor einer Sekunde stattgefunden hat, mit »diesem Moment« der Gegenwart verknüpft. Während all die Perlen von diesem Moment in die Vergangenheit übergehen, wird die Kette immer länger und reiht die Geschichte unseres Lebens aneinander. Auf die gleiche Weise blicken wir auch in die Zukunft und suchen nach Perlen, die wir der Kette hinzufügen könnten. Ausgehend von den Erfahrungen der Vergangenheit projiziert unser Gehirn, was als Nächstes passieren könnte. Wir denken also in diesem Moment, der Gegenwart, an die Zukunft (und machen uns oft Sorgen darüber). Der Musiker Randy Armstrong hat es so ausgedrückt: »Sich Sorgen zu machen, beseitigt nicht die Probleme von morgen, aber raubt uns den Frieden von heute.«

Ja, wir haben nur das Jetzt. Und was wir aus diesem Moment machen, ist die Perle, die wir unserer Kette hinzufügen. Die Vergangenheit sagt in der Gegenwart die Zukunft voraus. Das ist wichtig, deshalb wiederhole ich es noch einmal: Was wir in der Gegenwart tun, bestimmt unseren Kurs im Leben. Wenn wir jetzt ängstlich sind, schaffen wir eine Perle der Angst. Und indem wir dies wiederholen, reihen wir Angstperlen auf die Kette auf, die wir manchmal sogar mit Stolz tragen und überallhin mitnehmen. Durch das Aussteigen aus der Gewohnheitsschleife der Angst, jetzt in diesem Moment, jedoch fügen wir der Kette keine weitere Angstperle mehr hinzu und haben stattdessen die Möglichkeit, die alte Kette abzulegen und neue Perlen, GBAs, aufzureihen. Wir könnten zum Beispiel Neugierketten tragen oder Freundlichkeitsketten.

Extremer Extremismus

Ich bin ein Extremist.

Meine Frau scherzt, dass es bei mir nur zwei Geschwindigkeiten gibt: schnell und aus. Wie Sie bei der Messergeschichte gesehen haben, die mir als Kind zugestoßen ist, neige ich dazu, die Dinge auf der Alles-oder-Nichts-Ebene zu betrachten. Als ich etwa sechs Jahre alt war, wollte ich ein Cowboy sein. Ich trug selbst beim Geigenunterricht

Cowboystiefel, ein Holster mit einer Spielzeugpistole, ein Halstuch und einen Cowboyhut, weil ich eben ein Cowboy sein wollte. In der Grundschule versuchte ich jeweils bereits bei der Rückfahrt im Schulbus alle Hausaufgaben zu erledigen, damit ich mich dann zu Hause wichtigeren Dingen zuwenden konnte, wie zum Beispiel im Wald spielen. Ein paar Jahre später trug ich als Nebenjob Zeitungen aus und wetteiferte mit mir selbst, wie unendlich klein ich die Zeitungen zusammenrollen konnte (zum Leidwesen der Kunden), bevor ich sie für die Zustellung mit einem Gummiband versah, und wie schnell ich meine Route schaffen konnte. In der High School verzichtete ich zu hundert Prozent auf Zucker, um meine sportlichen Leistungen zu verbessern und schaute meinen Kommilitonen nur zu, wenn sie Eis und andere Leckereien genossen. Vielleicht als Tüpfelchen auf dem i war mein Leitspruch an der Uni »Ganz oder gar nicht« – warum sich mit einem einzigen akademischen Grad zufriedengeben, wenn doch zwei (MD und PhD) möglich waren?

Rückblickend könnte ich das alles auf Leidenschaft und Konzentration schieben. Aber in Wirklichkeit ist es ein Beispiel dafür, was alle unsere Gehirne bis zu einem gewissen Grad tun: Sie finden etwas, das sich lohnt, und versuchen es immer wieder aufs Neue. Das ist gut – bis es nicht mehr gut ist. Unser Überlebenstrieb kann sowohl als Vorteil als auch als Einschränkung gesehen werden: Lernen durch Belohnung hat die Menschheit durchaus schon in sehr schwierige Situationen gebracht.

Wir Neurowissenschaftler haben bisher zwar kaum an der Oberfläche gekratzt, was unser Verständnis der Funktionsweise des Gehirns angeht, aber alle unsere sehr menschlichen Überlebensmechanismen werden sicherlich nicht so bald wegfallen, weil dies evolutionstechnisch vorteilhaft wäre. Egal, ob ich mich selbst als Fallbeispiel nehme oder eine breitere Perspektive einnehme, die Extremismusforschung ist alles andere als eine sichere Wissenschaft. Klar ist jedoch, dass Menschen durch dieselben Lernmechanismen zu Extremisten werden, die wir auch beim Binden unserer Schuhe anwenden: So wie wir irgendwann gemerkt haben, dass wir durch das Schuhebinden beim Gehen nicht stolpern und uns möglicherweise verletzen, haben wir noch andere schmerzvorbeugende Verhaltensweisen erlernt, die so lange verstärkt wurden, bis wir uns nicht mehr vorstellen konnten, ohne sie auszukommen. Derzeit findet ja ein riesiges gesellschaftliches Experiment statt, ohne dass wir eine Einverständniserklärung unterschrieben haben, an der Studie teilzunehmen: Jedes Mal, wenn wir soziale Medien oder Nachrichtenseiten besuchen, die algorithmisch unsere Klickpräferenzen nutzen, um uns selektiv Artikel in unserem Feed zu zeigen, geben wir unwissentlich unsere Stimme für maßgeschneiderte und computergenerierte Inhalte ab, die unsere Präferenzen für zukünftige Klicks verstärken.

Je mehr wir klicken, desto wahrscheinlicher ist es, dass wir extreme Ansichten entwickeln, einfach weil die mangelnde Eindeutigkeit, wenn man unterschiedliche Fakten oder Meinungen in Betracht zieht und berücksichtigt, sich weniger angenehm anfühlt als das Gruppengefühl einer gemeinsamen Sichtweise. Schwarz-Weiß ist mit sehr viel weniger Unsicherheit verbunden als Grautöne. Das Feedback in den sozialen Medien beispielsweise ist binär und quantitativ (Anzahl der Likes und Retweets) im Vergleich zu der komplexen Mehrdeutigkeit, die beim Lesen von Körpersprache und der Interpretation des Tonfalls in einem persönlichen Gespräch entsteht. Kein Wunder, dass wir Teenager sehen, die direkt nebeneinander sitzen und dennoch lieber über ihre Telefone kommunizieren – Unwägbarkeiten machen unsicher.

Aber das Gefühl der Gewissheit und Sicherheit innerhalb der Gruppe hat einen hohen Preis. Einerseits werden extreme Ansichten verstärkt und andererseits unsere Gefühle gegenüber anderen Menschen und unsere Handlungsfähigkeit eingeschränkt. Rassismus, Sexismus und Klassendenken verursachen Stress, Angst und Traumata bei denjenigen, die »anders« sind.

Eher als Fußnote zu seiner Evolutionstheorie hat Charles Darwin eine interessante Beobachtung hinsichtlich des überlebenswichtigen Lernens gemacht. Die Evolutionstheorie lässt sich kurz und bündig in dem Ausdruck »Überleben des Bestangepassten« (*survival of the fittest*, früher oft auch mit »Überleben des Stärkeren« übersetzt) zusammenfassen. Darwin stellte jedoch außerdem fest, dass mehr als nur Anpassung und Stärke für das Überleben verantwortlich sind. In seinem Werk *Die Abstammung des Menschen und die geschlechtliche Zuchtwahl* betonte er, wie wichtig Empathie für das Miteinander in einem Gemeinwesen ist. Für Darwin ist Mitgefühl für unser Überleben unentbehrlich. In dem genannten Werk schrieb er: »Jene Gemeinschaften, welche die größte Zahl der mitfühlendsten Mitglieder umfassen, werden am besten gedeihen und die größte Anzahl von Nachkommen erzielen.« Das kann so interpretiert werden, dass Güte und Freundlichkeit über Gemeinheit siegen, auch wenn es ums Überleben geht. Kann man diese Ansicht noch weiterführen?

Im Jahr 2004 schrieb Dacher Keltner, Forscher an der University of California-Berkeley und Gründer des Greater Good Science Center, einen Artikel mit dem Titel »The Compassionate Instinct« (Der Mitgefühlsinstinkt), in dem er eine Vielzahl von Arbeiten zusammenfasste, die eine biologische Grundlage für Mitgefühl belegen. Ein Beispiel dafür ist, dass bei Müttern, die sich Bilder ihrer Babys ansehen, mit positiven Emotionen verbundene Gehirnregionen besonders aktiv sind. Das Gleiche passiert, wenn Versuchspersonen sich eine Situation vorstellen, in der anderen Menschen Leid zugefügt wird. Keltner zog folgende Schlussfolgerung: »Diese Zusammenhänge deuten stark darauf hin, dass Mitgefühl nicht einfach eine wankelmütige oder irrationale Emotion ist, sondern eine angeborene menschliche Reaktion, die in den Falten unseres Gehirns verankert ist.« Dennoch schien eine Verbindung zwischen Überleben und Mitgefühl zu fehlen: Wenn der Belohnungswert das Verhalten steuert, was verbindet ihn dann mit prosozialem Verhalten? Und wie könnte dies Extremismus erklären?

Ich wollte irgendwann genauer wissen, wie eng emotionale Zustände mit dem Belohnungswert zusammenhängen. Deshalb hat mein Labor ein Experiment durchgeführt, bei dem wir Menschen aus der ganzen Welt darum baten, mittels einer kurzen Online-Umfrage ihre Präferenz für vierzehn verschiedene mentale Zustände einzustufen – die Präferenz ist ein Marker für den Belohnungswert, da wir logischerweise Verhaltensweisen und Zustände bevorzugen, die lohnender sind. Nachdem wir Daten von Hunderten von Probanden gesammelt und ausgewertet hatten, stellten wir fest, dass die Menschen durchweg und in signifikanter Weise mentale Zustände wie freundlich, neugierig und verbunden sein, denjenigen vorzogen, in denen sie sich ängstlich, furchtsam oder wütend fühlen. Diese Ergebnisse decken sich mit philosophischen Erkenntnissen, die darauf hindeuten, dass anders als es die Theorien von Kant und Hume nahelegten, Achtsamkeit, also den Gefühlen Beachtung zu schenken, die sich einstellen, wenn man freundlich beziehungsweise böse zu anderen ist, eine stärkere Grundlage für ethisches Verhalten bilden kann als die Vernunft. In meinem Buch *Das gierige Gehirn* befasst sich ein ganzes Kapitel mit der Überschrift »Lernen, gemein zu sein – und nett« – mit diesem Thema; durch die erwähnte Umfrage konnten wir dies nun mit Daten untermauern.

Mit anderen Worten: Auch wenn sich selbstgerechter Zorn kurzfristig ermächtigend anfühlen mag, so fühlt sich Freundlichkeit letztendlich besser und ermächtigender an als Gemeinheit, vor allem wenn man betrachtet, zu welchen Handlungen diese gegensätzlichen Emotionen jeweils führen und welche Ergebnisse sie haben – bei friedlichen Demonstrationen beispielsweise werden keine Gebäude niedergebrannt oder Menschen verletzt. Als Abraham Lincoln einmal nach seinem Glauben gefragt wurde, antwortete er treffend: »Wenn ich Gutes tue, fühle ich mich gut. Wenn ich Schlechtes tue, fühle ich mich schlecht. Das ist meine Religion.« Wenn dieser ehrliche Mann heute noch am Leben wäre, könnte er das als Antwort auf all die Boshaftigkeit und Giftigkeit im Netz twittern. Vielleicht hätte er einen Hashtag wie #AchtsamkeitErschwertHass hinzugefügt.

Das alte Motto »Forschung ist auch die Suche nach sich selbst« war auch in diesem Fall wieder mal zutreffend: Die Ergebnisse meines Labors stimmen ziemlich genau mit meinen eigenen Erfahrungen überein. Ich habe viel Lehrgeld gezahlt und erfahren müssen, dass Verurteilungen und Wut nicht nur für die Adressaten meiner Emotionen, sondern auch für mich selbst schmerzhaft sind. In seinem Buch *»Überflieger: Warum manche Menschen erfolgreich sind – und andere nicht«* postuliert Malcolm Gladwell, man müsse 10 000 Übungsstunden investieren, um in einer Disziplin zur Spitze zu gehören. So war ich bereits vor meinem Collegeabschluss ein Experte darin, über andere zu richten. Und in meiner selbst auferlegten »Groll-Entziehungskur«, der Meditationspraxis nämlich, habe ich gelernt, dass Freundlichkeit und Güte die Gemeinheit immer übertrumpfen. Sie sind ganz eindeutig das GBA.

Wenn das Extremismus ist, bin ich gerne Extremist. Ähnlich wie meine Patienten und Programmteilnehmer, die klar erkannt haben, dass Rauchen eklig schmeckt, dass Überessen sich viel schlimmer anfühlt als mit dem Essen aufzuhören, wenn man satt ist, oder dass Neugier viel toller als Angst ist, bin ich ein Freundlichkeitsextremist geworden. Mit anderen Worten: Wenn ich achtsam bin, kann ich mich nicht dazu zwingen, absichtlich gemein zu jemand anderem zu sein. Und warum? Sobald ich mir die Folgen meiner Handlungen wie zum Beispiel Gemeinheiten ausmale, bekomme ich Bauchschmerzen. Allein die Vorstellung, gemein zu sein, fühlt sich furchtbar an. Mein Gehirn ist völlig uninteressiert an Gemeinheit und verrückt nach Freundlichkeit. Das klingt vielleicht extrem, aber glauben Sie mir, ich bin lieber süchtig nach Mitgefühl als nach Kokain. Darwin hatte recht!

Wenn es in einer Welt des Extremismus, sei es politisch oder ideologisch, ums Überleben geht, bin ich für Gütismus; Rassismus, Sexismus und Nationalismus bringen uns nicht weiter. Wir haben alle schon genug Hass und Gewalt für ein ganzes Leben wahrgenommen, direkt oder in den Nachrichten, oder gar am eigenen Leibe zu spüren bekommen. Ich selbst bin zwar in bescheidenen Verhältnissen aufgewachsen, meine Mutter war alleinerziehend, aber mein Geschlecht und meine Hautfarbe haben mich geschützt, wo andere tagtäglich gelitten haben, sei es durch Kleinstaggressionen, offene Feindseligkeiten, Beschimpfungen oder Diffamierungen. Wie Reverend Dr. Martin Luther King Jr. in seinem berühmten Brief aus dem Gefängnis von Birmingham vom 16. April 1963 schrieb: »Es geht nicht darum, ob wir Extremisten sind, sondern was für Extremisten. Sind wir Extremisten des Hasses oder der Liebe? Sind wir Extremisten, die die Ungerechtigkeit aufrechterhalten wollen, oder sind wir Extremisten der Gerechtigkeit?«

In einer Welt, die sich mehr und mehr in Richtung Extreme bewegt, kann ich mit meinem Aufruf »Wer macht mit?!« auf das zurückkommen, was Dr. Martin Luther King Jr. und so viele andere versucht haben, in unsere Dickschädel zu pflanzen: Benutzen Sie Ihren Verstand. Welche Art von Extremist werden Sie sein? Können Sie Ihre angeborenen Fähigkeiten der Neugier und Liebenswürdigkeit nutzen, um ein besseres Leben zu führen und eine bessere Welt zu schaffen? Oder werden Sie von den Fluten der Angst und des Egoismus mitgerissen? Wenn Sie nicht ins Meer geschwemmt werden und eine Spur von Tränen hinterlassen wollen, ob wissentlich oder unwissentlich, sollten Sie sich an Ihren Anker des Gewahrseins erinnern und auf die Ergebnisse Ihres Handelns achten. Sie verfügen über die Einsicht und die Werkzeuge, die Sie brauchen, um Ihr Tempo zu erhöhen und richtig in Fahrt zu kommen, während Sie Ihre Ängste abbauen und auf Ihrer Reise in ein glücklicheres, gütigeres und verbundeneres Leben vorankommen.

EPILOG

Sechs Jahre und fünf Minuten

IM JAHR 2013 wurde ich eingeladen, einen TEDx-Vortrag über Flow zu halten. Ich hielt ihn in einem malerischen Theater im Stil der 1920er-Jahre in Alexandria, Virginia, gleich auf der anderen Seite des Potomac River von Washington, D.C. Der Vortrag lief gut, ich hatte während des Redens das Gefühl, im Flow zu sein, das heißt, ich fühlte mich großartig! Zufälligerweise hatte mein Team gerade eine Erstversion unserer *Craving to Quit*-App fertiggestellt. Wir hatten lange daran gearbeitet, und damals war ein App-basiertes Achtsamkeitstraining ein so neues Konzept, dass ich unbedingt ausprobieren wollte, ob es funktioniert. Fast zwanzig Jahre waren vergangen, seit ich zum ersten Mal mit dem Thema Achtsamkeit in Berührung gekommen war, und wir hatten nun etwas, das potenziell vielen Menschen helfen konnte – im Grunde jedem, der ein Mobilgerät besaß. Ich konnte es kaum erwarten, unser Produkt unter die Leute zu bringen.

Da ich nun schon mal ganz in der Nähe unserer Hauptstadt war, stattete ich noch Tim Ryan einen Besuch ab, der seit 2013 bis heute den 13. Bezirk von Ohio im Kongress vertritt. Er hat sich schon viel mit dem Thema Achtsamkeit beschäftigt und erachtet sie als sehr erstrebenswerten Zustand. Zu den von ihm verfassten Büchern gehören *A Mindful Nation* (Eine achtsame Nation) und *Healing America*. Er ist also der perfekte Gesprächspartner, wenn es darum geht, wie mit einer relativ simplen Lösung ein Beitrag zur Kostendämpfung im Gesundheitswesen unseres Landes geleistet werden kann.

Tim und ich sind fast gleich alt und hatten uns ein Jahr zuvor bei einer Forschungskonferenz zum Thema kontemplative Psychologie kennengelernt. Als ich an jenem Tag in seinem Büro ankam, bat er mich herein und fragte mich sofort nach dem neuesten Stand der Forschung. Er beeindruckte mich mit seinem Bestreben, die Fakten und die Wissenschaft hinter einer Sache zu verstehen, bevor er sie unterstützt.

Im Laufe des Gesprächs erwähnte ich unsere jüngsten Erkenntnisse über Achtsamkeit und Raucherentwöhnung und dass wir gerade eine App entwickelt hatten, um das Training digital zu vermitteln. Ich holte mein Smartphone heraus und zeigte Tim die Funktionen des Programms. Irgendwann unterbrach er mich plötzlich, stand auf und rief einem seiner jungen Mitarbeiter im Nebenzimmer zu: »Hey, Michael, komm mal her!« Ich kann es nur erahnen, wie es ist, als Mitarbeiter eines Kongressabgeordneten ständig »auf Abruf« zu sein. Michael kam herein und man sah ihm an, dass er nicht wusste, was ihn erwartete. »Sie rauchen, nicht wahr?«, fragte Tim – und es war mehr ein Befehl als eine Frage. Michael antworte zögernd: »Ja.« »Dann probieren Sie mal diese App aus und sagen Sie mir, ob sie etwas taugt«, wies Tim den jungen Mann an und entließ ihn wieder. Etwas verdattert trottete Michael davon.

Auf meiner Zugfahrt nach Hause schickte ich Michael noch am selben Tag eine E-Mail. »Vielen Dank, dass Sie sich freiwillig gemeldet haben, das heißt, vom Kongressabgeordneten Ryan freiwillig gemeldet wurden, um unser Programm *Craving to Quit* zu testen«, schrieb ich und gab ihm dann einige Anleitungen für den Start. Zwei Tage später legte er los. In der folgenden Woche schrieb er mir zurück, um mich über seine Fortschritte zu informieren. Er beendete die Mail mit den Sätzen: »Nochmals vielen Dank, dass Sie mir diese Gelegenheit gegeben haben. Ich hatte gar nicht unbedingt vorgehabt, mit dem Rauchen aufzuhören, aber jetzt, wo ich das Programm mache, denke ich, dass der Zeitpunkt zum Aufhören da ist.« Einen Monat später erhielt ich eine weitere E-Mail von Michael: »Am Anfang war ich skeptisch, aber ich habe die Vorzüge des Programms schnell erkannt. Früher habe ich mindestens zehn Zigaretten am Tag geraucht und war ständig in Panik, keine in Griffweite zu haben. Jetzt, nach 21 Tagen, habe ich das Rauchen ganz aufgegeben. Das wäre ohne *Craving to Quit* niemals möglich gewesen.« Als ich das las, schossen mir ein paar Tränen in die Augen. Meine Frau fragte, was passiert sei, und ich stammelte: »Ich glaube, das Programm funktioniert wirklich.«

Mehr als ein Jahr später besuchte Anderson Cooper *[ein in den USA sehr bekannter Journalist und Autor]* mein Labor im Center for Mindfulness, um einen Beitrag für die CBS-Sendung *60 Minutes* zu drehen. Er war gerade von einem Interview mit dem Kongressabgeordneten Ryan gekommen. Ich fragte Denise Cetta, die Produzentin der Sendung, nach Michael. Ja, sie erinnere sich an ihn, antwortete sie, und er habe ihr gesagt, er sei immer noch Nichtraucher.

Wunderbar!

Im Herbst 2019 hielten Tim und ich nacheinander Vorträge auf einer Konferenz. Kurz bevor ich aufstand, um ans Rednerpult zu gehen, beugte sich Tim zu mir hinüber und flüsterte mir ins Ohr: »Hey, erinnerst du dich an den Kerl, der für mich arbeitet und mithilfe deines Programms das Rauchen aufgab?«

»Ja, natürlich.«

»Er hat bis heute nicht mehr damit angefangen«, sagte Tim mit einem breiten Grinsen.

Wow, sechs Jahre später, nach einem fünfminütigen Gespräch, war ein Mann, der »freiwillig« ein Achtsamkeitsprogramm ausprobiert hatte, immer noch Nichtraucher.

Ach, ist das herrlich. Ich liebe meinen Job!

Rückmeldungen

Wie jeder andere, der ein Gehirn hat, lerne auch ich von Feedbacks. Ich habe versucht, einen ehrlichen Bericht darüber zu verfassen, wie die wissenschaftlichen Erkenntnisse meines Labors mit meiner klinischen Arbeit zusammengefunden haben – sowohl persönlich als auch durch App-basierte digitale Therapien. Nun würde ich mich freuen, von Ihnen zu erfahren, ob ich etwas übersehen habe oder sonst etwas hätte anders machen können. Und natürlich wäre es auch schön zu hören, was Ihnen gefallen hat, was Sie hilfreich fanden und so weiter. Sie können mir gerne per E-Mail oder unter www.drjud.com Ihre Rückmeldung geben. Meine Arbeit ist ein ständiger Lernprozess für mich. Je mehr ich lerne, desto besser kann ich die Tools für zukünftige Anwender machen.

Danksagung

Wenn Sie an den Anfang des Buches zurückblättern, sehen Sie, dass ich dieses Buch einer Person namens Amazon Addict *[wörtlich übersetzt: Amazon-Süchtige]* gewidmet habe. Ich kenne den wirklichen Namen dieser Person nicht. Ich weiß nur, dass es sich um eine Frau handelt, die auf Amazon eine Drei-Sterne-Rezension über mein erstes Buch, *Das gierige Gehirn*, geschrieben hat. Die Überschrift über ihrer Rezension lautete »Absichtliches Vorenthalten von Informationen«.

Warum also habe ich das Buch ihr gewidmet und nicht meiner Frau oder zumindest einem Menschen, den ich persönlich kenne? Meine Frau ist eine brillante Wissenschaftlerin, hat ein Herz aus Gold, setzt sich sehr für eine bessere Welt ein und ist meine beste Freundin. Sie hat es nicht nötig, dass ich ihr ein Buch widme, um ihr zu zeigen, wie sehr ich sie liebe.

Amazon Addict hatte eine aufmerksamkeitsstarke Überschrift für ihre Rezension, aber, was noch wichtiger ist wie bei vielen Dingen im

Internet, die unschuldig gepostet wurden und dann ein Eigenleben entwickeln, ihr Text erhielt genug »Likes«, um an die Spitze der Amazon-Rezensionen zu gelangen, wo sie nun als Erste angezeigt wird. Und wegen dieser erstklassigen Platzierung wird sie wahrscheinlich für immer auf den ersten Blick sichtbar bleiben. Das ist für mich eine großartige Erinnerung daran, dass das Universum Sinn für Humor hat. Die Rezensentin schrieb:

> *Bezüglich der Behandlung der Forschung über Suchtverhalten glänzt das Buch wirklich. Als jemand, der sowohl neurowissenschaftliche Veranstaltungen auf Hochschulniveau besucht als auch einige Zeit auf dem Kissen (beim Meditieren) verbracht hat, würde ich es als interessantes Buch bezeichnen. Allerdings war es in einem wichtigen Punkt sehr enttäuschend, und deshalb kann ich es leider nicht empfehlen. Das entscheidende Problem ist, dass es das Versprechen der zweiten Hälfte seines Titels »Der achtsame Weg, Alltagssüchte loszuwerden«, nicht erfüllt. Der Autor wirkt wie ein aufrichtig fürsorglicher Mensch und es ist mir rätselhaft, dass er den Menschen nicht die Hilfe anbietet, die er sein ganzes Berufsleben lang erforscht hat.*

Die Worte von Amazon Addict waren wie ein Schlag oder Tritt, mit dem ich nicht gerechnet hatte. Ich hatte anscheinend fälschlicherweise gedacht, dass die LeserInnen von *Das gierige Gehirn* einfach durch das Lesen die Prinzipien auf ihr eigenes Leben anwenden könnten, um sich von Gewohnheiten und Süchten zu befreien. Ich habe auch durchaus eine Reihe von E-Mails von Menschen erhalten, die nach der Lektüre des Buches von schwerwiegenden Abhängigkeiten losgekommen sind, aber Amazon Addict hat mich wachgerüttelt und mir gezeigt, dass die meisten Menschen mehr brauchen als eine Karte und einen Kompass. Sie brauchen einen Reiseführer. Als ich *Das gierige Gehirn* schrieb, war ich noch nicht bereit, dieser Guide zu sein. Ich hatte noch nicht genug Erfahrung als Suchtpsychiater und noch nicht die Forschungsarbeiten durchgeführt, von denen Sie in den vorangegangenen Kapiteln gelesen haben. In *Das gierige Gehirn* geht es hauptsächlich um die verschiedenen Arten, wie wir süchtig werden, und um die neurowissenschaftlichen Erkenntnisse, wie Achtsamkeit hilft. Die Rezension hat wohl unbewusst einen bleibenden Eindruck in meinem Gehirn hinterlassen, so wie die kleine Delle in Ihrem Auto, die Sie jedes Mal, wenn Sie sie sehen, dazu veranlasst, mit den Fingern darüberzufahren, als ob sie dann auf magische Weise verschwinden würde. Als die Umstände günstig waren, wurde diese Delle in meinem Gehirn zum Kristallkeim für dieses Buch. Vielen Dank also, Amazon Addict, wer immer Sie auch sind, für diesen gut platzierten Impuls.

Ich stehe für immer in der Schuld der vielen Menschen, die sich freiwillig für die Forschungsstudien meines Labors zur Verfügung gestellt haben, sowie meiner derzeitigen und ehemaligen LabormitarbeiterInnen, die mit der gemeinsamen Vision, die Welt zu verbessern, ein großartiges Arbeitsteam gebildet haben. Es sind dies unter anderem Alex(andra) Roy, Prasanta Pal, Veronique Taylor, Isabelle Moseley, Bill Nardi, Shufang Sun, Vera Ludwig, Lindsey Krill, May Gao, Remko van Lutterveld, Susan Druker, Edith Bonnin, Alana Deluty, Pablo Abrante und Katie Garrison. Meine Patienten sind eine ständige Quelle der Inspiration und Demut und haben mich mehr über die Praxis der Psychiatrie und Medizin gelehrt, als es jedes Lehrbuch je könnte.

Ein großer Dank geht an meine Lektorin Caroline Sutton, die neben anderen scharfsinnigen Beobachtungen die exzellente Idee hatte, Angstzustände in den Mittelpunkt dieses Buches zu stellen, und an Luke Dempsey, der mit seiner sokratischen Methode des Lektorats dazu beigetragen hat, mein Schreiben auf ein höheres Niveau zu bringen. Josh Roman hat mir über Jahre hinweg fachkundig geholfen, Ideen und deren Umsetzung zu formulieren, von denen viele in dieses Buch eingeflossen sind. Caitlin Stulberg hat fantastische Arbeit geleistet, indem sie Unklarheiten aufgespürt und allgemeines Lektorat geleistet hat.

Unbedingt möchte ich mich bei meiner Frau Mahri Leonard-Fleckman bedanken, die nicht nur die beste Lebenspartnerin ist, die ich mir vorstellen kann, sondern auch die Idee für den Buchtitel hatte.

Außerdem bin ich meiner Agentin Melissa Flashman zu Dank verpflichtet, die mir in allen Belangen des Marketings behilflich war.

Ich hatte das Glück, eng mit Robin Boudette und Jacqui Barnett zusammenarbeiten zu können, um Menschen dabei zu helfen, schädliche Gewohnheiten zu überwinden und ihre inneren Superkräfte der Neugier und Freundlichkeit zu entdecken. Ich habe viel aus unserer gemeinsamen Arbeit gelernt. Außerdem möchte ich mich bei Rob Suhoza bedanken, mit dem ich eine Reihe aufschlussreicher Gespräche geführt habe, aus denen ich wichtige Erkenntnisse für den Inhalt dieses Buchs gewinnen konnte. Meine Wanderungen und Radtouren mit Coleman Lindsley haben mir geholfen, herauszufinden, was mir in meinem Leben wirklich wichtig ist und dies zum Ausdruck zu bringen. Und eine sehr besondere Wanderung um den Walden Pond hat mich in die Lage versetzt, die Ähnlichkeiten und Unterschiede zwischen Stress und Angst zu formulieren.

Eine Reihe von Personen hat dieses Buch in seinen verschiedenen Entwurfsstadien gelesen und mit Kommentaren und Vorschlägen zu seiner stetigen Weiterentwicklung beigetragen. Dazu zählen Alice Brewer, Vivienne Keegan, Mark Mitchnick, Michael Irish, Brad Stulberg, Kevin Hawkins, Amy Burke, Michaella Baker, Abigail Tisch, Mitch Abblett, Jennifer Banks, Leigh Brasington, Jaime Mello und andere, die ich vielleicht versehentlich vergessen habe zu erwähnen.

Für die Gestaltung des Buches und die Illustrationen möchte ich mich bei Julia Miroshnichenko bedanken.

Anmerkungen

KAPITEL 1 Wie sich Angst manifestiert

S. 27 **die Übel gekostet, die nie eingetreten sind.** *The Letters of Thomas Jefferson 1743–1826*; http:// www.let.rug.nl/usa/presidents/thomas-jefferson/letters-of-thomas -jefferson/jefl242.php.

S. 28 **auf seinem Landgut selbst Sklaven, und zwar nicht gerade wenige:** T. Jefferson, *Brief an John Holmes*, 22. April 1820; T. Jefferson, *Brief an Thomas Cooper*, 10. September 1814; T. Jefferson, *Brief an William Short*, 8. September 1823.

S. 28 **264 Millionen Menschen an einer Angststörung litten:** Anxiety and Depression Association of America, »Managing Stress and Anxiety«; https://adaa.org /living-with-anxiety/managing-anxiety.

S. 28 **19 Prozent im Vorjahr ihrer Befragung:** National Institute of Mental Health, »Any Anxiety Disorder,« 2017; https://www.nimh.nih.gov/health/statistics/any-anxiety-disorder.shtml.

S. 28 **und eine ebenso hohe Prozentzahl litt im gleichen Ausmaß an Angst wie im Jahr zuvor:** APA Public Opinion Poll, 2018; https://www.psychiatry.org/newsroom/apa-public-opinion- poll-annual-meeting-2018.

S. 29 **am tiefsten Punkt ihrer Geschichte angelangt:** »By the Numbers: Our Stressed-Out Nation«; https://www.apa.org/monitor/2017/12/numbers.

S. 29 **die Häufigkeit des Auftretens von generalisierten Angststörungen weltweit:** A. M. Ruscio et al., »Cross-Sectional Comparison of the Epidemiology of DSM-5 Generalized Anxiety Disorder Across the Globe.« *JAMA Psychiatry* 74, Nr. 5 (2017): 465–75; DOI: 10.1001/jamapsychiatry.2017.0056.

S. 30 **relativ früh im Verlauf der Pandemie:** Y. Huang und N. Zhao, »Generalized Anxiety Disorder, Depressive Symptoms and Sleep Quality During COVID-19 Outbreak in China: A Web-Based Cross-Sectional Survey.« *Psychiatry Research* 2020:112954; DOI: 1.1016/j.psychres.2020.112954.

S. 30 **im Vergleich zu den Tendenzen vor Covid-19 verschlechtert:** M. Pierce et al., »Mental Health Before and During the COVID-19 Pandemic: A Longitudinal Probability Sample Survey of the UK Population.« *The Lancet Psychiatry*, 21. Juli 2021, 2020; DOI: 10.1016/S2215 -0366(20)30308-4.

S. 30 **berichteten 13,6 Prozent der Befragten über schwere psychische Probleme:** E. E. McGinty et al., »Psychological Distress and Loneliness Reported by US Adults in 2018 and April 2020.« *JAMA* 324, Nr. 1 (2020): 93–94; DOI: 10.1001/jama.2020.9740.

S. 30 **nach dem 11. September 2001 vermehrt Alkohol konsumierten:** D. Vlahov et al., »Sustained Increased Consumption of Cigarettes, Alcohol, and Marijuana Among Manhattan Residents After September 11, 2001.« *American Journal of Public Health* 94, Nr. 2 (2004): 253–54; DOI: 10.2105/ajph.94.2.253.

S.30 **ein Anstieg der Symptome der generalisierten Angststörung auf 19,8 Prozent:** V. I. Agyapong et al., »Prevalence Rates and Predictors of Generalized Anxiety Disorder Symptoms in Residents of Fort McMurray Six Months After a Wildfire.« *Frontiers in Psychiatry* 9 (2018): 345; DOI: 10.3389/fpsyt.2018.00345.

KAPITEL 2 Wie Angstzustände entstehen

S. 35 **tanzen oder sich irgendwie sonst bewegen:** Dies verdient eine längere Diskussion, die den Rahmen dieses Buches sprengen würde. Wenn Sie daran interessiert sind, mehr über die zugrunde liegende Wissenschaft zu erfahren, kann ich Ihnen das folgende Buch empfehlen: »*Why Zebras Don't Get Ulcers*« [Warum Zebras keine Geschwüre bekommen] von Robert M. Sapolsky (New York: Holt, 2004). Um zu erfahren, wie Traumata entstehen, und um einige pragmatische Tipps und Werkzeuge zur sicheren Ableitung von Energie zu erhalten, lesen Sie »Verkörperter Schrecken: Traumaspuren in Gehirn, Geist und Körper und wie man sie heilen kann« von Bessel van der Kolk (G. P. Probst, Lichtenau; 7. Edition (29. Juli 2015) und «My Grandmother's Hands« von Resmaa Menakem (Las Vegas, NV: Central Recovery Press, 2017).

S. 36 **(Überraschung!) höhere Unsicherheit:** A. Chernev, U. Böckenholt und J. Goodman, »Choice Overload: A Conceptual Review and Meta-Analysis.« *Journal of Consumer Psychology* 25, Nr. 2 (2015): 333–58; DOI: 10.1016/j.jcps.2014.08.002.

S. 41 **sechsundzwanzig Gesichtsberührungen pro Stunde:** Y. L. A. Kwok, J. Gralton und M.-L. McLaws, »Face Touching: A Frequent Habit That Has Implications for Hand Hygiene« *American Journal of Infection Control* 43, Nr. 2 (2015): 112–14; DOI: 10.1016/j.ajic.2014.10.015.

KAPITEL 6 Warum Ihre Anti-Angst (und Anti-Gewohnheits-) Strategien bisher gescheitert sind

S. 87 **neuere Forschungsergebnisse:** B. Resnick, »Why Willpower Is Overrated.« Vox, 2. Januar 2020.

S. 87 **ist Willenskraft ein reiner Mythos:** D. Engber, »Everything Is Crumbling.« Slate, 16. März 2016.

S. 88 **je mehr sie sich anstrengten, umso erschöpfter fühlten:** M. Milyavskaya und M. Inzlicht, »What's So Great About Self-Control? Examining the Importance of Effortful Self-Control and Temptation in Predicting Real-Life Depletion and Goal Attainment.« Social Psychological and Personality Science 8, Nr. 6 (2017): 603–11; DOI: 10.1177/19485506 16679237.

S. 88 **und schaltet es im Grunde ab, bis der Stress vorbei ist:** A. F. T. Arnsten, »Stress Signalling Pathways That Impair Prefrontal Cortex Structure and Function.« Nature Reviews Neuroscience 10, Nr. 6 (2009): 410–22; DOI: 10.1038 /nrn2648; A. F. T. Arnsten, »Stress Weakens Prefrontal Networks: Molecular Insults to Higher Cognition.« Nature Neuroscience 18, Nr. 10 (2015): 1376–85; DOI: 10.1038/nn.4087; A. F. T. Arnsten et al., »The Effects of Stress

Exposure on Prefrontal Cortex: Translating Basic Research into Successful Treatments for Post-Traumatic Stress Disorder.« Neurobiology of Stress 1 (2015): 89–99; DOI: 10.1016/j.ynstr.2014.10.002.

S. 90 **bestimmte Entscheidungen gar nicht erst treffen müssen:** B. M. Galla und A. L. Duckworth, »More Than Resisting Temptation: Beneficial Habits Mediate the Relationship Between Self-Control and Positive Life Outcomes.« Journal of Personality and Social Psychology 109, Nr. 3 (2015): 508–25; DOI: 10.1037/pspp0000026.

S. 92 **statisches und dynamisches Selbstbild:** C. S. Dweck, *Selbstbild: Wie unser Denken Erfolge oder Niederlagen bewirkt* (Piper Taschenbuch, 2017).

S. 93 **die derzeitige Standardbehandlung:** J. A. Brewer et al. »Mindfulness Training for Smoking Cessation: Results from a Randomized Controlled Trial.« Drug and Alcohol Dependence 119, Nr. 1–2 (2011): 72–80; DOI: 10.1016/j.drugalcdep.2011 .05.027.

KAPITEL 7 Daves Geschichte, Teil 1

S. 101 **Rapidity of Habit Formation:** R. M. Yerkes und J. D. Dodson, »The Relation of Strength of Stimulus to Rapidity of Habit Formation.« Journal of Comparative Neurology and Psychology 18, Nr. 5 (1908): 459–82; DOI: 10.1002/cne.920180503.

S. 101 **Arbeitsleistung einer Person verbessern:** H. J. Eysenck, »A Dynamic Theory of Anxiety and Hysteria.« Journal of Mental Science 101, Nr. 422 (1955): 28–51; DOI: 10.1192/bjp.101.422.28.

S. 102 **nach dem sie dann wieder leicht abfiel:** P. L. Broadhurst, »Emotionality and the YerkesDodson Law.« Journal of Experimental Psychology 54, Nr. 5 (1957): 345–52; DOI: 10.1037/h0049114.

S. 102 **jedes Maß an Stress die Leistung beeinträchtigt:** L. A. Muse, S. G. Harris und H. S. Feild, »Has the Inverted-U Theory of Stress and Job Performance Had a Fair Test?« Human Performance 16, Nr. 4 (2003): 349–64; DOI: 10.1207/S15327043HUP1604_2.

KAPITEL 8 Ein kurzes Wort zum Thema Achtsamkeit

S. 107 **50 Prozent unserer Wachzeit:** M. A. Killingsworth und D. T. Gilbert, »A Wandering Mind Is an Unhappy Mind.« Science 330, Nr. 6006 (2010): 932; DOI: 10.1126/science.1192439.

S. 108 **nicht mit einer bestimmten Aufgabe beschäftigt ist:** M. E. Raichle et al., »A Default Mode of Brain Function.« Proceedings of the

National Academy of Sciences of the United States of America 98, Nr. 2 (2001): 676–82; DOI: 10.1073/pnas.98.2.676.

S. 108 **oder Auslösereize dafür sind:** J. A. Brewer, K. A. Garrison und S. Whitfield-Gabrieli, »What About the ›Self‹ Is Processed in the Posterior Cingulate Cortex?« Frontiers in Human Neuroscience 7 (2013): 647; DOI: 10.3389/fnhum.2013 .00647; J. A. Brewer, *Das gierige Gehirn – Der achtsame Weg, Alltagssüchte loszuwerden* (Kösel-Verlag München, 2018).

S. 110 **in dieser Stimmung zu bleiben:** Y. Millgram et al., »Sad as a Matter of Choice? Emotion-Regulation Goals in Depression.« Psychological Science26,Nr.8(2015):1216–28;DOI:10.1177/0956797615583295.

S. 111 **die wichtigsten Knotenpunkte des DMN:** J. A. Brewer et al., »Meditation Experience Is Associated with Differences in Default Mode Network Activity and Connectivity.« Proceedings of the National Academy of Sciences of the United States of America 108, Nr. 50 (2011): 20254–59; DOI: 10.1073/pnas.1112029108.

S. 112 **anstatt darin gefangen zu sein:** K. A. Garrison et al., »Effortless Awareness: Using Real Time Neurofeedback to Investigate Correlates of Posterior Cingulate Cortex Activity in Meditators' Self-Report.« Frontiers in Human Neuroscience 7 (2013): 440; DOI: 10.3389/fnhum.2013.00440; K. A. Garrison et al., »Real-Time fMRI Links Subjective Experience with Brain Activity During Focused Attention.« Neuroimage 81 (2013): 110–18; DOI: 10.1016/j. neuroimage .2013.05.030.

S. 112 **das Rauchen einzuschränken:** A. C. Janes et al., »Quitting Starts in the Brain: A Randomized Controlled Trial of App-Based Mindfulness Shows Decreases in Neural Responses to Smoking Cues That Predict Reductions in Smoking.« Neuropsychopharmacology 44 (2019): 1631–38; DOI: 10.1038/s41386-019-0403-y.

KAPITEL 9 Welcher Achtsamkeits-Persönlichkeitstyp sind Sie?

S. 116 **Kampf, Flucht oder Erstarren einordnen lassen:** N. T. Van Dam et al., »Development and Validation of the Behavioral Tendencies Questionnaire.« *PLoS One* 10, Nr. 11 (2015): e0140867; DOI: 10.1371/journal.pone.0140867.

S. 116 **»Daran erkennt man die Naturen«:** B. Buddhaghosa, *Der Weg zur Reinheit* (Visuddhimagga), Vis. III. Das Erkennen der verschiedenen Naturen (siehe palikanon.com)

KAPITEL 10 Wie das Gehirn Entscheidungen trifft

S. 130 **wenn es in unseren Magen gelangt:** S. E. Thanarajah et al., »Food Intake Recruits Orosensory and Post-Ingestive Dopaminergic Circuits to Affect Eating Desire in Humans.« Cell Metabolism 29, Nr. 3 (2019): 695–706.e4; DOI: 10.1016/j.cmet .2018.12.006.

S. 131 **Informationen bezüglich früheren Verhaltens zusammenlaufen:** M. L. Kringelbach und E. T. Rolls, »The Functional Neuroanatomy of the Human Orbitofrontal Cortex: Evidence from Neuroimaging and Neuropsychology.« Progress in Neurobiology 72, Nr. 5 (2004): 341–72; DOI: 10.1016/j.pneurobio.2004.03.006; J. O'Doherty et al., »Abstract Reward and Punishment Representations in the Human Orbitofrontal Cortex.« Nature Neuroscience 4, Nr. 1 (2001): 95–102; DOI: 10.1038/82959.

S. 131 **automatische und gewohnheitsmäßige Reaktion aus:** M. L. Kringelbach, »The Human Orbitofrontal Cortex: Linking Reward to Hedonic Experience.« Nature Reviews Neuroscience 6, Nr. 9 (2005): 691–702; DOI: 10.1038/nrn1747.

S. 132 **den Belohnungswert des Verhaltens zu verändern:** J. A. Brewer, »Mindfulness Training for Addictions: Has Neuroscience Revealed a Brain Hack by Which Awareness Subverts the Addictive Process?« Current Opinion in Psychology 28 (2019): 198–203; DOI: 10.1016/j.copsyc.2019.01.014.

S. 132 **vier Darsteller des Marlboro-Manns an einer Lungenerkrankung gestorben:** https://www.latimes.com/nation/nationnow/la-na-nn-marlboro-men-20140127-story.html.

KAPITEL 12 Aus der Vergangenheit lernen (und wachsen)

S. 154 **»Selbstvertrauen aufzubauen und zu reparieren«:** Carol Dweck *Selbstbild: Wie unser Denken Erfolge oder Niederlagen bewirkt* (Piper Taschenbuch, 2017)

KAPITEL 13 Dana Smalls Schokoladenexperiment

S. 159 **während sie Schokolade aßen:** D. M. Small et al., »Changes in Brain Activity Related to Eating Chocolate: From Pleasure to Aversion.« Brain 124, Nr. 9 (2001): 1720–33; DOI: 10.1093/brain/124.9.1720.

S. 161 **Teilnehmer unseres Achtsamkeitsprogramms aufgezeichnet:** A. L. Beccia et al. »Women's Experiences with a Mindful Eating Program for Binge and Emotional Eating: A Qualitative Investigation into the Process of Behavioral Change.« Journal of Alternative and Complementary Medicine, online vor Drucklegung 14. Juli 2020; DOI: 10.1089/acm.2019 .0318.

S. 161 **übermäßiges Essen zu vermeiden:** J. A. Brewer et al., »Can Mindfulness Address Maladaptive Eating Behaviors? Why Traditional Diet Plans Fail and How New Mechanistic Insights May Lead to Novel Interventions.« Frontiers in Psychology 9 (2018): 1418; DOI: 10.3389/fpsyg.2018.01418.

KAPITEL 14 Wie lange dauert es, eine Gewohnheit zu ändern?

S. 168 **»automatisch« wurde:** P. Lally et al., »How Are Habits Formed: Modelling Habit Formation in the Real World.« European Journal of Social Psychology 40, Nr. 6 (2010): 998–1009; DOI: 10.1002/ejsp.674.

S. 168 **In den 1970er-Jahren legten zwei Forscher:** M. A. McDannald et al., »Model-Based Learning and the Contribution of the Orbitofrontal Cortex to the Model-Free World.« European Journal of Neuroscience 35, Nr. 7 (2012): 991–96; DOI: 10.1111/j.1460-9568.2011.07982.x; R. A. Rescorla und A. R. Wagner, »A Theory of Pavlovian Conditioning: Variations in the Effectiveness of Reinforcement and Nonreinforcement,« in A. H. Black und W. F. Prokasy, eds., Classical Conditioning II: Current Research and Theory (New York: Appleton-Century-Crofts: 1972), 64–99.

S. 173 **eine zum Thema Rauchen und eine zum Thema Essen:** V. Taylor et al., »Awareness Drives Changes in Reward Value and Predicts Behavior Change: Probing Reinforcement Learning Using Experience Sampling from Mobile Mindfulness Training for Maladaptive Eating,« in press.

S. 173 **im Gehirn und verhaltensrelevant funktioniert:** A. E. Mason et al., »Testing a Mobile Mindful Eating Intervention Targeting Craving-Related Eating: Feasibility and Proof of Concept.« Journal of Behavioral Medicine 41, Nr. 2 (2018): 160–73; DOI: 10.1007/s10865-017-9884-5; V. U. Ludwig, K. W. Brown und J. A. Brewer. »Self-Regulation Without Force: Can Awareness Leverage Reward to Drive Behavior Change?« Perspectives on Psychological Science (2020); DOI: 10.1177/1745 691620931460; A. C. Janes et al., »Quitting Starts in the Brain: A Randomized Controlled Trial of App-Based Mindfulness Shows Decreases in Neural Responses to

Smoking Cues That Predict Reductions in Smoking.« Neuropsychopharmacology 44 (2019): 1631–38; DOI: 10.1038/s41386-019-0403-y.

KAPITEL 15 Das größere, bessere Angebot

S. 184 **Individualismus und Vernunft gelegt:** W. Hofmann und L. Van Dillen, »Desire: The New Hot Spot in Self-Control Research.« Current Directions in Psychological Science 21, Nr. 5 (2012): 317–22; DOI: 10.1177/0963721412453587.

S. 185 **kognitive Verhaltenstherapie:** Wikipedia, »Cognitive Behavioral Therapy,« https://en.wikipedia.org/wiki/Cognitive_behavioral_therapy.

S. 185 **setzt die KVT vor allem darauf:** Hofmann und Van Dillen, »Desire: The New Hot Spot in Self-Control Research.«

S. 185 **dass sie süchtig machen:** M. Moss, »The Extraordinary Science of Addictive Junk Food.« New York Times Magazine, 20. Februar 2013; https://www.nytimes.com/2013/02/24/magazine/the- extraordinary- science-of-junk -food.html.

S. 186 **Aufmerksamkeit der Nutzer in Anspruch nehmen:** O. Solon, »Ex-Facebook President Sean Parker: Site Made to Exploit Human ›Vulnerability.‹« The Guardian, 9. November 2017; https://www.theguardian.com/technology/2017/nov/09/face book-sean-parker-vulnerability-brain-psychology.

S. 186 **bei Auslösern wie Stress als Erste aus:** A. F. T. Arnsten, »Stress Weakens Prefrontal Networks: Molecular Insults to Higher Cognition.« Nature Neuroscience 18, Nr. 10 (2015): 1376–85; DOI: 10.1038/nn.4087; A. F. T. Arnsten, »Stress Signalling Pathways That Impair Prefrontal Cortex Structure and Function.« Nature Reviews Neuroscience 10 (2009): 410–22; DOI: 10.1038/nrn2648.

S. 186 **ohne dass uns dies zusätzliche Zeit oder Anstrengung kostet:** J. A. Brewer, »Feeling Is Believing: The Convergence of Buddhist Theory and Modern Scientific Evidence Supporting How Self Is Formed and Perpetuated Through Feeling Tone (Vedanā).« Contemporary Buddhism 19, Nr. 1 (2018): 113–26; DOI: 10.1080/14639947.2018.1443553; J. A. Brewer, »Mindfulness Training for Addictions: Has Neuroscience Revealed a Brain Hack by Which Awareness Subverts the Addictive Process?« Current Opinion in Psychology 28 (2019): 198–203; DOI: 10.1016/j.copsyc.2019.01.014.

S. 190 **das Gefühl der Verschlossenheit:** K. A. Garrison et al., »Effortless Awareness: Using Real Time Neurofeedback to Investigate Correlates of Posterior Cingulate Cortex Activity in Meditators' Self-Report.« Frontiers in Human Neuroscience 7 (2013): 440; DOI: 10.3389/fnhum.2013.00440.

KAPITEL 16 Die Wissenschaft der Neugier

S. 197 **meisten U-Bahnhöfen und Bahnhöfen:** W. Neuman, »How Long Till Next Train? The Answer Is Up in Lights.« New York Times, 17. Februar 2007.

S. 198 **Kinder sind geborene Wissenschaftler:** Aus einem Transskript eines Interviews mit Leon Lederman, von Joanna Rose, 7. Dezember 2001; https://www.nobelprize.org/prizes /physics/1988/lederman/26243-interview-transcript-1988-3.

S. 198 **I-Neugier und D-Neugier:** J. A. Litman und P. J. Silvia, »The Latent Structure of Trait Curiosity: Evidence for Interest and Deprivation Curiosity Dimensions.« Journal of Personality Assessment 86, Nr. 3 (2006): 318–28; DOI: 10.1207 /s15327752jpa8603_07.

S. 201 **wie gespannt sie auf die Antwort waren:** M. J. Gruber, B. D. Gelman und C. Ranganath, »States of Curiosity Modulate Hippocampus-Dependent Learning Via the Dopaminergic Circuit.« Neuron 84, Nr. 2 (2014): 486–96; DOI: 10.1016/j.neuron.2014 .08.060.

S. 201 **Informationen im orbitofrontalen Cortex kodiert wird:** T. C. Blanchard, B. Y. Hayden und E. S. Bromberg-Martin, »Orbitofrontal Cortex Uses Distinct Codes for Different Choice Attributes in Decisions Motivated by Curiosity.« Neuron 85, Nr. 3 (2015): 602–14; DOI: 10.1016/j.neuron.2014.12.050.

S. 204 **»Diese heilige Neugier soll man nie verlieren«:** Albert Einstein, »Old Man's Advice to Youth: ›Never Lose a Holy Curiosity.‹« Life, 2. Mai 1955, S. 64.

KAPITEL 19 Nur die Liebe zählt

S. 235 **wie dem posterioren cingulären Cortex, verringern kann:** J. A. Brewer, *Das gierige Gehirn – Der achtsame Weg, Alltagssüchte loszuwerden* (Kösel-Verlag München, 2018); K. A. Garrison et al., »BOLD Signal and Functional Connectivity Associated with Loving Kindness Meditation.« *Brain and Behavior* 4, Nr. 3 (2014); DOI: 10.1002/brb3.219

KAPITEL 20 Die Warum-Gewohnheitsschleife

S. 248 **ob »da draußen« eine Gefahr lauert:** C. Darwin, *Der Ausdruck der Gemütsbewegungen bei dem Menschen und den Tieren* (englisches Original: The Expression of the Emotions in Man and Animals; New York: Oxford University Press, 1998).

S. 248 **Adam Anderson aus dem Jahr 2013 nachgewiesen:** D. H. Lee, J. M. Susskind und A. K. Anderson, »Social Transmission of the Sensory Benefits of Eye Widening in Fear Expressions.« *Psychological Science* 24, Nr. 6 (2013): 957–65; DOI: 10.1177/09567976 12464500.

KAPITEL 21 Auch Ärzte bekommen Panikattacken

S. 260 **»ihr Verhalten ändern, um solche Attacken zu vermeiden«:** American Psychiatric Association, *Diagnostic and Statistical Manual of Mental Disorders* (DSM-5) (Washington, D.C.: American Psychiatric Association Publishing, 2013).

KAPITEL 22 Evidenzbasierter Glaube

S. 274 **»Ist es so schwer, aufmerksam zu sein?«** *Mindfulness* 4, no. 1 (2013) – als weitere Autoren sind J.H. Davis und J. Goldstein angegeben.

KAPITEL 23 Angstabstinenz

S. 287 **»die größte Anzahl von Nachkommen erzielen«:** C. Darwin, *Die Abstammung des Menschen und die geschlechtliche Zuchtwahl*, Band 1.

S. 287 **biologische Grundlage für Mitgefühl belegen:** D. Keltner, »The Compassionate Instinct.« *Greater Good Magazine*, 1. März 2004.

S. 289 **»oder sind wir Extremisten der Gerechtigkeit?«:** *Diagnostic and Statistical Manual of Mental Disorders* (DSM-5). Dr. Martin Luther King Jr., »Brief aus dem Gefängnis von Birmingham« (Letter from Birmingham Jail – https://www.africa.upenn.edu/Articles_Gen/Letter_Birmingham.html)

REGISTER

Über den Autor

Der Psychologe und Neurowissenschaftler Judson Brewer ist Forschungsdirektor am Center for Mindfulness, Associate Professor für Medizin und Psychiatrie an der University of Massachusetts Medical School, außerordentliches Fakultätsmitglied der Yale University und Research Affiliate am MIT. Seit mehr als zwanzig Jahren erforscht er, wie Abhängigkeitsverhalten entsteht und wie man sich davon befreit.